论语类疏

分类 译注 浅析

LUNYU LEISHU
FENLEI YIZHU QIANXI

张忠锋　编著

暨南大学出版社
JINAN UNIVERSITY PRESS

中国·广州

图书在版编目（CIP）数据

论语类疏：分类、译注、浅析/张忠铧编著. —广州：暨南大学出版社，2014.4

ISBN 978-7-5668-0819-6

Ⅰ.①论… Ⅱ.①张… Ⅲ.①儒家 ②《论语》—研究 Ⅳ.①B222.25

中国版本图书馆 CIP 数据核字（2013）第 247876 号

出版发行：暨南大学出版社

地　址：中国广州暨南大学
电　话：总编室（8620）85221601
营销部（8620）85225284　85228291　85228292（邮购）
传　真：（8620）85221583（办公室）　85223774（营销部）
邮　编：510630
网　址：http：//www.jnupress.com　http：//press.jnu.edu.cn

排　版：广州市天河星辰文化发展部照排中心
印　刷：佛山市浩文彩色印刷有限公司

开　本：787mm×1092mm　1/16
印　张：14.25
字　数：256 千
版　次：2014 年 4 月第 1 版
印　次：2014 年 4 月第 1 次

定　价：29.80 元

（暨大版图书如有印装质量问题，请与出版社总编室联系调换）

前 言

一、孔子其人

孔子（前551—前479），名丘，字仲尼，春秋后期鲁国陬邑（今山东曲阜）人，是中国古代伟大的思想家、教育家，也是儒家学派的开创者，后世尊称其为“孔子”。孔子的先祖原是宋国宗室，后来为了躲避宫廷祸乱，由宋国投奔到鲁国，并在鲁国定居。孔子生活在“礼坏乐崩”、社会动荡的春秋时代，三岁丧父，经历过艰难的童年生活。他自幼受到周文化的熏陶，成年后以好礼、知礼闻名。孔子自述“其为人也，发愤忘食，乐以忘忧，不知老之将至”，并自信“十室之邑，必有忠信如丘者焉，不如丘之好学也”。他对自己人生的总结是：“吾十有五而志于学，三十而立，四十而不惑，五十而知天命，六十而耳顺，七十而从心所欲，不逾矩。”

孔子终身秉持“有教无类”的教育理念，收徒讲学，周游列国，以弘扬仁道、传承古代文明为己任，为了实现自己的政治抱负和社会理想而奋斗终生。可惜，当时的人们并不理解孔子的所作所为，认为他只是一个“知其不可而为之”的逆时代潮流而动的人，甚至讥讽他是专为讨好别人的栖栖“佞人”。即便如此，孔子仍然坚定自己的信念，正如他对隐者的回应：“鸟兽不可与同群，吾非斯人之徒与而谁与？天下有道，丘不与易也。”这句话可以看作是孔子内心最真实的告白。

孔子在世之时，就已同时面临世人的赞誉和诋毁。一方面，赞誉者认为“大哉孔子！博学而无所成名”“天下之无道也久矣，天将以夫子为木铎”“夫子圣者与？何其多能也！”另一方面，嘲笑、讽刺甚至诋毁孔子的人和言论也屡见不鲜，但正如孔子的学生子贡所言：“仲尼不可毁也。他人之贤者，丘陵也，犹可逾也；仲尼，日月也，无得而逾焉。人虽欲自绝，其何伤于日月乎？多见其不知量也。”子贡的这番话可以看作是对古今诋毁贬损孔子的言论最有力的回答。

二、《论语》其书

《论语》堪称中国人的“圣经”，它是一部主要记载孔子及其弟子言行事迹的语录体文集，成于众多人之手，全书共二十篇。《汉书·艺文志》说："《论语》者，孔子应答弟子时人及弟子相与言而接闻于夫子之语也。当时弟子各有所记，夫子既卒，门人相与辑而论纂，故谓之《论语》。"可见，《论语》的"语"是话语、箴言、经典语句的意思；"论（lún 轮）"是论纂、编纂的意思。南朝梁人皇侃（488—545）认为《论语》的"论"字可读为"伦"，并由此得出四种解说："一云：伦者，次也，言此书事义相生，首末相次也。二云：伦者，理也，言此书之中蕴含万理也。三云：伦者，纶也，言此书经纶今古也。四云：伦者，轮也，言此书义旨周备圆转无穷，如车之轮也。"

一般认为，《论语》成书于战国初期。东汉末年，郑玄以《张侯论》为依据，参考《齐论语》《古论语》，作《论语注》，是为今本《论语》。由于没有固定的编者，此书也就没有相对严格、统一、系统的编纂体例，每条语录就是一章，若干章合编为一篇，甚至有些章句重复出现。篇与篇，章与章，乃至篇与章之间，也缺乏逻辑联系，只是大致上被归为一类。这无疑对后世人们想要系统化、科目化地理解和利用《论语》带来一定的困难和阻碍。

《论语》也是一部教导如何正心修身、待人处世、为政治国的人文教科书，一本全面剖析、深入解读人性的生动教材。书中有"效法天地，允执其中"的尧君；有"无为而治，恭己正南"的舜帝；有"菲饮食，恶衣服，卑宫室"的大禹；有"温、良、恭、俭、让""不怨天，不尤人"的孔夫子；有"不践迹，亦不入于室"的善人；有"志道据德，依仁游艺""仁以为己任"的志士仁人；有"内省不疚"、坦坦荡荡的彬彬"君子"；有"患得患失"、浑浑噩噩的戚戚"小人"；有"天下有道则见，无道则隐"的处世之道；有"危邦不入，乱邦不居"的殷切忠告；有"学而时习""温故知新"的学者本色；有"笃信好学，守死善道""人不知而不愠"的君子气节；有"己所不欲，勿施于人"的谆谆教诲；有"人而不仁，如礼何？人而不仁，如乐何"的严厉质问；也有令人遐思"偏其反而"的唐棣之华等等。

《论语》更是一座仰之弥高、钻之弥坚的文化高山，一座取之不尽、用之不竭的文化宝藏，一泓清新明澈、汩汩流淌的文化源泉。它通过简明、精确、优雅的语言勾勒出人性的黑白"素描"：我们是什么样的人，我们要做什么样的人，我们不要做什么样的人，人们彼此之间有什么不同，为何人们性相近而习相远等等。它就好比一位娴熟的工匠，用"道德仁义"这个金刚钻，将人们原本朴实、淳厚的人性玉石精雕细琢，加工修饰，以期成为有用之才。它就像一面历经千年风雨而历久弥新的古镜，或明或暗，或多或少，或深或浅，于无声寂静之中照见人性的优点和缺点，提请人们给予关注，加以改善。

三、关于《论语》分类

如前文所述，由于《论语》的成书历经不同时代多人之手，虽然原书对于章节的前后顺序、首末编排也不乏深意，但整体上仍容易让人产生略显凌乱、不知所云的感觉，长久以来似乎并没有一个较为明确、公允、可行的分类方式对它进行全方位的疏通整理。

为了便于现代读者系统化、科目式地阅读，笔者在总结近现代部分学者零散、片断式分类研究成果的基础上，耗时近五年，将全部论语（512 章，含重出章节共 6 章，实际为 506 章）遵循“先上下，后内外”的思路划分为上、下两编。上编侧重于“向内”，下编侧重于“向外”，每一编统摄五个类别，每一个类别构成一篇，由此将《论语》原书二十篇分类疏理为本书的十篇（即十个科目）。

上编五篇，包括：为学（75 章）、修身（81 章）、明仁（39 章）、知礼（49章）、行孝（12 章），计 256 章。主要侧重于格物致知、正心修身、克己复礼，即“向内”。

下编五篇，包括：为政（37 章）、治国（38 章）、论人（66 章）、处世（60 章）、砭时（55 章），计 256 章。主要侧重于待人处世、为政治国、针砭时弊，即“向外”。

纵观《论语》五百章，每一章句都好比一颗晶莹剔透的珍珠，通过本书的分类编纂，切磋琢磨，终于可以将这些散落的珍珠，串联成一串更容易提纲挈领、拿捏品鉴的珍珠项链。苏轼有诗云：“横看成岭侧成峰，远近高低各不同。不识庐山真面目，只缘身在此山中。”在这里，笔者也深感仍未得见其真，自知所作出的努力也只是沧海一粟，惟盼尽一己微薄之力帮助读者从不同的视角更好地欣赏、感悟、探寻《论语》这座文化高山。

本书适合具有中等文化水平的读者阅读，包括正文和注解两大部分。正文选用杨伯峻先生《论语译注》本（共 512 章），并参考其他版本校勘，正文前端以英文大写字母编码，正文后端以方括号缀以阿拉伯数字标明原文序号，以便读者对照索引。例如，“A1”表示本书正文第一篇“为学”的第一章语录，该语录后端的“［16.9］”，表示《论语》原文“季化第十六”之第九章（参见附录），反之亦然。读者可依此类推，互为检索。本书正文主要按照孔子语录、孔子弟子语录、历史人物、政客及时人语录、其他记录的先后顺序排列，部分两可的语录，按语录内容和重点，酌情调整。注解内容又可分为【题解】、【注释】、【译文】、【浅析】四个组成部分。【题解】部分，通过列举具有代表性的语录章句，突出该项分类的主题要点和核心思想；【注释】部分，以解释名词术语为主，兼有历史背景、名物典制、礼仪习俗等方面的解释，对于历来有歧义或多种解释并存、并通的章句，限于篇幅，只列出其中两种说法；【译文】部分，以直译为主，兼用意译，为便于行文顺畅和读者理解，个别章句翻译时补入一些内容，并适当采用圆括号分隔标示；【浅析】部分，主要依照正文含义，参考古今先贤智者的疏解、评判，并结合笔者心得，反复推敲，对每章逐一做出简要的重点提示、义理概括和类别归属。对于同一章句包含多个主题思想的，只取其中一种含义，以便读者快速了解正文主旨。

笔者的水平有限，虽自认为已尽最大努力，但书中不免仍会存在错误、疏漏之处，敬请读者朋友不吝批评指正。

张忠锋

2014 年 3 月

目录

上编

一　为　学

题解

本篇共辑录《论语》原文七十五章（编码为 A），包括孔子语录 50 章（A1－A50），孔子弟子语录 15 章（A51－A65），政客及时人语录 5 章（A66－A70），其他记录 5 章（A71－A75）。

主要内容涉及：认知态度（如“我非生而知之者”“知之为知之，不知为不知”）、学习目的（如“君子学以致其道”“学而优则仕”）、教育理念（如“有教无类”“自行束脩以上，吾未尝无诲焉”）、教育原则（如“吾道一以贯之”）、教学内容（如“子以四教：文、行、忠、信”“兴于《诗》，立于礼，成于乐”）、教学方法（如“不愤不启，不悱不发”）、学习方法（如“温故而知新”“日知其所亡，月无忘其所能”）、学与思的关系（如“学而不思则罔，思而不学则殆”）、勤奋好学（如“默而识之，学而不厌，诲人不倦”“敏而好学，不耻下问”）、孔门四科十哲（如“语之而不惰者，其回也与”“子路有闻，未之能行，唯恐有闻”）等。详见下文。

（一）孔子语录

A1. **孔子曰：“生而知之者，上也；学而知之者，次也；困而学之，又其次也。困而不学，民斯为下矣！”**［16.9］

【译文】孔子说：“一生下来就知道（一切）的人，（堪称是）上等（智慧的人了）；（相比之下，那些主动）通过学习而知道的人，（就属于）次一等（了）；（进而言之，那些因为）感到困惑才肯去学习的人，又（属于）次一等。（最后，还有一种人，是虽然）感到困惑而不肯去学习的人，这种人就（注定）成为下等人了。”

【浅析】本章孔子论述求知为学的四个层次或境界，重在困而学之，学而知之，取“为学”义。

A2. **子曰：“我非生而知之者，好古，敏以求之者也。”**［7. 20］

【译文】孔子说：“我不是生来就知道（一切）的人，（只不过是一个）爱好古代（优秀）文化，勤敏追求（新知）的人。”

【浅析】本章孔子自谦不是生而知之者，重在修学好古，敏以求之，取“为学”义。

A3. **子曰：“知之者不如好之者，好之者不如乐之者。”**［6. 20］

【译文】孔子说：“（那些口头上）知晓它的人不如（内心里真正）爱好它的人，（那些内心里真正）爱好它的人不如（那些终身学习，并）以它为乐的人。”

【浅析】本章孔子论求知的三个逐渐加深的层次或境界，包括知之、好之、乐之，重在快乐学习，乐学无忧，取“为学”义。

A4. **子曰：“吾有知乎哉？无知也。有鄙夫问于我①，空空如也②；我叩其两端而竭焉③。”**［9. 8］

［注释］

①鄙夫：粗鄙之人。泛指孔子时代的乡下人或生活在社会底层的人。

②空空如也：指心中空无一物、一无所知的样子。

③叩：叩问，询问。两端：两头，指上下、正反、利弊等事物的两个极端。竭：穷尽，力求。

【译文】孔子说：“（你们认为）我有（天生的）知识吗？（我）没有（天生的）知识啊！（曾经）有一个粗鄙的人来问我，（我对他提出的问题）一无所知；（于是）我就从问题发展的两个极端去分析，竭尽（所有可能性）来弄清楚（这个问题的来龙去脉）。”

【浅析】本章孔子论述答疑解惑的“两端”法则，重在逻辑推理，执两用中，取“为学”义。

A5. **子曰：“由①！诲女知之乎②！知之为知之，不知为不知，是知也③。”**［2. 17］

［注释］

①由：孔子学生，仲由，字子路（前542—前480），卞（在今山东）人，小孔子9岁。

②女（rǔ）：通“汝”，第二人称代词，你。

③知：通“智”，明智，智慧。

【译文】孔子说："仲由！（让我来）告诉你什么是（真正的）知道吧！知道就是知道，不知道就是不知道，（这才）是聪明智慧。"

【浅析】本章孔子论正确的认知态度，知之为知之，不知为不知，重在不自欺，不欺人，取"为学"义。

A6. **子曰："由也，女闻六言六蔽矣乎①？"对曰："未也。""居！吾语女。好仁不好学②，其蔽也愚③；好知不好学，其蔽也荡④；好信不好学，其蔽也贼⑤；好直不好学，其蔽也绞⑥；好勇不好学，其蔽也乱；好刚不好学，其蔽也狂。"**[17.8]

[注释]

①言：一"言"相当于一个字，六言即六字。

②不好学：不喜欢学习。

③愚：头脑僵化，受人愚弄。朱熹《论语集注》云："愚若可陷可罔之类。"

④荡：放荡，指为人好高骛远而缺乏根基。孔安国云："荡，无所适守也。"

⑤贼：害。

⑥绞：说话尖酸刻薄。

【译文】孔子说："仲由，你听说过六言六弊（的道理）吗？"子路回答说："（我）没听（说）过。"孔子说："坐下！（让）我来告诉你。（如果一个人过于）好仁却不好学，弊端在于（容易）受人愚弄；（如果一个人过于）好智却不好学，弊端在于（容易）放荡不羁；（如果一个人过于）好信却不好学，弊端在于（容易）危害自身；（如果一个人过于）好直却不好学，弊端在于（他/她的）话语（会让人感到）尖酸刻薄；（如果一个人过于）好勇却不好学，弊端在于（容易）胡做非为；（如果一个人过于）好刚却不好学，弊端在于（容易）狂妄自大。"

【浅析】本章孔子论述"六言六蔽"之理，认为只是做到好仁、好智、好信、好直、好勇、好刚还不足够，重在好学，取"为学"义。

A7. **子曰："朝闻道，夕死可矣。"**[4.8]

【译文】孔子说："早晨才闻知大道（真理），（哪怕是）当晚死去，也是值得的。"

【浅析】本章孔子论闻道、悟道的重要性，认为"道"至高无上，甚至超过身家性命，重在上士闻道，勤而行之，取"为学"义。

A8. 子曰：“赐也，女以予为多学而识之者与？”对曰：“然，非与？”曰：“非也。予一以贯之。”［15.3］

【译文】孔子说：“赐啊，你以为我（作为你们的老师）是（靠）多学习（知识）而又能够记得住的吗？”（子贡）回答说：“对呀，难道不是这样吗？”孔子说：“不是的，其实我有一个基本原则来贯穿（我的教学）。”

【浅析】本章孔子自述其治学之道，认为不在于多学、多背、多记理论知识，重在融会贯通，一以贯之，取“为学”义。

A9. 子曰：“参乎！吾道一以贯之。”曾子曰：“唯。”子出，门人问曰：“何谓也？”曾子曰：“夫子之道，忠恕而已矣。”［4.15］

【译文】孔子说：“参呀！我（所弘扬的）道（始终）贯穿着一个中心思想。”曾子说：“是的（弟子明白）。”孔子出去后，门人便来问曾子：“（老师所说的‘一以贯之’）是什么意思？”曾子说：“（在我看来，）夫子之道，（其核心在于）忠、恕（二字）罢了。”

【浅析】本章孔子自述其一贯之“道”，曾子解读为“忠”“恕”二字，重在仁民爱物，民胞物与，取“为学”义。

A10. 子曰：“有教无类。”［15.39］

【译文】孔子说：“我对人人都有所教诲，无论他/她是（贫富、贵贱、善恶等）哪一类人。”

【浅析】本章孔子论教育理念，认为在教育面前，人人平等，重在有教无类，取“为学”义。

A11. 子曰：“自行束脩以上[①]，吾未尝无诲焉[②]。”［7.7］

［注释］

①束脩（xiū 修）：脩，干肉，又叫脯。束脩，就是十条干肉。在古代，这是很微薄的见面礼。

②诲（huì 会）：教诲，开导。

【译文】孔子说：“（凡是）自愿拿着十条干肉（作为见面礼）来见我的人，我从来没有不给予教诲的。”

【浅析】本章孔子自述其教育原则，重在有教无类，一视同仁，取“为学”义。

A12. **子曰："温故而知新，可以为师矣。"**［2.11］

【译文】孔子说："（谁能做到）温故知新，（他/她）就可以做老师了。"

【浅析】本章孔子论为师之道，重在温故知新，为人师表，取"为学"义。

A13. **子曰："三人行，必有我师焉！择其善者而从之，其不善者而改之。"**［7.22］

【译文】孔子说："（哪怕是）三个人一同行走，（其中）必定有堪为我师的人！（慎重地）择取人家良善（的方面）而学习，对于人家不善（的方面）就（努力）改正。"

【浅析】本章孔子论向善自新之道，重在以人为镜，从善如流，取"为学"义。

A14. **子曰："二三子以我为隐乎？吾无隐乎尔。吾无行而不与二三子者，是丘也。"**［7.24］

【译文】孔子说："你们这些学生以为我（对你们的教导）有所隐瞒吗？（说实话）我对你们没有（一丝）隐瞒。（事实上）我没有什么事不是与大家一起行动的，这就是我孔丘（为人处世的原则）。"

【浅析】本章孔子自述教学心声，认为自己知无不言，言无不尽，重在言传身教，无私无隐，取"为学"义。

A15. **子曰："学如不及，犹恐失之。"**［8.17］

【译文】孔子说："（有一种人，对待）学习总像赶不上似的，（赶上了）又恐怕失掉它。"

【浅析】本章孔子论求学上进的可贵心态，重在学无止境，不进则退，取"为学"义。

A16. **子曰："学而时习之①，不亦说乎②？有朋自远方来③，不亦乐乎？人不知而不愠④，不亦君子乎？"**［1.1］

［注释］

①时：按时，定时，适时。习：温习，实习，练习。

②说（yuè 阅）：通"悦"，高兴、愉快，蕴含着"澹然离言说，悟悦心自足"的内心感受。

③朋：朋友。一说专指志同道合的人。译文从后者。

④知：知晓，了解。愠（yùn 运）：怨恨。

【译文】孔子说："学过之后按时温习所学，不也（令人）喜悦吗？有志同道合的朋友从远方来，不也（令人）快乐吗？（纵然）人家不了解（我），（我却）不（在心里）暗生怨恨，（我）不也（仍然）是君子吗？"

【浅析】本章孔子论学习、朋友和君子，重在学而时习，君子不愠，取"为学"义。

A17. **子曰："学而不思则罔[1]，思而不学则殆[2]。"**［2.15］

［注释］

①罔（wǎng 往）：迷惑、糊涂。

②殆（dài 待）：疑惑、危险，这里引申为倦怠。孔子认为过度苦思对身心无益。

【译文】孔子说："（只知道一味地）学习而不思考，就会迷惑；（只知道一味地）思考而不学习，就会倦怠。"

【浅析】本章孔子论学习与思考的关系，不可偏废，重在学而能思，思而能学，取"为学"义。

A18. **子曰："吾尝终日不食，终夜不寝，以思，无益，不如学也。"**［15.31］

【译文】孔子说："我曾经整日不吃，整夜不睡，去思考（心中的疑惑），（结果）没有益处，不如去学习。"

【浅析】本章孔子自述学习体会，认为过度苦思，无益身心，重在劝学，取"为学"义。

A19. **子曰："吾自卫反鲁[1]，然后乐正，《雅》《颂》各得其所。"**［9.15］

［注释］

①自卫反鲁：根据《左传》记载，此事发生在鲁哀公十一年（前484）冬。

【译文】孔子说："我从卫国返回鲁国，然后（才把）音乐（篇章）整理出来，《雅》和《颂》（的编排整理）各得其所。"

【浅析】本章记孔子"正乐"（即整理音乐篇章）一事，重在拨乱反正，各得其所，取"为学"义。

A20. **子曰："君子食无求饱，居无求安，敏于事而慎于言，就有道而正焉[1]，**

可谓好学也已。”［1.14］

［注释］

①正：匡正，端正。

【译文】孔子说：“君子（对于）饮食不贪求饱足，（对于）居住不贪求安逸，敏于做事而慎于言语，到有道德（的人那里去学习，以便）匡正自己，（这样的君子）可以说是好学了。”

【浅析】本章孔子论君子好学，食无求饱，居无求安，重在敏于事，慎于言，取“为学”义。

A21. **子曰：“十室之邑，必有忠信如丘者焉，不如丘之好学也。”**［5.28］

【译文】孔子说：“（我想，）十户人家（聚居）的地方，（当中）必定有如我一样忠信的人，（只不过，他/她）不如我好学罢了。”

【浅析】本章孔子自信好学过人，重在为人忠信，勤奋好学，取“为学”义。

A22. **子曰：“加我数年，五十以学《易》[①]，可以无大过矣。”**［7.17］

［注释］

①《易》：古代一部用以占筮吉凶得失的书，书中的卦辞和爻辞是春秋以前的作品。

【译文】孔子说：“（如果）让我多活几年，到五十岁时学习《易经》（的道理），便可以不犯大的过错了。”

【浅析】本章孔子自述学习计划，认为五十学《易》可无大过错，重在洗心以易，退藏于密，取“为学”义。

A23. **子曰：“述而不作[①]，信而好古，窃比于我老彭[②]。”**［7.1］

［注释］

①述：传述。作：创造。

②窃：私下，私自。老彭：人名。一说是古人，指老子和彭祖两人或指殷商时代的彭祖一人；一说是时人，即当时与孔子相当亲近的人物，而非古人。译文从后者。

【译文】孔子说：“（我的原则是）阐述而不创作，信赖而且喜好古代文化，私下里（常拿自己）跟老彭比一比。”

【浅析】本章孔子论述治学理念，秉持述而不作，信而好古的原则，重在为往圣继绝学，为万世开太平，取“为学”义。

A24. **子曰：“盖有不知而作之者，我无是也。多闻，择其善者而从之；多见而识之；知之次也[①]。”**［7.28］

［注释］

①次：差一等，次一等。

【译文】孔子说：“大概有一种（自己）不知而妄作的人，我没有这种毛病。（我要求自己）多听闻，择取良善（的优点）而遵从；多观察并记在心里（揣摩品味）。（像我这样，应属于）次一等的智慧吧！”

【浅析】本章孔子论治学之道，应避免“不知而作”的毛病，重在默观省察，博闻强记，取“为学”义。

A25. **子曰：“默而识之[①]，学而不厌，诲人不倦，何有于我哉[②]？”**［7.2］

［注释］

①识（zhì 志）：记住。

②何有于我哉：这些事对我有什么难呢？一说，这些事我做到了哪些呢？译文从后者。

【译文】孔子说：“（把日常见闻）默默地记在心里，学习而不厌烦，教诲他人而不倦怠，（我时常扪心自问）这些事情我做到了哪些呢？”

【浅析】本章孔子自述教学心得，重在学而不厌，诲人不倦，取“为学”义。

A26. **子曰：“若圣与仁，则吾岂敢！抑为之不厌，诲人不倦，则可谓云尔已矣。”公西华曰：“正唯弟子不能学也。”**［7.34］

【译文】孔子说：“要说（我是）圣人与仁者，我怎么敢当！只不过是为人努力而不厌烦，教诲他人而不倦怠，可说是如此而已。”公西华说：“这正是弟子们学不到的。”

【浅析】本章孔子自谦不敢以圣者、仁者自居，重在为之不厌，诲人不倦，取“为学”义。

A27. **子曰：“攻乎异端[①]，斯害也已[②]。”**［2.16］

［注释］

①攻：攻击，批判。一说是攻治，专研。异端：不正确的言论、学说。

②斯：连词，“这就”的意思。也已：语气词。一说，应将“已”看作动词，停止。

【译文】孔子说：“批判（那些）异端（邪说），这就可以消除（异端邪说的）危害了。”

【浅析】本章孔子论批判异端，重在坚守中道，维护正义，取“为学”义。

A28. **子曰：“辞达而已矣！”**［15.41］

【译文】孔子说：“（对于）言语修辞（的原则），（我想）能够（明白）表达意思就行了。”

【浅析】本章孔子论言辞表达，重在言简意赅，文约义丰，取“为学”义。

A29. **子曰：“不曰：‘如之何[①]，如之何’者，吾末如之何也已矣。”**［15.16］

［注释］

①如之何：怎么办。这里指不动脑筋思考。

【译文】孔子说：“（如果一个人）不（动脑筋）想想：‘怎么办，怎么办’的话，我也不知道（该对他/她）怎么办了。”

【浅析】本章孔子论学习方法，认为应多动脑筋思考为什么、怎么办，重在独立思考，上下求索，取“为学”义。

A30. **子曰：“不愤不启[①]，不悱不发[②]。举一隅不以三隅反[③]，则不复也。”**［7.8］

［注释］

①愤：心求通而未得之意。

②悱（fěi 斐）：口欲言而未能之貌。

③隅（yú 于）：角落。

【译文】孔子说：“（教导学生）不等到他/她发愤（渴求搞懂却搞不懂）的时候，先不给他/她启示；不等到他/她渴求表达（却说不出）的时候，先不帮他/她阐发。（以四方的屋子为例）教他/她认识一角却不能自行推知（剩余）三角的，（这个时候）便不再重复教他/她了。”

【浅析】本章孔子论教学启发之道，不愤不启，不悱不发，重在举一反三，触类旁通，取“为学”义。

A31. 子曰：“射不主皮[①]，为力不同科[②]，古之道也。”[3.16]

[注释]

①皮：古代用兽皮做成的箭靶子。

②为（wèi卫）：因为。科：等级。

【译文】孔子说：“（我认为）比射箭不一定非要射穿箭靶子（才好），因为（每个）人的力量（大小）有不同级别，（所以，射不主皮）这是古时的规矩。”

【浅析】本章孔子论射艺，认为斗力争胜不符合“古之道”，重在正志正心，学习射礼，取“为学”义。

A32. 子曰：“三年学，不至于谷[①]，不易得也。”[8.12]

[注释]

①谷：古代以谷物作为官吏的俸禄，这里代指做官。

【译文】孔子说：“（一个人）读了三年书，却不贪求做官，（保持这样的气节）不容易做到啊。”

【浅析】本章孔子论学者品德，不唯“官”是图，重在人生百途，何必为官，取“为学”义。

A33. 子曰：“譬如为山，未成一篑[①]，止，吾止也。譬如平地，虽复一篑，进，吾往也。”[9.19]

[注释]

①篑（kuì馈）：土筐。

【译文】孔子说：“譬如（用土）堆山，还差一筐便可成功，（如果这时懒得做下去而）停止，那是我自己要停止的。又譬如在平地（上堆土山），虽然是刚倒下一筐土，（如果下定决心）前进，那是我自己要前进啊！”

【浅析】本章孔子论成功之道，应避免功亏一篑，功败垂成之憾，重在锲而不舍，坚韧不拔，取“为学”义。

A34. 子曰：“苗而不秀者有矣夫[①]！秀而不实者有矣夫！”[9.22]

[注释]

①秀：稻、麦等庄稼吐穗扬花叫秀。朱熹《论语集注》云：“夫，音扶。谷之始生曰苗，吐华曰秀，成谷曰实。盖学而不至于成，有如此者，是以君子贵自勉也。”

【译文】孔子说：“（农民种）庄稼长出了苗而不能吐穗扬花的情况是有的；(即使出了苗，) 吐穗扬花而不结果实的情况也是有的。”

【浅析】本章孔子以农事喻人事，凡事贵有成，最忌半途而废，重在慎终如始，善始善终，取“为学”义。

A35. **子曰：“可与共学，未可与适道；可与适道，未可与立①；可与立，未可与权。”**［9.30］

［注释］

①立：立身以礼，依礼行事。

【译文】孔子说：“（你）可与（他/她）一同学习，未必可与（他/她）一同取得成就；（你）可与（他/她）一同取得成就，未必可与（他/她）一同依礼行事；（你）可与（他/她）一同依礼行事，未必可与（他/她）一同通达权变。”

【浅析】本章孔子论权道之难，重在与时俱进，通权达变，取“为学”义。

A36. **子曰：“兴于《诗》，立于礼，成于乐。”**［8.8］

【译文】孔子说：“（首先）兴起于《诗经》，（其次）立身于礼节，（最后）达成于音乐。”

【浅析】本章孔子论教学内容，包括诗、礼、乐三者，重在循序渐进，逐步提升，取“为学”义。

A37. **子曰：“《诗》三百①，一言以蔽之②，曰：‘思无邪③。’”**［2.2］

［注释］

①诗三百：《诗经》实有三百零五篇，“三百”是概言其整数。

②蔽：概括。

③思无邪：本是《诗经·鲁颂·駉篇》之文。思，思想。无邪，纯正之意。

【译文】孔子说：“《诗经》三百篇，（如果让我）用一句话来概括它，就是‘思想纯正’。”

【浅析】本章孔子论诗，重在思想纯正，情真意切，取“为学”义。

A38. **子曰：“诵《诗》三百，授之以政，不达；使于四方，不能专对①；虽多，亦奚以为②？”**［13.5］

［注释］

①专对：独立应对。

②以：动词，用。为：表疑问的语气词，但只跟“奚”“何”诸字连用，如“何以文为”“何以伐为”。

【译文】孔子说：“（如果一个人）熟读《诗经》三百篇，（这时）授权他处理政务，却不能达成目标；（或者）派他出使四方外国，却不能独立应对；（这样的人）虽然书读得多，又有什么用处呢？”

【浅析】本章孔子批评死读书的“书呆子”，空有一身理论知识，却不能胜任内政外交职责，重在学以致用，经世济国，取“为学”义。

A39. **子曰：“《关雎》乐而不淫①，哀而不伤。”**[3.20]

[注释]

①《关雎》：《诗经》的第一篇，这里指乐章。古诗一般都是配乐的，既有诗词也有乐章。淫：因过度、过分而失当。

【译文】孔子说：“（对于）《关雎》这首诗，（我的评价是）乐而不淫，哀而不伤。”

【浅析】本章孔子论诗，认为《关雎》一诗体现了中正祥和之美，重在有情有义，不淫不伤，取“为学”义。

A40. **子曰：“师挚之始①，《关雎》之乱②，洋洋乎盈耳哉！”**[8.15]

[注释]

①师挚（zhì 志）：鲁国的太师，名挚。始：乐曲的开端，即序曲。古代奏乐，开始叫作“升歌”，一般由太师演奏，所以叫“师挚之始”。

②《关雎》之乱：“始”是乐的开端，“乱”是乐的结束。由“始”到“乱”，叫作“一成”。“乱”是“合乐”，如同今天的合唱。合奏之时，奏《关雎》的乐章，所以叫“《关雎》之乱”。

【译文】孔子说：“（从）太师挚开始演奏，（到）结尾演奏《关雎》之曲，音乐（如潮水般）充盈于耳！”

【浅析】本章孔子论音乐，认为太师挚的音乐演奏气势宏大，重在耳濡目染，陶冶性情，取“为学”义。

A41. **子曰：“小子！何莫学夫《诗》？《诗》可以兴，可以观，可以群，可以怨。迩之事父，远之事君。多识于鸟兽草木之名。”**[17.9]

【译文】孔子说：“年轻人，（你们）为什么不去研究《诗经》？研读《诗经》可以激发兴趣，可以观察人事，可以让人合群，可以学习讽刺技巧。从近处说，教人如何侍奉父母；从远处说，教人如何侍奉君主。（如果这些都学不到，至少还可以）多多认识鸟兽草木的名称。”

【浅析】本章孔子论学《诗经》的重要性和好处，重在涵养天性，通情达理，取“为学”义。

A42. 子曰：“吾与回言[①]，终日不违，如愚。退而省其私[②]，亦足以发，回也不愚。”［2.9］

［注释］

①回：颜回，字子渊，鲁国人，是孔子最器重的学生，比孔子小30岁。一说比孔子小40岁。

②退而省其私：朱熹《论语集注》认为，孔子退而省察颜回私下表现，“则见其日用动静语默之间，皆足以发明夫子之道”。一说，颜回通过实践来证明他能发挥孔子之道。

【译文】孔子说：“我与颜回讲学（的时候），一整天他（对我所阐述的观点）从不提出异议，如同（一个）愚人。（等到讲学结束）退下后，（我）省察他私下的表现，（发现他对于我所讲的内容）也能有所阐发，（可见）颜回不是愚人。”

【浅析】本章孔子论颜回，大智若愚，重在静观省察，默识心融，取“为学”义。

A43. 子曰：“语之而不惰者，其回也与！”［9.20］

【译文】孔子说：“（在我的学生当中）听我说话而始终不倦怠的，（大概）只有颜回一人吧！”

【浅析】本章孔子论颜回，赞其从不厌烦孔子的教诲，重在深解义趣，喜闻乐见，取“为学”义。

A44. 子谓颜渊，曰：“惜乎！吾见其进也，未见其止也！”［9.21］

【译文】孔子谈到颜渊，说：“可惜呀（他死得太早了）！（在学习方面）我只看见他不断地进步，从未见过他止步不前！”

【浅析】本章孔子论颜渊，叹其短命，赞其好学，重在人生有限，学海无涯，取“为学”义。

A45. 子谓伯鱼曰：“女为《周南》《召南》矣乎[①]？人而不为《周南》《召南》，其犹正墙面而立也与[②]！”［17.10］

[注释]

①《周南》《召南》：《诗经·国风》中的第一、第二两部分篇名。

②正墙面而立：朱熹《论语集注》云："言即其至近之地，而一物无所见，一步不可行。"

【译文】孔子对伯鱼说："你研究过《周南》和《召南》了吗？人（如果）不研究《周南》《召南》，那就犹如正对着一堵墙壁站立（必定一无所见，寸步难行）！"

【浅析】本章记孔子教子，劝其学《周南》《召南》，重在兴于《诗》，立于礼，取"为学"义。

A46. **子谓《韶》[①]："尽美矣[②]，又尽善也[③]。"谓《武》[④]："尽美矣，未尽善也。"**[3.25]

[注释]

①《韶》：舜时的乐曲名。

②美：这里是就乐曲的音调、舞蹈的形式而言，侧重感官方面的视听效果。

③善：这里是就乐舞的思想内容而言，侧重思想层面的教育意义。

④《武》：周武王时乐曲名。

【译文】孔子论《韶》乐，（说：）"（它所体现的）善美到了极点，（它所体现的）善也到了极点。"论《武》乐，（说：）"（它所体现的）美到了极点，（它所体现的）善却未达到极点。"

【浅析】本章孔子论音乐鉴赏，在于美、善两个角度，重在尽善尽美，取"为学"义。

A47. **子在齐闻《韶》，三月不知肉味，曰："不图为乐之至于斯也。"**[7.14]

【译文】孔子在齐国听到《韶》的乐章，（为它的美妙所打动，）（竟然）长时间尝不出肉味，说："不曾想欣赏音乐竟（让我）到了这种境界。"

【浅析】本章记孔子对音乐的热爱，如痴如醉，食不甘味，重在乐而不淫，取"为学"义。

A48. **子在陈[①]，曰："归与！归与！吾党之小子狂简，斐然成章，不知所以裁之[②]。"**[5.22]

[注释]

①陈：古代国家名，大约在今河南东部和安徽北部一带。

②裁：剪裁，指人才教导和培养。

【译文】孔子在陈国，说："归去吧！归去吧！我们那里的学生们志高才大，斐然成章，还不知道怎样去教导和培养他们呢。"

【浅析】本章孔子论人才教育，重在十年树木，百年树人，取"为学"义。

A49. 子语鲁大师乐[①]，曰："乐其可知也：始作，翕如也[②]；从之[③]，纯如也，皦如也[④]，绎如也[⑤]，以成。"［3.23］

［注释］

①语（yù 玉）：告诉。大（tài 太）师：乐官之长。

②翕（xī 西）：合、聚，协调。

③从（zòng 纵）：放纵，展开。

④皦（jiǎo 角）：音节分明。

⑤绎（yì 译）：连续不断。

【译文】孔子告诉鲁国太师演奏音乐的道理，说："音乐（演奏的原理）是可以知晓的：开始演奏时，翕然热烈；继续演奏时，纯然和谐，皦然清晰，绎然不绝，（就这样）完成（音乐演奏）。"

【浅析】本章孔子论音乐演奏之理，如行云流水，重在起承转合，和谐自然，取"为学"义。

A50. "唐棣之华[①]，偏其反而[②]。岂不尔思？室是远而[③]。"子曰："未之思也，夫何远之有？"［9.31］

［注释］

①唐棣（dì 地）：一种植物，属蔷薇科，落叶灌木。

②偏其反而：形容花摇动的样子。

③室是远而：只是住的地方太远了。

【译文】（古诗说：）"唐棣树的花，翩翩摇摆。怎能不把你思念？（只是）因为家室离得太遥远。"孔子说："他/她这还不是真的（在心里面）思念啊，（若是真的思念）又怎么会（觉得）遥远呢？"

【浅析】本章孔子论诗言志，意思深远，或言权变，或言明道，重在澹泊明志，宁静致远，取"为学"义。

（二）孔子弟子语录

A51. 颜渊、季路侍[①]。子曰："盍各言尔志[②]？"子路曰："愿车马衣裘，与朋友共，敝之而无憾。"颜渊曰："愿无伐善[③]，无施劳[④]。"子路曰："愿闻子之志。"子曰："老者安之，朋友信之，少者怀之[⑤]。"[5.26]

[注释]

①侍：服侍，陪侍。

②盍（hé 何）：何不。

③伐：夸耀。善：好处。

④施：表白。劳：功劳。

⑤少者怀之：使年少者得到关怀。

【译文】（孔子席地而坐，）颜渊、季路（于两旁）侍立。孔子说："何不说说各自的志向?"子路说："愿意把我的车马衣服，与朋友共同享用，（就算）坏了也不遗憾。"颜渊说："愿意不夸耀自己的善良，不表白自己的功劳。"子路说："希望听听老师您的志向。"孔子说："（我的志向是）使老年人得到安养，朋友得到信任，年轻人得到关怀。"

【浅析】本章记孔子之志，"老者安之，朋友信之，少者怀之"，重在尊老爱幼，修已安人，取"为学"义。

A52. 颜渊喟然叹曰[①]："仰之弥高，钻之弥坚，瞻之在前，忽焉在后。夫子循循然善诱人，博我以文，约我以礼，欲罢不能。既竭吾才，如有所立卓尔。虽欲从之，末由也已[②]。"[9.11]

[注释]

①喟（kuì 馈）然：长叹的样子。叹：赞叹。

②末：无。

【译文】颜渊感叹着说："（老师的学问）越是仰望，越觉得高大；越是专研，越觉得艰深；（有时候）看似就在眼前，忽然又到后面去了。老师（总能）循循善诱，用丰富的文献使我博学，用礼节来约束我，（让人充满学习的渴望而）欲罢不能。（我感到）已用尽全力，似乎能独立了。要想再向前迈进，又无从下手了。"

【浅析】本章颜渊赞孔子，仰之弥高，钻之弥坚，重在循循善诱，博文约礼，取“为学”义。

A53. 子贡曰：“贫而无谄，富而无骄，何如①？”子曰：“可也；未若贫而乐，富而好礼者也。”子贡曰：“诗云：‘如切如磋，如琢如磨②’，其斯之谓与？”子曰：“赐也③，始可与言《诗》已矣！告诸往而知来者④。”[1.15]

[注释]

①何如：即“如何”，怎么样。

②如切如磋，如琢如磨：出自《诗经·卫风·淇奥》。代表四种工序或动作，这里指精益求精。

③赐：子贡名。孔子对学生一般都称呼其名。

④诸：同“之”。往：过去。来：未来。

【译文】子贡说：“（如果一个人能做到）贫穷却不谄媚，富有却不骄横，（这个人）怎么样？”孔子说：“可以了；但不如贫穷却乐于学道，富有却爱好礼节。”子贡说：“《诗经》上说：‘如切如磋，如琢如磨。’说的就是这个（精益求精的）意思吧？”孔子说：“赐呀，现在可以同你讨论《诗经》了！告诉（你过去），你就能推知将来。”

【浅析】本章孔子论贫富，赞扬子贡能够告往知来，可与之言《诗》，重在乐道好礼，无谄无骄，取“为学”义。

A54. 子贡曰：“夫子之文章①，可得而闻也；夫子之言性与天道②，不可得而闻也。”[5.13]

[注释]

①文章：指孔子传授的诗、书、礼、乐等文献。

②性：人性。天道：天命。

【译文】子贡说：“（在我看来）老师关于文献方面的学问，可以听闻；老师关于人性和天命方面的言论，还没有听闻过。”

【浅析】本章记子贡通过学习发现孔子罕言性与天道，重在明心见性，性静情逸，取“为学”义。

A55. 子贡问曰：“孔文子何以谓之‘文’也①？”子曰：“敏而好学，不耻下问，是谓之‘文’也。”[5.15]

[注释]

①孔文子：卫国大夫孔圉（yǔ 雨），“文”是谥号，“子”是尊称。

【译文】子贡问道："孔文子凭什么可以得到'文'的谥号？"孔子说："（孔文子为人）勤敏好学，不耻下问，所以给他为'文'的谥号。"

【浅析】本章孔子论孔文子谥号为"文"的原因，重在敏而好学，不耻下问，取"为学"义。

A56. **冉求曰："非不说子之道[①]，力不足也。"子曰："力不足者，中道而废。今女画[②]。"**［6.12］

［注释］

①说：同"悦"。

②画：停止。

【译文】冉求说："不是我不喜欢老师您的学说，是我能力不够。"孔子说："（如果真是）能力不够的人，走到中途才（会因为力量耗尽而不得不）停下。（可是）现在你却停在原地（还没有开始行动）。"

【浅析】本章孔子批评冉求不思进取，画地为牢，认为"力不足"只是借口，希望他端正学习态度，重在劝学，取"为学"义。

A57. **子路问："闻斯行诸？"子曰："有父兄在，如之何其闻斯行之？"冉有问："闻斯行诸？"子曰："闻斯行之！"公西华曰："由也问：'闻斯行诸？'子曰：'有父兄在。'求也问：'闻斯行诸？'子曰：'闻斯行之！'赤也惑，敢问。"子曰："求也退，故进之；由也兼人[①]，故退之。"**［11.22］

［注释］

①兼人：好勇过人。

【译文】子路问："听闻（正确）就行动吗？"孔子说："有父兄在，怎么能听到就行动呢？"冉有问："听闻（正确）就行动吗？"孔子说："听到就（立刻）行动。"公西华说："仲由问听到就行动吗，您说'有父兄在（不能听到就行动）。'冉求问听到就行动吗，您说'听到就行动。'（两人的问题相同，而您的答复却相反，）我有些困惑，敢问（这其中的缘故）。"孔子说："冉求（的性格）退缩，所以我要推他前进；仲由（的性格）敢作敢为，所以我要让他退一退。"

【浅析】本章孔子论行动之道，认为性急者（如子路）宜缓行；性缓者（如冉有）宜速行，重在因人而异，因材施教，取"为学"义。

A58. **子路使子羔为费宰。子曰："贼夫人之子[①]！"子路曰："有民人焉，有社稷焉[②]。何必读书，然后为学？"子曰："是故恶夫佞者[③]。"**［11.25］

[注释]

①贼：害。这里有误人子弟的意思。

②社稷：古代帝王、诸侯所祭的土神和谷神。这里指土地和五谷。

③恶（wù 误）：厌恶。佞（nìng 泞）：有口才，伶牙俐齿，能说善道，多用作贬义。

【译文】子路叫子羔去做费县县长。孔子说："（这样做）是误人子弟！"子路（不服气地）说："（费县那地方）有老百姓，有土地和五谷（需要派人管理），何必一定要读书，才叫作学习呢？"孔子说："所以我厌恶（像你这样不好好学习而只知道）强词夺理的人。"

【浅析】本章孔子批评子路为佞人，认为他让子羔去做官是误人子弟，尤其对子路狡辩"读书无用"的观点颇为反感，重在学而未优，不宜出仕，取"为学"义。

A59. **子游曰："在我看来，子夏[①]之门人小子，当洒扫、应对、进退，则可矣，抑末也。本之则无，如之何？"子夏闻之，曰："噫！言游过矣！君子之道，孰先传焉？孰后倦焉？譬诸草木，区以别矣。君子之道，焉可诬也？有始有卒者，其惟圣人乎！"**[19.12]

[注释]

①子夏：孔子学生，姓卜，名商，字子夏，比孔子小 44 岁。

【译文】子游说："（在我看来，）子夏门下的学生，叫他们做做洒扫、应对、进退一类的事务，是可以的，不过这只是（学道的）细枝末节罢了。没有学到根本，这样下去怎么行呢？"子夏听了（子游）这话，说："噫！子游说错了！君子之道，先传授哪一项？后讲述哪一项？（孰先孰后）就如同草和木，是有所区别的。君子之道，怎可（随便）歪曲呢？（要说传道）有始有终（不分先后）的，大概就只有圣人（能做到）吧！"

【浅析】本章记孔门弟子对于教学方法之争，子游认为"学"有本末之别，子夏认为"教"有先后之分，重在有始有终，殊途同归，取"为学"义。

A60. **子夏曰："贤贤易色[①]；事父母，能竭其力；事君，能致其身[②]；与朋友交，言而有信。虽曰未学，吾必谓之学矣。"**[1.7]

[注释]

①贤贤易色：意为不看重容貌姿色。

②致：有"委弃""献纳"的意思，这里指献出生命，全力以赴。

【译文】子夏说："（对于妻子）看中的是品德而不是容貌姿色；侍奉父母，能竭尽全力；侍奉君主，能全力以赴；与朋友交往，言而有信。（这种人）虽说没（经过正式）学习，我也一定能说他已经学习过了。"

【浅析】本章子夏论未学之"学"，认为一个人德行的好坏与他是否接受过正式的学习教育没有必然的联系，重在贤贤易色，好善好德，取"为学"义。

A61. 子夏曰："日知其所亡，月无忘其所能，可谓好学也已矣！"［19.5］

【译文】子夏说："每天更新（自己原本）（没有的）知识，每月不忘（练习自己）所掌握的（本领），（这样的人）可以说是好学啊！"

【浅析】本章子夏论好学，认为学者应日知所无，月习所能，重在温故创新，取"为学"义。

A62. 子夏曰："百工居肆以成其事①，君子学以致其道。"［19.7］

［注释］

①百工：各行各业的工匠。肆（sì 四）：古代社会专门用以制作物品的作坊。

【译文】子夏说："（一般而言）百工居住在作坊里（按照规定的程序）来完成他/她们（具体的）工作任务，君子（不同于百工，他/她们主要是）通过学习获得（更高层次的）道。"

【浅析】本章子夏论君子的学习目标，不同于百工的工作，重在学以致道，任重道远，取"为学"义。

A63. 子夏曰："仕而优则学①；学而优则仕。"［19.13］

［注释］

①优：有余力。

【译文】子夏说："（如果）做官有余力就应去学习；（如果）学习有余力就应去做官。"

【浅析】本章子夏论学与仕的关系，重在行有余力，仕优则学，取"为学"义。

A64. 牢曰①："子云：'吾不试②，故艺。'"［9.7］

［注释］

①牢：据郑玄说是孔子学生。

②试：用，起用，任用。

【译文】牢说："（我记得）孔子说过：（正因为）我不曾被国家起用，所以（反而有时间、精力）学些技艺。'"

【浅析】本章记孔子自认为多才多艺的原因在于"不试"，重在依于仁，游于艺，取"为学"义。

A65. 陈亢问于伯鱼曰①："子亦有异闻乎？"对曰："未也。尝独立，鲤趋而过庭。曰：'学《诗》乎？'对曰：'未也。''不学《诗》，无以言。'鲤退而学诗。他日，又独立，鲤趋而过庭。曰：'学礼乎？'对曰：'未也。''不学礼，无以立！'鲤退而学礼。闻斯二者。"陈亢退而喜曰："问一得三：闻《诗》，闻礼，又闻君子之远其子也。"［16.13］

［注释］

①陈亢（gāng 刚）：即陈子禽，孔子弟子。

【译文】（有一天，）陈亢问孔子的儿子伯鱼："您在老师那里有（得到）与其他学生不同的传授吗？"伯鱼回答："没有。（老师）曾经一个人站在庭中，我（当时正）快步过庭。他问我：'（你）学《诗经》了吗？'我说：'没有。'（他便对我说：）'不学《诗经》，就不会说话。'（于是）我退下去学诗。过了几天，（老师）又一个人站在庭中，我又快步过庭。他问我：'（你）学礼了吗？'我说：'没有。'（他便道：）'不学礼，就没法立足（于社会）。'（于是）我退下去学礼。我就听到这两项。"陈亢回去后很欢喜，说："（我本想着）问（伯鱼）一个问题，（结果）得到三个答案。闻知学《诗经》（的重要性），闻知学礼（的重要性），又闻知君子（孔子）对他儿子（伯鱼）的态度（较为疏远）。"

【浅析】本章记陈亢与伯鱼问答，陈亢窃喜于"问一得三"，重在学诗立言，学礼立身，取"为学"义。

（三）时人、政客语录

A66. 达巷党人曰①："大哉孔子！博学而无所成名。"子闻之，谓门弟子曰："吾何执？执御乎？执射乎？吾执御矣。"［9.2］

［注释］

①达巷党：古代五百家为一党，达巷是党名。

【译文】达巷的人说："孔子真伟大！学问广博，却找不出他（赖以）成名的专长。"孔子听说后，就对学生们说："我有什么（专长）呢？赶马车呢？（还是）做射手呢？（如果一定要从中选一个，我看）我（还是选择）赶马车好了。"

【浅析】本章时人赞孔子博学，又惜其无所成名，重在大成若缺，无名可名，取"为学"义。

A67. **大宰问于子贡曰①："夫子圣者与？何其多能也？"子贡曰："固天纵之将圣②，又多能也。"子闻之，曰："大宰知我乎！吾少也贱，故多能鄙事。君子多乎哉？不多也。"**[9.6]

[注释]

①大宰：即太宰，官名，掌管国君宫廷事务。这里不能确定具体是何人。

②纵：朱熹《论语集注》云："纵犹肆也，言不为限量也。"将（jiāng 江）：大。

【译文】太宰问子贡："（您的老师）孔夫子是圣人吗？为什么这样多才多能呢？"子贡回答："（我想）这是上天要他成为圣人，又使他多才多能。"孔子听到，便说："太宰知道我呀！我小时候生活贫贱，所以（为了生活）学会不少鄙陋的技能。（对于）君子（来说）这些技能算多吗？（我看还）不算多啊。"

【浅析】本章孔子自谦既非"圣者"，亦不"多能"，重在勤学苦练，集腋成裘，取"为学"义。

A68. **卫公孙朝问于子贡曰①："仲尼焉学？"子贡曰："文武之道，未坠于地，在人。贤者识其大者，不贤者识其小者，莫不有文武之道焉。夫子焉不学？而亦何常师之有？"**[19.22]

[注释]

①卫公孙朝：卫国的大夫公孙朝。

【译文】卫国的公孙朝问子贡："（您的老师）孔子的学问是从哪里学来的？"子贡说："（人们常说的）周文王、周武王之道，（其实）并未失传，仍在人间。贤者（能够通过它）识取大（用）处，不贤者（也能够通过它）识取小用处，（总之）没有不适用于文武之道的地方。我的老师难道会不学习吗？（所以）又何必要有固定的师傅（来专门传授我的老师孔子）呢？"

【浅析】本章子贡论孔子之学，得益于文武之道，重在识有大小，学无常师，取"为学"义。

A69. 哀公问：“弟子孰为好学？”孔子对曰：“有颜回者好学，不迁怒[①]，不贰过[②]。不幸短命死矣[③]，今也则亡[④]，未闻好学者也。”［6.3］

［注释］

①不迁怒：不把对一个人的怒气发泄到其他人身上。

②不贰过：贰，重复、一再。这是指不犯同样的错误。

③短命死矣：颜回死于鲁哀公十四年（前481），死时年仅三十一岁。

④亡：同“无”。

【译文】鲁哀公问（孔子）：“你的学生中谁好学？”孔子回答：“有个叫颜回的学生好学，（他从）不迁怒于人（拿别人出气），（同样的过错）不再犯第二次。不幸（的是他）短命死了，如今没有这样的人了，再也没听过好学的人了。”

【浅析】本章孔子论颜回好学，重在不迁怒，不贰过，取“为学”义。

A70. 季康子问：“弟子孰为好学？”孔子对曰：“有颜回者好学，不幸短命死矣，今也则亡。”［11.7］

【译文】季康子问（孔子）：“你的学生当中谁好学？”孔子回答：“有一个叫颜回的学生很好学，不幸（的是他）短命死了。现在再也没有（像他那样好学的人）了。”

【浅析】本章孔子论颜回好学，惜其短命，重在闻一知十，无人可及，取“为学”义。

（四）其他

A71. 子以四教：文、行、忠、信。［7.25］

【译文】孔子（主要）从四个方面教育（他的）学生：文献、德行、尽忠、立信。

【浅析】本章记孔子的教学内容，不离文、行、忠、信这四者，重在孝悌忠信，礼义廉耻，取“为学”义。

A72. 子与人歌而善，必使反之，而后和之。［7.32］

【译文】孔子与别人一同唱歌（的时候），如果唱得好，必定请人家再唱一遍，而后又跟他唱和一遍。

【浅析】本章记孔子的好学品质，与人歌善，反复唱和，直至学会，重在快乐学习，学无常师，取“为学”义。

A73. **子所雅言[①]，《诗》、《书》、执礼，皆雅言也。**[7.18]

[注释]

①雅言：当时中国所通行的语言，类似今天的普通话。

【译文】孔子使用雅言（通行语）的时候，包括读《诗》、读《书》、行礼，都用雅言。

【浅析】本章记孔子的语言表达，即使用雅言（通行语）的情形，在于《诗》、《书》、执礼这三者，重在正言若反，直言不讳，取“为学”义。

A74. **子路有闻，未之能行，唯恐有闻[①]。**[5.14]

[注释]

①有（yòu）：同“又”。

【译文】子路听闻（一个道理时），（如果）尚未能付诸行动（去体验），（他就）唯恐又听闻（一个新的道理）。

【浅析】本章记子路好学品质，一有闻善，勇于必行，重在实践出真知，取“为学”义。

A75. **德行：颜渊，闵子骞，冉伯牛，仲弓；言语：宰我，子贡；政事：冉有，季路；文学[①]：子游，子夏。**[11.3]

[注释]

①文学：指古代文献，即孔子用来传授讲学的《诗》《书》《易》等。

【译文】（孔子门下优秀的弟子代表）在德行方面有：颜渊，闵子骞，冉伯牛，仲弓。在言语方面有：宰我，子贡。在政事方面有：冉有，季路。在文献学习方面有：子游，子夏。

【浅析】本章记著名的孔门弟子，他们被后世称为“四科十哲”，重在德行言语，政事文学，取“为学”义。

二 修身

题解

本篇共辑录《论语》原文八十一章（编码为B），包括孔子语录55章（B1－B55），孔子弟子语录22章（B56－B77），政客及时人语录2章（B78－B79），其他记录2章（B80－B81）。

主要内容涉及：修行目的或境界（如“修己以敬”“修己以安人”“修己以安百姓”）、正直做人（如“人之生也直，罔之生也幸而免”）、人生修行的阶段和目标（如“吾十五志于学，三十而立，四十而不惑，五十而知天命，六十而耳顺，七十而从心所欲，不逾矩”）、修行方法与次第（如“志于道，据于德，依于仁，游于艺”）、智仁勇三位一体（如“知者不惑；仁者不忧；勇者不惧”）、君子品质（如“君子不器”“君子谋道不谋食”“君子忧道不忧贫”“岁寒，然后知松柏之后凋也”）、君子与小人的区别（如“君子上达，小人下达”“君子求诸己，小人求诸人”“君子和而不同；小人同而不和”）、君子三知（“知命”“知礼”“知言”）、君子三戒（“少之时，血气未定，戒之在色；及其壮也，血气方钢，戒之在斗；及其老也，血气既衰，戒之在得”）、君子三畏（“畏天命，畏大人，畏圣人之言”）、君子三变（“望之俨然，即之也温，听其言也厉”）、君子九思（“视思明，听思聪，色思温，貌思恭，言思忠，事思敬，疑思问，忿思难，见得思义”）、改过自新（如“过而不改，是谓过矣”“君子之过也，如日月之食焉。过也，人皆见之；更也，人皆仰之”）、自我反思（如“吾日三省吾身：与人谋而不忠乎？与朋友交而不信乎？传不习乎？”）等。详见下文。

（一）孔子语录

B1. 子曰：“吾十有五而志于学①，三十而立②，四十而不惑③，五十而知天命④，六十而耳顺⑤，七十而从心所欲，不逾矩⑥。”［2.4］

[注释]

①有：同“又”。

②立：站立。引申为自立门户，独立生活。

③不惑：不困惑。引申为不被外界的诱惑所吸引。

④天命：命运。

⑤耳顺：指能够听取正、反各种意见而不偏执。

⑥不逾矩：不越规矩。

【译文】孔子（自我总结）说：“我十五岁时立志追求学问；三十岁时能够自立（门户）；四十岁时（能做到）不再迷恋于外界的（各种）诱惑；五十岁时懂得了天命；六十岁时（能做到）倾听各种（正面或负面的）言论而顺其自然；七十岁时（能做到）随心所欲，（但是）任何念头（都）不（会）超越规矩。”

【浅析】本章孔子自述人生感悟与心得，重在修身不辍，终生好学，取“修身”义。

B2. **子曰：“志于道，据于德，依于仁，游于艺[1]。”**[7.6]

[注释]

①艺：指孔子教授学生的礼、乐、射、御、书、数六艺。

【译文】孔子说：“志向在于弘道，根据在于明德，依靠在于仁义，悠游在于六艺（礼、乐、射、御、书、数）。”

【浅析】本章孔子论修行，重在志道据德，依仁游艺，取“修身”义。

B3. **子曰：“三军可夺帅也[1]，匹夫不可夺志也。”**[9.26]

[注释]

①三军：军队的统称。按照周朝的制度，诸侯中的大国可以拥有三军。

【译文】孔子说：“（你）可以（用武力）夺取三军的主帅，但不可以夺走（哪怕是）匹夫（坚定的）志向。”

【浅析】本章孔子论匹夫之志，不可夺也，重在意志坚定，不屈不挠，取“修身”义。

B4. **子曰：“岁寒，然后知松柏之后凋也[1]。”**[9.28]

[注释]

①凋：凋零，零落。

【译文】孔子说：“（总要到了）寒冷时节，然后才知道松柏树是（坚持到）最后凋零的。”

【浅析】本章孔子以“松柏后凋”比喻君子气节，重在富贵不淫，威武不屈，取“修身”义。

B5. **子曰：“知者不惑；仁者不忧；勇者不惧。”**［9.29］

【译文】孔子说：“智者不会迷惑；仁者不会忧虑；勇者不会畏惧。”

【浅析】本章孔子论君子之道，应做到智、仁、勇“三位一体”，重在仁者无敌，取“修身”义。

B6. **子曰：“君子道者三，我无能焉：仁者不忧，知者不惑，勇者不惧。”子贡曰：“夫子自道也。”**［14.28］

【译文】孔子说：“（对于）君子所应达成的三个目标，我没有一个能做到：仁义的人不忧虑，智慧的人不迷惑，勇敢的人不畏惧。”子贡说：“这正是他老人家对自己的描述啊。”

【浅析】本章记孔子自谦之辞，言其尚未达到君子之道（智、仁、勇）的要求，重在谦谦君子，乾乾日强，取“修身”义。

B7. **子曰：“君子谋道不谋食。耕也，馁在其中矣[①]；学也，禄在其中矣[②]。君子忧道不忧贫。”**［15.32］

［注释］

①馁（něi）：饥饿。

②禄在其中：可以参看“樊迟请学稼”章（13.4/G21）。

【译文】孔子说：“（作为）君子（应当多）谋虑（如何）修道而不（应当只顾）谋虑衣食（住行）。耕田，经常饿着肚皮；学习，经常得到俸禄。（作为）君子（应当）为不能觉悟大道而忧虑，而不（应当过于）忧虑（当前的）贫困（生活）。”

【浅析】本章孔子论君子品德，谋道不谋食，忧道不忧贫，重在安贫乐道，尊道贵德，取“修身”义。

B8. **子曰：“德之不修，学之不讲，闻义不能徙[①]，不善不能改，是吾忧也。”**［7.3］

［注释］

①徙（xǐ 喜）：迁移。这里指靠近义、做到义。

【译文】孔子说：“（人们的）品德不修正，学问不讲习；听闻仁义（道理）却不能（付诸）实践，（自身）有缺点（却）不能改正，（这些才）是我所忧虑的啊！”

【浅析】本章记孔子之忧，在于修德、讲学、徙义、迁善四者，重在闻义能徙，不善能改，取“修身”义。

B9. **子曰：“弟子入则孝，出则悌[①]，谨而信[②]，泛爱众，而亲仁[③]。行有余力，则以学文。”**［1.6］

［注释］

①弟子：一说是年纪较小为人弟和为人子的人；一说是学生。入、出：古代父与子分别住在不同的居处，学习则在外舍。由《礼记·内则》“由命士以上，父子皆异宫”，则知这里的“弟子”是指“命士”以上的人物。“入”是“入父宫”，“出”是“出己宫”。悌（tì替）：也写作“弟”，指对尊者、长者要恭敬谦逊。

②谨：寡言少语。

③仁：即仁人，有仁德的人。

【译文】孔子说：“弟子们在父母跟前时，就应当孝顺父母；出门在外时，就应当顺从师长（的吩咐），一言一行都要谨慎而且守信，要懂得博爱众人，还（要多）亲近那些有仁德的人。（照这样）实行之后，（如果）还有余力的话，（最好）再去学习文献知识。”

【浅析】本章孔子论道德修养，劝告弟子出孝入悌，谨慎诚信，重在爱众亲仁，余力学文，取“修身”义。

B10. **子曰：“出则事公卿，入则事父兄，丧事不敢不勉，不为酒困；何有于我哉？”**［9.16］

【译文】孔子说：“（作为）君子出外公平就当（想着尽力）侍奉公卿，入门（回家）就当（想着尽力）侍奉父兄，（参与）丧事（的时候）不敢不尽礼数，不为酒困，（扪心自问，这些事）我做到了哪些呢？”

【浅析】本章记孔子自谦之辞，言其在忠敬、孝悌、丧悼、慎酒等方面仍须完善，重在克己奉公，不为酒困，取“修身”义。

B11. **子曰：“君子不器[①]。”**［2.12］

［注释］

①朱熹《论语集注》云：“器者，各适其用而不能相通。成德之士，体无不具，故用无不周，非特为一才一艺而已。”

【译文】孔子说：“君子（的目标）不是（要成为只具有一定限量的）容

器（就够了）。”

【浅析】本章孔子论君子不器之理，常言道“切磋琢磨，乃成宝器，艰难困苦，玉汝于成”，重在君子学道，大器晚成，取“修身”义。

B12. **子曰：“君子上达，小人下达。”**［14. 23］

【译文】孔子说：“君子（所追求的是）向上通达（于大道），小人（所追求的是）向下通达（于私利）。”

【浅析】本章孔子论君子与小人之别，重在外圆内方，能上能下，取“修身”义。

B13. **子曰：“君子喻于义，小人喻于利。”**［4. 16］

【译文】孔子说：“君子以（追求）道义为上，小人以（追求）利益为上。”

【浅析】本章孔子论君子与小人之别，重在见利思义，利乐有情，取“修身”义。

B14. **子曰：“君子求诸己，小人求诸人。”**［15. 21］

【译文】孔子说：“君子严格要求自己（多于要求别人），小人严格要求别人（多于要求自己）。”

【浅析】本章孔子论君子与小人之别，重在严以律己，宽以待人，取“修身”义。

B15. **子曰：“君子坦荡荡，小人长戚戚。”**［7. 37］

【译文】孔子说：“君子（的胸怀）坦坦荡荡，小人（的心思）经常忧心忡忡。”

【浅析】本章孔子论君子与小人之别，君子内省不疚，无怨无尤，故坦荡荡；小人不仁不义，患得患失，故长戚戚，重在胸怀坦荡，无忧无惧，取“修身”义。

B16. **子曰：“君子贞而不谅[①]。”**［15. 37］

［注释］

①贞：一说是“正”的意思；一说是“大信”的意思。这里从后者。谅：信，守信用。

【译文】孔子说：“君子（应当）看重大信，却不（应当）拘泥于小信。”

【浅析】本章孔子论君子之贞，处大事不糊涂，重在贞胜蒙难，固守正道，取“修身”义。

B17. 子曰：“君子周而不比[①]，小人比而不周。”［2.14］

［注释］

①周：合群。比（bì 必）：勾结。

【译文】孔子说：“君子（看重的是）团结而不是勾结；小人（看重的是）勾结而不是团结。”

【浅析】本章孔子论君子与小人之别，重在和衷共济，周而不比，取“修身”义。

B18. 子曰：“君子和而不同；小人同而不和。”［13.23］

【译文】孔子说：“君子（看重的是）和谐（美满）而不是完全赞同；小人（看重的是）完全赞同而不管是否和谐（美满）。”

【浅析】本章孔子论君子与小人之别，重在求同存异，和衷共济，取“修身”义。

B19. 子曰：“君子泰而不骄，小人骄而不泰。”［13.26］

【译文】孔子说：“君子泰然自若而从不骄傲自满，小人骄傲自满而不能泰然自若。”

【浅析】本章孔子论君子与小人之别，重在修己安人，泰而不骄，取“修身”义。

B20. 子曰：“君子怀德，小人怀土[①]；君子怀刑[②]，小人怀惠。”［4.11］

［注释］

①土：乡土。

②刑：法制惩罚。

【译文】孔子说：“君子（经常）思虑道德（修养），小人（经常）思虑乡土（资产）；君子（经常）思虑法制，小人（经常）思虑实惠（利益）。”

【浅析】本章孔子论君子与小人之别，君子怀德怀刑，小人怀土怀惠，重在遵纪守法，弘道明德，取“修身”义。

B21. 子曰："君子成人之美，不成人之恶。小人反是。"［12.16］

【译文】孔子说："君子（热衷于）成人之美，不（会）成人之恶。小人则相反。"

【浅析】本章孔子论君子与小人之别，重在宜成人之美，勿成人之恶，取"修身"义。

B22. 子曰："君子义以为质，礼以行之，孙以出之[1]，信以成之。君子哉！"［15.18］

［注释］

①孙（xùn 训）：通"逊"，谦逊。

【译文】孔子说："（作为一个）君子（应当）把义作为（修身的）本质，按照礼数规范行为，出言谦逊（随和），用诚信来成全（事业）。（能做到这些的才是）君子啊！"

【浅析】本章孔子论君子修行，应从义、礼、逊、信四者入手，重在仁以为本，义以为质，取"修身"义。

B23. 子曰："君子欲讷于言而敏于行[1]。"［4.24］

［注释］

①讷（nè）：言语迟钝。

【译文】孔子说："君子的言语力求谨慎迟重而行动（却）力求敏捷。"

【浅析】本章孔子论君子，应当谨言慎行，重在言讷行敏，取"修身"义。

B24. 子曰："君子耻其言而过其行。"［14.27］

【译文】孔子说："君子以（说出的）言语超过其行动（能力）为羞耻。"

【浅析】本章孔子论君子，应避免言过其行，言行不一，重在先行其言，取"修身"义。

B25. 子曰："君子病无能焉，不病人之不己知也。"［15.19］

【译文】孔子说："君子（真正）忧虑的是自己没有才能，不忧虑他人不了解自己。"

【浅析】本章孔子论君子，不患人不知，但患己无能，重在卧薪尝胆，自强不息，取"修身"义。

B26. 子曰：“君子疾没世而名不称焉①。”［15.20］

［注释］

①没（mò末）世：去世。名不称焉：名声不被世人称道。

【译文】孔子说：“君子忧虑的是到死去的时候都没有（留下）好名声被世人所称道。”

【浅析】本章孔子论君子，不应浑浑噩噩、庸庸碌碌度一生，空有“君子”之名，重在务实进取，名副其实，取“修身”义。

B27. 子曰：“君子不重则不威①；学则不固。主忠信②，无友不如己者。过则勿惮改③。”［1.8］

［注释］

①君子：有道德有学问的人。重：谨慎稳重。威：威严。

②主忠信：以忠信为主。这里指道德。

③惮（dàn旦）：惧怕。

【译文】孔子说：“君子（为人）不庄重就不够威严；所学也不会得到巩固。（君子做人）要以忠信为主，不要跟（德行）不如自己的人交友。（君子偶尔）犯了过错就不要害怕改正。”

【浅析】本章孔子论君子，应庄重自持，忠诚信实，重在慎重交友，有过则改，取“修身”义。

B28. 子曰：“主忠信。毋友不如己者。过则勿惮改①。”［9.25］

［注释］

①本章重出，参见上文，即《学而》篇第一之第8章（1.8/B27）。

B29. 子曰：“过而不改，是谓过矣。”［15.30］

【译文】孔子说：“（一个人）犯了过错却不肯改正，这就真成了（名副其实的）过错了。”

【浅析】本章孔子论改过，人非圣贤，难免有过，重在知过能改，改过自新，取“修身”义。

B30. 子曰：“以约失之者①，鲜矣。”［4.23］

［注释］

①约：约束。这里指“约之以礼”。

【译文】孔子说：“（一个人）因为（对自己的行为）有约束而出现过失

的（情况），比较少见。”

【浅析】本章孔子论自律，认为能自我约束的人较少犯错误，重在约之以礼，取“修身”义。

B31. **子曰：“君子博学于文，约之以礼，亦可以弗畔矣夫[1]！”**［6.27］

［注释］

①畔：同“叛”，此为离经叛道之意。

【译文】孔子说：“君子（如果能）博学于文献知识，并用礼节来约束自己（的行为），也就可以不离经叛道了。”

【浅析】本章孔子论君子，认为应做到博文、约礼，重在无叛无乱，取“修身”义。

B32. **子曰：“博学于文，约之以礼，亦可以弗畔矣夫[1]。”**［12.15］

［注释］

①本章重出，参见上文，即《雍也》篇第六之第27章（6.27/B31）。

B33. **子曰：“文，莫吾犹人也[1]。躬行君子，则吾未之有得。”**［7.33］

［注释］

①莫：约莫，大概，差不多。

【译文】孔子说：“（按照）文化知识（的标准），大概我同别人（的水平）差不多。（但是按照）躬行君子（的标准），那我（觉得自己）还没有达到。”

【浅析】本章孔子自谦尚未达到躬行君子的水平，重在脚踏实地，不务虚名，取“修身”义。

B34. **子曰：“质胜文则野，文胜质则史。文质彬彬[1]，然后君子。”**［6.18］

［注释］

①文质彬彬：形容人文雅、朴实而且有礼貌。

【译文】孔子说：“（如果一个人的）质朴超过文采，就会（显得）粗野；（反之，如果）文采超过质朴，就会（显得）轻浮。（因此，）文采和质朴（这两者）要协调融洽，然后（才可说是）君子。”

【浅析】本章孔子论君子，应避免质胜文、文胜质两个极端，重在文质彬彬，取“修身”义。

B35. **子曰："人之生也直①，罔之生也幸而免②。"**［6. 19］

［注释］

①也：语气词。

②罔：诬罔的人，不正直的人。

【译文】孔子说："人的生存（离不开）正直，（虽然）不正直的人也可以生存，那（不过）是他侥幸免于（各种祸害）。"

【浅析】本章孔子论人生，要么直道而行，光明磊落；要么苟且偷生，侥幸过活，重在正直为人，取"修身"义。

B36. **子曰："见贤思齐焉，见不贤而内自省也。"**［4. 17］

【译文】孔子说："（如果）遇见品德贤良的人，就该思虑着（如何）向他/她看齐；（如果）遇见品德不贤良的人，就该自我反省（有无类似的缺点）。"

【浅析】本章孔子论"思齐自省"之道，重在以人为镜，可知得失，取"修身"义。

B37. **子曰："古者言之不出，耻躬之不逮也①。"**［4. 22］

［注释］

①耻：作动词用，以为可耻。逮（dài 代）：及，赶上。

【译文】孔子说："古时人们的言语不轻易说出口，那是因为担心自己的行动赶不上（所说的言语）。"

【浅析】本章孔子论古人出言审慎，重在言不苟出，行不苟为，取"修身"义。

B38. **子曰："其言之不怍①，则为之也难！"**［14. 20］

［注释］

①怍（zuò 作）：惭愧。

【译文】孔子说："（那些）说话大言不惭的人，（届时）要落实行动就很难。"

【浅析】本章孔子批评大言不惭、轻诺寡信的行为，重在慎思慎言，取"修身"义。

B39. **子曰：“贫而无怨难；富而无骄易。”**［14.10］

【译文】孔子说：“（要求一个人身处）贫穷（的境况）却没有怨恨，这很难做到；（要求一个人身处）富贵（的境况）却不骄傲，这比较容易做到。”

【浅析】本章孔子论贫富，有难有易，重在无怨无骄，取“修身”义。

B40. **子曰：“躬自厚而薄责于人，则远怨矣！”**［15.15］

【译文】孔子说：“（应当）多要求自己（做得更好）而少苛责别人（做得不好），这样就可以远离（别人对你的）怨恨了。”

【浅析】本章孔子论“远怨（近仁）”之道，应当以责人之心责己，以恕己之以恕人，重在换位思考，将心比心，取“修身”义。

B41. **子曰：“不患人之不己知，患不知人也。”**［1.16］

【译文】孔子说：“（我）不忧患别人不了解自己，（而是）忧患我不了解别人。”

【浅析】本章孔子论知己，不患人不知，患我不知人，重在知人者智，自知者明，取“修身”义。

B42. **子曰：“不患人之不己知，患其不能也。”**［14.30］

【译文】孔子说：“（我）不忧患别人不了解自己，（而是）忧患自己没有（足够让人家了解自己的）能力。”

【浅析】本章孔子论知己，认为不患人不知，但患我不能，重在博观约取，厚积薄发，取“修身”义。

B43. **子曰：“不患无位，患所以立。不患莫己知，求为可知也。”**［4.14］

【译文】孔子说：“不要忧患没有社会地位，（而应当）忧患（没有）立足（于社会）的本事。不要忧患没人了解自己，（而应当）去追求足以让别人了解自己的本事。”

【浅析】本章孔子认为不必为无地位、无知己而忧虑烦恼，重在行有不得。反求诸己，取“修身”义。

B44. **子曰：“衣敝缊袍①，与衣狐貉者立②，而不耻者，其由也与！‘不忮不求，何用不臧③？’”子路终身诵之。子曰：“是道也，何足以臧？”**［9.27］

［注释］

①衣（yì 义）：动词，当“穿”字解。缊（yùn 运）：旧絮。古代没有草

棉，所有“絮”字都是指丝绵。这里代指衣服破旧。

②狐貉（hé 合）：泛指名贵的皮毛。

③不忮（zhì 志）不求，何用不臧（zāng 脏）：出自《诗经·邶风·雄雉》篇。

【译文】孔子说：“（要说那）穿着破衣裳烂袍子，与穿着狐貉皮裘的人并立，而不（感到）自惭形秽的人，（恐怕）只有仲由罢！（《诗经》上说：）‘不嫉妒，不贪求，这有什么不好?’”子路听了（老师的赞赏，很高兴），便总是吟诵这两句诗。孔子又说：“（如果）只是做到（子路自我满足）这个样子，怎么能够好得起来?”

【浅析】本章孔子赞赏子路，不以贫富动其心，不以恶衣为耻辱，重在为人正直，不忮不求，取“修身”义。

B45. 孔子曰：“侍于君子有三愆[1]：言未及之而言谓之躁，言及之而不言谓之隐，未见颜色而言谓之瞽[2]。”[16.6]

[注释]

①愆（qiān 千）：过失。

②瞽（gǔ 古）：眼瞎。

【译文】孔子说：“陪侍君子谈话时有三种（常见的）过失（需要注意）：（首先，）不到该他/她发言时而发言，这叫急躁；其次，该他/她发言时而不发言，这叫隐瞒；（最后，）不察看（君子的）脸色而发言，这叫睁眼瞎。”

【浅析】本章孔子论言语之道，应避免躁、隐、瞽三种过失，重在言之有据，慎重发言，取“修身”义。

B46. 孔子曰：“君子有三戒：少之时，血气未定，戒之在色；及其壮也，血气方刚，戒之在斗；及其老也，血气既衰，戒之在得。”[16.7]

【译文】孔子说：“君子有三条（重要的）戒律：年少之时，血气未定，戒在好色；待他/她到了壮年，血气方刚，戒在好斗；待到年老，血气已经衰弱，戒在好得。”

【浅析】本章孔子论君子三戒，少时戒色，壮时戒斗，老时戒得，重在惩忿节欲，克己复礼，取“修身”义。

B47. 孔子曰：“君子有三畏：畏天命，畏大人[1]，畏圣人之言。小人不知天命而不畏也，狎大人[2]，侮圣人之言。”[16.8]

[注释]

①大人：位居高位的人。

②狎（xiá 霞）：故作亲昵却不尊重他人。

【译文】孔子说："君子有三种敬畏：（一要）敬畏天命，（二要）敬畏王公大人，（三要）敬畏圣人之言。小人不知天命而不知敬畏，（进而）轻视王公大人，（进而）侮辱圣人之言。"

【浅析】本章孔子论君子三畏，畏天命、畏大人、畏圣人之言，重在心存敬畏，感恩惜福，取"修身"义。

B48. **孔子曰："君子有九思：视思明，听思聪，色思温，貌思恭，言思忠，事思敬，疑思问，忿思难[①]，见得思义。"**［16.10］

［注释］

①忿（fèn 愤）：气愤，生气。

【译文】孔子说："君子有九种思考（要引起重视）：观看的时候，要思考看明白了没有；倾听的时候，要思考听清楚了没有；示人脸色，要思考（是否）温和；形貌态度，要思考（是否）谦恭；说出的言语，要思考（是否）忠诚；做事的时候，要思考（是否）敬业；碰到疑难，要思考（怎样向人家）提问；（心里积压的）愤怒（快要爆发）时，要冷静思考（发怒的）不良后果；看见可得利益（收获）的时候，要思考（是否）合乎道义。"

【浅析】本章孔子论君子思诚之道，不离九思，重在博学笃志，切问近思，取"修身"义。

B49. **孔子曰："不知命，无以为君子也。不知礼，无以立也。不知言，无以知人也。"**［20.3］

【译文】孔子说："不懂得命运（无常），就不可能成为君子；不懂得以礼待人，就不可能立足于社会；不懂得言语（艺术），就不可能（做到）知人。"

【浅析】本章记孔子对世人的忠告：知命、知礼、知言，重在乐天知命，穷理尽性，取"修身"义。

B50. **子谓子夏曰："女为君子儒，无为小人儒。"**［6.13］

【译文】孔子对子夏说："你要做君子儒，不要做小人儒！"

【浅析】本章记孔子对子夏的告诫，认为儒有君子小人之别，重在君子弘扬道义，小人贪图名利，取"修身"义。

B51. 子贡问君子。子曰：“先行其言，而后从之。”［2.13］

【译文】子贡问（怎样成为）君子。孔子说：“先去实行你要说的话，（实行）后再说出来（，能做到这样，就是君子了）。”

【浅析】本章孔子论君子，忌讳言而不行、自食其言的行为，重在先行其言，言行一致，取“修身”义。

B52. 子贡方人[①]。子曰：“赐也贤乎哉[②]？夫我则不暇。”［14.29］

［注释］

①方人：评论、诽谤别人。

②赐也贤乎哉：疑问语气，暗示子贡亦不贤。

【译文】子贡讥讽、批评别人。孔子知道了，便说：“子贡（他自己）就称得上贤良吗？我（才）没有这闲工夫（论人事非）。”

【浅析】本章孔子批评子贡诽谤他人，重在静坐常思己过，闲谈莫论人非，取“修身”义。

B53. 子张问善人之道[①]。子曰：“不践迹[②]，亦不入于室[③]。”［11.20］

［注释］

①善人：指本质善良却没有经过正式学习教育的人。

②迹：脚印。践迹：踩着前人的脚印走。

③入于室：形容学问和修养达到了精深地步。

【译文】子张问做善人的道理。孔子说：“（假如善人）不踩着前人的脚印走，其学问和修养也难以更进一步。”

【浅析】本章孔子论善人之道，虽然能自觉行善，不造恶业，但仍须进德修业，重在玉不琢，不成器，取“修身”义。

B54. 子张问崇德、辨惑。子曰：“主忠信，徙义，崇德也。爱之欲其生，恶之欲其死；既欲其生，又欲其死，是惑也。‘诚不以富，亦祇以异[①]。’”［12.10］

［注释］

①诚不以富，亦祇（qí 齐）以异：这是《诗经·小雅·我行其野》篇的最后两句。此诗表现了一个被遗弃的女子对其丈夫喜新厌旧的愤怒情绪。孔子在这里引此句，令人费解。

【译文】子张问提升品德，辨别迷惑的道理。孔子说：“（如果能）以忠诚信实为主，向道义靠近，这就可以提升品德。（如果你）爱一个人，（就会）希望他/她好好活着；（如果你）厌恶一个人，又恨不得他/她马上死去。想想看，你既要他/她好好活着，又要他/他马上死去，这就是（爱与恨的）迷惑。《诗经》上说：‘这样（矛盾的行为），确实对自己没有一点好处，只不过让（旁观者感到）奇怪罢了。’”

【浅析】本章孔子论崇德、辨惑，告诫人们应避免爱恨无端，欲生欲死的行为，重在忠信徙义，感恩惜福，取“修身”义。

B55. 子张问行[1]。子曰：“言忠信，行笃敬，虽蛮貊之邦[2]，行矣；言不忠信，行不笃敬，虽州里[3]，行乎哉？立，则见其参于前也[4]；在舆，则见其倚于衡也[5]。夫然后行！”子张书诸绅[6]。［15.6］

［注释］

①行：通达。

②蛮貊（mò末）：古人对少数民族的贬称，蛮在南方，貊在北方。

③州里：五家为邻，五邻为里。五党为州，二千五百家。州里指近处。

④参：列，显现。

⑤衡：车辕前面的横木。

⑥绅：贵族系在腰间的大带。

【译文】子张问行事通达的道理。孔子说：“（如果你能做到）言语忠诚信实，行为笃定恭敬，纵是到了偏僻鄙陋的部族国家，也能通行无阻。（反之，如果你的）言语不能忠诚信实，行为不能笃定恭敬，就是在本乡本土，能通行无阻吗？站立的时候，（仿佛）看见“忠信、笃敬”这几个字就在眼前；（哪怕是）在车厢里（赶路时），也（仿佛）看见它刻在前面的横木上；（总之，要时刻提醒自己）然后才能通行无阻。”子张（有感于老师的教悔，于是）把这些话书写在腰间的大带上。

【浅析】本章孔子论言行，认为无论何时何地，人们都应谨言慎行，重在言忠信，行笃敬，取“修身”义。

（二）孔子弟子语录

B56. 子曰：“莫我知也夫！”子贡曰：“何为其莫知子也？”子曰：“不怨天，不尤人；下学而上达[1]。知我者其天乎！”［14.35］

[注释]

①下学：学人事。上达：达天命。

【译文】 孔子（有所感叹，）说："没有人理解我呀！"子贡说："为什么没有人理解您呢？"孔子（没有直接回答子贡，继续）说："（我从）不埋怨老天爷，（也从）不怨恨别人，向下（追求）学问，向上（追求）通达（天道）。能够了解我的，（恐怕）就只有老天了！"

【浅析】 本章孔子感叹无人理解自己，认为知其者唯有上天，重在下学上达，无怨无尤，取"修身"义。

B57. **子曰："予欲无言。"子贡曰："子如不言，则小子何述焉？"子曰："天何言哉？四时行焉，百物生焉；天何言哉？"**［17. 19］

【译文】 孔子（充满感慨地）说："从今往后，我不想再说话了。"子贡说："您如果不说话，那我们这些学生还有什么可传述的呢？"孔子（反问子贡）说："老天说什么了吗？（老天不曾说过一句话，但是）四季照常运行，百物照常生长，老天说什么了吗？"

【浅析】 本章孔子感悟天地无言之德，不愿再言，重在人言有尽，天道无穷，取"修身"义。

B58. **子贡问曰："有一言而可以终身行之者乎？"子曰："其恕乎！己所不欲，勿施于人。"**［15. 24］

【译文】 子贡问道："有没有一个字可以（作为）终身奉行（的准则）呢？"孔子说："（如果有的话，我想应该）是'恕'吧！（如果是你）自己（都）不愿意（接受）的事物，就不要（把它）强加给别人。"

【浅析】 本章孔子论宽恕，认为但能容人且容人，重在己所不欲，勿施于人，取"修身"义。

B59. **子贡曰："我不欲人之加诸我也**①**，吾亦欲无加诸人。"子曰："赐也，非尔所及也。"**［5. 12］

[注释]

①加：凌驾，凌辱。

【译文】 子贡说："我不愿别人凌驾于我之上，我也不愿凌驾于别人之上。"孔子说："赐呀，（依我看）这不是你所能做到的了。"

【浅析】 本章孔子评子贡之言，认为他尚未做到"不欲人加我，我亦无加人”，重在与人为善，平等相待，取“修身”义。

B60. 子贡曰：“纣之不善[1]，不如是之甚也。是以君子恶居下流，天下之恶皆归焉。”［19.20］

［注释］

①纣：殷商最末之君，为周武王所讨伐，自焚而死。

【译文】 子贡说：“（事实上）商纣王的不善，不像现在（传说的）这么厉害。所以君子厌恶居于下流，（一旦居于下流）全天下的坏名声（无论是否属于这个人）都会归集到他/她身上了。”

【浅析】 本章子贡论君子，鉴于纣王，恶居下流，重在诸恶莫作，众善奉行，取“修身”义。

B61. 子贡曰：“君子之过也，如日月之食焉。过也，人皆见之；更也，人皆仰之。”［19.21］

【译文】 子贡说：“君子（所犯）的过失，如同日食、月食。当过失发生的时候，人们都会见到；等到过失改正后，人们又都（一如既往地）仰望（日月）。”

【浅析】 本章子贡论君子之过，好比日食、月食，重在仰观俯察，改过自新，取“修身”义。

B62. 子贡曰：“君子亦有恶乎[1]？”子曰：“有恶。恶称人之恶者，恶居下流而讪上者[2]，恶勇而无礼者，恶果敢而窒者[3]。”曰：“赐也亦有恶乎？”“恶徼以为知者[4]，恶不孙以为勇者[5]，恶讦以为直者[6]。”［17.24］

［注释］

①恶（wù 误）：厌恶。

②下流：下等的。讪（shàn 汕）：诽谤。

③窒：阻塞，不通事理，顽固不化。

④徼（jiǎo 角）：窃取，抄袭。知：同“智”。

⑤孙：同“逊”。

⑥讦（jié 结）：攻击、揭发别人。

【译文】 子贡说：“君子也有所厌恶的事吗？”孔子说：“（是的，君子也）有他/她所厌恶的事。（君子）厌恶（背后）传播他人坏处的人，厌恶以下犯上毁谤上级的人，厌恶（只知）勇而无礼的人，厌恶勇于贯彻自己的主张却顽固不化的人。”孔子又说：“赐，你也有厌恶（的事）吗？”（子贡回答说：）“我厌恶将别人成绩窃为己有却自作聪明的人，厌恶毫不谦逊却自以为勇敢的人，厌恶揭发别人隐私却自以为率直的人。”

【浅析】本章孔子论君子，认为君子也有厌恶的人和事，常言道“人非草木，孰能无情”，重在明辨是非，爱憎分明，取“修身”义。

B63. **在陈绝粮，从者病，莫能兴。子路愠见曰：“君子亦有穷乎？”子曰：“君子固穷，小人穷斯滥矣。”**[15.2]

【译文】（孔子一行人）在陈国断绝了粮食，随从人员都生病了，爬不起床来。子路一脸愠怒来见孔子说：“君子也有穷（得没有一点办法的时候）吗？”孔子（对他）说：“君子纵然（长期）处于穷困之中（仍要坚守气节），小人（一旦）处于穷困之中便无所不为了。”

【浅析】本章孔子论君子与小人之别，君子固穷守志，小人穷则乱为，重在穷则变，变则通，取“修身”义。

B64. **子路曰：“君子尚勇乎？”子曰：“君子义以为上。君子有勇而无义为乱，小人有勇而无义为盗。”**[17.23]

【译文】子路问：“君子崇尚勇敢吗？”孔子说：“君子（应当）以仁义为上。（如果）君子有勇无义就（容易成为）乱臣贼子，（如果）小人有勇无义就（容易成为）土匪强盗。”

【浅析】本章孔子论勇与义的关系，认为无义之勇不可取，要么令人为乱，要么令人为盗，重在有勇有义，以义为上，取“修身”义。

B65. **子路问成人①。子曰：“若臧武仲之知②，公绰之不欲，卞庄子之勇③，冉求之艺，文之以礼乐，亦可以为成人矣。”曰：“今之成人者何必然？见利思义，见危授命，久要不忘平生之言④；亦可以为成人矣。”**[14.12]

[注释]

①成人：人格完备的完人。

②臧武仲：鲁国大夫臧孙纥。

③卞庄子：鲁国卞邑大夫。

④久要：长久处于穷困中。

【译文】子路问怎样才算是完人。孔子说：“（一个人）如果（能够做到）像臧武仲一样智慧，像孟公绰一样清心寡欲，像卞庄子一样勇敢，像冉求一样多才多艺，再用礼乐来成就这个人的文采，就可以说他/她是完人了。”（孔子又）说：“（其实）今天的完人何必一定要这样？（如果能做到）见利思义，在别人危险时不惜豁出生命进行求助，（经过长久苦难也）不忘记平日的诺言，（这样的人）也可以说是完人了。”

【浅析】本章孔子论成人（完人），应当集智慧、不欲、勇敢、才艺、礼乐于一身，重在见利思义，见危授命，取“修身”义。

B66. 子路问君子。子曰：“修己以敬。”曰：“如斯而已乎？”曰：“修己以安人。”曰：“如斯而已乎？”曰：“修己以安百姓。修己以安百姓[①]，尧、舜其犹病诸[②]！”［14.42］

［注释］

①安百姓：使百姓得安乐。如果能够做到“修己以安百姓”，就是“博施于民”。

②尧、舜：传说中上古时代两位杰出的帝王，也是孔子心目中的榜样，儒家认为他们是“圣人”。病：担忧。诸：之于。

【译文】子路问如何成为君子。孔子说：“修养自己（的身心），做到严肃恭敬。”（子路）说：“这样就够了吗？”（孔子）说：“修养自己（的身心），（就会）使周围的人们（感到）安乐。”（子路）说：“这样就够了吗？”（孔子）说：“（如果能好好）修养自己（的身心），（甚至可以）使所有百姓都（感到）安乐。修养自己使所有百姓都安乐，（这就连）尧、舜都担心做不到呢！”

【浅析】本章孔子论君子之道，修己以敬，以安人，以安百姓，重在修己以敬，身正民从，取“修身”义。

B67. 子夏曰：“虽小道，必有可观者焉；致远恐泥，是以君子不为也。”［19.4］

【译文】子夏说：“即便是小技艺，也必定有可取之处；（因为）恐怕它妨碍远大事业，所以君子不致力于它。”

【浅析】本章子夏论君子，志存高远，不为小道，重在君子不器，取“修身”义。

B68. 子夏曰：“小人之过也必文。”［19.8］

【译文】子夏说：“小人对于过错必定（想办法）加以掩饰。”

【浅析】本章子夏论小人，知过不改，文过饰非，重在改过自新，取“修身”义。

B69. 子夏曰：“君子有三变；即之也温；听其言也厉。”［19.9］

【译文】子夏说：“君子有三种变化：在远处观望他/她时：（能感受到）庄严可畏；接近他/她时，（能感受到）温和可亲；倾听他/她的言谈时，能感受到严厉不苟。”

【浅析】本章子夏论君子三变，重在庄敬自持，能刚能柔，取“修身”义。

B70. 子夏曰：“大德不逾闲，小德出入可也。”［19.11］

【译文】子夏说：“（在）大节（的要求）上不能超越界限，（在）小节（的要求）上有些出入是可以（理解）的。”

【浅析】本章子夏论大德、小德，重在大处着眼，小处着手，取“修身”义。

B71. 子张曰：“士见危致命，见得思义，祭思敬，丧思哀，其可已矣。”［19.1］

【译文】子张说：“（作为）士人（如果能做到）见到危险不惜献出生命，见有所得要思虑（是否合乎）仁义，祭祀的时候思虑恭敬，居丧时思虑哀伤，这就称得上士了。”

【浅析】本章孔子论为士，应从如何对待危、得、祭、丧这四个方面完善自我，重在见危致命，见得思义，取“修身”义。

B72. 司马牛问君子。子曰：“君子不忧不惧。”曰：“不忧不惧，斯谓之君子已乎？”子曰：“内省不疚，夫何忧何惧？”［12.4］

【译文】司马牛问君子之道。孔子说：“君子从不忧愁，从不恐惧。”（司马牛）说：“（做到）不忧愁，不恐惧，就可成为君子了吗？”孔子说：“（一个）在内心自我反省而不感到有任何愧疚（的人），有什么可忧愁和恐惧的呢？”

【浅析】本章孔子论君子，认为君子不忧不惧，无怨无悔，重在内省不疚，问心无愧，取“修身”义。

B73. 樊迟从游于舞雩之下[1]**，曰：“敢问崇德、修慝、辨惑。”子曰：“善哉问！先事后得，非崇德与？攻其恶，无攻人之恶，非修慝与？一朝之忿，忘其身以及其亲，非惑与？”**［12.21］

[注释]

①舞雩（yú 于）：求雨的祭坛。

【译文】樊迟随孔子在舞雩台下游逛，说：“请问怎样提高道德品行、消除怨恨之心、辨别困惑。”孔子说：“这个问题问得好！先去付出劳动实践，然后再考虑得到酬劳，不就提高道德品行了吗？批判自己的错误，而不去批判别人的错误，不就消除（他人对你的）怨恨之心了吗？因为一时（冲动产生了）愤怒，（进而失去理智）忘掉自身安危，甚至连累自己的亲人，这不是困惑吗？”

【浅析】本章孔子论崇德、修慝、辨惑之道，劝告人们先事后得，无攻人恶，重在戒急用忍，惩忿节欲，取“修身”义。

B74. 有子曰：“信近于义，言可复也①。恭近于礼，远耻辱也②。因不失其亲③，亦可宗也④。”［1.13］

[注释]

①复：实践。朱熹《论语集注》云：“复，践言也。”

②远（yuàn 院）：动词，使之远离的意思。这里译为避免。

③因：依靠，凭借。

④宗：可靠。

【译文】有子说：“（只有）所立的誓言符合义，这样的誓言才可兑现。（只要）态度谦恭合于礼，就可避免耻辱。此外，依靠关系深厚的人（谋划事务），也就可靠了。”

【浅析】本章有子论人际交往之道，重在信近于义，恭近于礼，取“修身”义。

B75. 曾子曰①：“吾日三省吾身②：为人谋而不忠乎？与朋友交而不信乎③？传不习乎④？”［1.4］

[注释]

①曾子：孔子学生，名参（sēn 森），字子舆，南武城（今山东枣庄市附近）人，比孔子小46岁（前505—前435）。

②三：表示多次，并非特指三次。省（xǐng 醒）：自我检查，反省，内省。

③信：诚信。

④传（chuán）：动词作名词用，老师的传授。习：复习。

【译文】曾子说："我每天多次自我反省：为人谋划办事是否做到了尽忠职守？与朋友交往是否做到了诚信？老师传授我的学业是否复习了呢？"

【浅析】本章曾子论省身之法，不外乎谋事、交友、传道三个方面，重在反思自省，完善自我，取"修身"义。

B76. **曾子有疾，孟敬子问之[①]。曾子言曰："鸟之将死，其鸣也哀；人之将死，其言也善。君子所贵乎道者三：动容貌，斯远暴慢矣[②]；正颜色，斯近信矣；出辞气，斯远鄙倍矣[③]。笾豆之事[④]，则有司存[⑤]。"**[8.4]

[注释]

①孟敬子：鲁国大夫仲孙捷。

②暴：粗暴无礼。慢：懈怠不敬。

③鄙：粗野鄙陋。倍：同"背"，不合理，错误。

④笾豆之事：笾（biān 边）和豆都是古代祭祀和典礼中的用具。这里代指礼仪的具体细节。

⑤有司：主管其事的小吏。

【译文】曾子患了疾病，孟敬子前来慰问他。曾子（语重心长地）对他说："将死的鸟，它的鸣声（一定）是悲哀的；将死的人，他的话（一定）是善意的。（处在上位的）君子为人处事应注重三个方面：使自己的容貌庄重，就可以远离粗暴和怠慢；使自己怕脸色端正，就容易让人信任；说话的时候，多考虑言辞和语气，就可以避免鄙陋粗野和错误。至于礼仪方面的细节，自有主管人员（负责）。"

【浅析】本章曾子论君子之道，应在动容貌、正颜色、出辞气这三个方面用功，重在恭敬持重，不重不威，取"修身"义。

B77. **曾子曰："以能问于不能，以多问于寡，有若无，实若处，犯而不校，昔者吾友尝从事于斯矣[①]。"**[8.5]

[注释]

①吾友：一般认为，这里的"吾友"是指颜回。

【译文】曾子说："自己有才能却（愿意）向没有才能的人请教，自己知识多却（愿意）向知识少的人请教，有（学问）却像没（学问）一样，（知识）很充实却好像很空虚，（即便）被人冒犯也不计较，从前我的朋友就这样做过了。"

【浅析】本章曾子论友人，德才兼备，大智若愚，重在宽容大度，犯而不校，取"修身"义。

（三）政客、时人语录

B78. 棘子成曰[①]："君子质而已矣，何以文为？"子贡曰："惜乎，夫子之说君子也！驷不及舌[②]。文犹质也，质犹文也。虎豹之鞟犹犬羊之鞟[③]。" [12.8]

[注释]

①棘子成：卫国大夫。古代大夫都可以被尊称为"夫子"，所以子贡那样称呼他。

②驷不及舌：指话一说出口，就收不回来了。驷：同拉一辆车的四匹马。

③鞟（kuò 括）：去掉毛的皮，即革。

【译文】 棘子成说："（作为）君子只要有好的本质便够了，要那些文采（仪节、形式）干什么？"子贡说："可惜啊，先生是这样看待君子的。一言既出，驷马难追。（在我看来，）文采如同本质一样重要，本质如同文采一样重要。（如果去掉有不同花色的毛，）虎豹的皮和犬羊的皮（看起来）就没有什么两样了。"

【浅析】 本章子贡论君子，一言既出，驷马难追，重在文质彬彬，表里如一，取"修身"义。

B79. 蘧伯玉使人于孔子[①]。孔子与之坐而问焉，曰："夫子何为？"对曰："夫子欲寡其过而未能也。"使者出。子曰："使乎！使乎！" [14.25]

[注释]

①蘧（qú 渠）伯玉：卫国的大夫，名瑗。孔子在卫国之时，曾经住在他家里。

【译文】 蘧伯玉派了一位使者拜访孔子。孔子（按照礼节）给使者座位，询问说："（蘧伯玉）他老人家平时都在忙些什么？"（使者）回答："他老人家一心想少犯过错却还没能做到。"（拜访结束后，）使者告辞出来。孔子说："这真是好一位使者！这真是好一位使者！"

【浅析】 本章孔子赞蘧伯玉的使者，言语得体，重在君子寡过，省身克己，取"修身"义。

（四）其他

B80. **子温而厉，威而不猛，恭而安。**[7.38]

【译文】孔子（的为人）温和而严厉，有威仪而不凶猛，庄严而安详。

【浅析】本章记孔子威仪，重在阴阳合德，浑然一体，取“修身”义。

B81. **子绝四，毋意，毋必，毋固，毋我。**[9.4]

【译文】孔子（力求）杜绝四种毛病：不臆测、不绝对、不固执、不唯我。

【浅析】本章记孔子克己自修之法，重在居仁由义，无私忘我，取“修身”义。

三 明 仁

题解

本篇共辑录《论语》原文三十九章（编码为C），包括孔子语录19章（C1－C19），孔子弟子语录17章（C20－C36），时人及政客语录2章（C37－C38），其他记录1章（C39）。

主要内容涉及：仁的概念（如“克己复礼为仁”）、行仁的根本（如“孝弟也者，其为仁之本与”）、行仁的好处（如“苟志于仁矣，无恶也”）、行仁的方法（如“夫仁者，己欲立而立人，己欲达而达人”“能近取譬，可谓仁之方也已”）、仁者的品质（如“仁者乐山”“仁者静”“仁者寿”“己所不欲，勿施于人”“唯仁者能好人，能恶人”）、克己复礼的方法（如“非礼勿视，非礼勿听，非礼勿言，非礼勿动”）、志士仁人及其使命（如“志士仁人，无求生以害仁，有杀身以成仁”“士不可以不弘毅，任重而道远。仁以为己任，不亦重乎？死而后已，不亦远乎”）等。详见下文。

（一）孔子语录

C1. **子曰：“知者乐水，仁者乐山。知者动，仁者静。知者乐，仁者寿。”**［6.23］

【译文】孔子说：“智者乐水，仁者乐山。智者好动，仁者好静。智者长乐，仁者长寿。”

【浅析】本章孔子论智者与仁者之别，乐山乐水，一动一静，重在浊静徐清，安动徐生，取“明仁”义。

C2. **子曰：“仁远乎哉？我欲仁，斯仁至矣。”**［7.30］

【译文】孔子说：“仁（离我们很）遥远吗？（每当）我想践行仁，仁就来到（我这里）。”

【浅析】 本章孔子论仁，重在为仁由己，欲仁仁至，取“明仁”义。

C3. **子曰：“刚、毅、木、讷，近仁。”**[13.27]

【译文】 孔子说：“刚直、坚毅、朴实、慎言，（这四种品质）接近于仁。”

【浅析】 本章孔子论近仁之法，不外乎刚、毅、木、讷这四者，重在勤俭刚明，忠恕谦浑，取“明仁”义。

C4. **子曰：“志士仁人，无求生以害仁，有杀身以成仁。”**[15.9]

【译文】 孔子说：“（一位真正的）志士仁人，不会为了求生而损害仁，而是宁肯杀身也要成全仁。”

【浅析】 本章孔子论志士仁人，不应贪生怕死，求生害仁，重在舍生取义，杀身成仁，取“明仁”义。

C5. **子曰：“当仁，不让于师。”**[15.36]

【译文】 孔子说：“当行仁义之时，哪怕是老师，也不同他推辞谦让。”

【浅析】 本章孔子论仁，认为仁义面前，人人平等，重在当仁不让，取“明仁”义。

C6. **子曰：“里仁为美①，择不处仁②，焉得知③？”**[4.1]

[注释]

①里：这里作动词，居住。

②处（chǔ 楚）：住处。

③知（zhì 志）：同“智”。

【译文】 孔子说：“居住的地方要有仁德之人（为邻）才好。选择住处（如果那地方）没有仁德之人，（去那里居住）怎能算明智呢？”

【浅析】 本章孔子论仁，认为智者应择仁而处，重在近朱者赤，近墨者黑，取“明仁”义。

C7. **子曰：“不仁者不可以久处约，不可以长处乐。仁者安仁，知者利仁。”**[4.2]

【译文】 孔子说：“不仁的人不可以长久地处于穷困中，也不可以长久地处于安乐中。仁者（善于）安守仁，智者（善于）利用仁。”

【浅析】 本章孔子论仁，认为不仁者久约必滥，久乐必淫，重在仁者安仁，智者利仁，取“明仁”义。

C8. 子曰："唯仁者能好人①，能恶人②。"［4.3］

［注释］

①好（hào 浩）：喜爱，关爱。

②恶（wù 误）：厌恶，憎恨。

【译文】孔子说："唯有仁者能够（公正地）喜好人，（唯有仁者）能够（公正地）厌恶人。"

【浅析】本章孔子论仁，认为只有仁者能做到爱憎分明，重在仁者无私，仁者无敌，取"明仁"义。

C9. 子曰："苟志于仁矣，无恶也。"［4.4］

【译文】孔子说："（一个人）如果立志于修行仁德，（这个人）就不会有恶劣的行为了。"

【浅析】本章孔子论为仁的好处，认为为仁可以去掉或消除恶行，重在劝人向善，取"明仁"义。

C10. 子曰："富与贵，是人之所欲也；不以其道得之，不处也。贫与贱，是人之所恶也；不以其道得之，不去也。君子去仁，恶乎成名？君子无终食之间违仁，造次必于是，颠沛必于是。"［4.5］

【译文】孔子说："富与贵，是人人都渴望的；（但是）不用正当的方法获得，（君子宁愿）不接受。贫与贱，是人人都厌恶的；不用正当的方法抛弃，（君子宁愿）不摆脱。君子（如果）舍弃仁德，怎样去成全其名声呢？身为君子哪怕是一顿饭（这么短）的时间里也不违背仁德，紧急仓促之时必然是这样（不违仁），颠沛流离之时也必然是这样（不违仁）。"

【浅析】本章孔子论君子为仁，无论富贵贫贱、饮食作息、造次颠沛，时刻坚守并践行仁道，重在为仁由己，不离不弃，取"明仁"义。

C11. 子曰："我未见好仁者、恶不仁者。好仁者，无以尚之①；恶不仁者，其为仁矣②，不使不仁者加乎其身。有能一日用其力于仁矣乎？我未见力不足者。盖有之矣③，我未之见也。"［4.6］

［注释］

①尚：超过，胜过。

②矣：用法同"也"，表示停顿。

③盖：副词，大概之意。

【译文】孔子说："我还未见过（真正）喜好仁的人和厌恶不仁的人。（对于）喜好仁的人，那是再好不过的了；（对于）厌恶不仁的人，他/她自身的为仁（还不够完善），（只是想）不使不仁的东西加在自己身上。（试问）有谁能够在一天之内尽力修行仁德呢？我从未见过能力不足以（修行仁德）的人。也许有，（只是）我未曾见到罢了。"

【浅析】本章孔子感叹未见有好仁者、恶不仁者，重在身体力行，实践仁道，取"明仁"义。

C12. **子曰："人之过也，各于其党。观过，斯知仁矣。"**［4.7］

【译文】孔子说："人们的过错，各属于一定的（错误）类型。观察（人所犯）的过错，就知道他/她是哪种人了。"

【浅析】本章孔子论人之过，各有所属，重在观过知仁，取"明仁"义。

C13. **子曰："回也，其心三月不违仁①，其余则日月至焉而已矣②。"**［6.7］

［注释］

①三月：泛指较长的时间。

②日月：泛指较短的时间。

【译文】孔子说："颜回（这个人）呀，他的心思（可以）长久地（保持）不违背仁德，其他人只能够某日某月（短期内不违仁）罢了。"

【浅析】本章孔子赞扬颜回，其心三月不违仁，重在日积月累，为仁不辍，取"明仁"义。

C14. **子曰："有德者必有言，有言者不必有德。仁者必有勇，勇者不必有仁。"**［14.4］

【译文】孔子说："有美德者必定有美言，有美言者不一定有美德。仁义之人必定有勇气，勇敢的人不一定有仁义。"

【浅析】本章孔子论德与言、仁与勇的关系，重在德者必有言，仁者必有勇，取"明仁"义。

C15. **子曰："君子而不仁者有矣夫，未有小人而仁者也。"**［14.6］

【译文】孔子说："（身为）君子却不够仁义的人或许会有的，但（可以肯定地说）没有小人能为仁的。"

【浅析】本章孔子论仁，认为君子偶有不仁之时，重在未有小人而仁者，取“明仁”义。

C16. **子贡问为仁。子曰：“工欲善其事，必先利其器。居是邦也，事其大夫之贤者，友其士之仁者。”**［15.10］

【译文】子贡问如何为仁。孔子说：“（常言说）工欲善其事，必先利其器。居住在一个国家，就要（懂得）侍奉那些大官中的贤者，结交那些士人中的仁者。”

【浅析】本章孔子论为仁之道，应事于贤者，友于仁者，重在择仁而处，择善而从，取“明仁”义。

C17. **樊迟问知[①]。子曰：“务民之义[②]，敬鬼神而远之，可谓知矣。”问仁。曰：“仁者先难而后获，可谓仁矣。”**［6.22］

［注释］

①知（zhì 志）：同“智”，聪明之意。

②务：从事、致力于。义：专用力于人道之所宜。

【译文】樊迟问怎样才算聪明。孔子说：“致力于做符合人民利益的事，对待鬼神敬而远之，可以说是聪明了。”（樊迟）又问什么是仁。（孔子）说：“仁者先（考虑如何）解决困难，而后（才考虑个人的）收获酬劳，这就可以称得上仁了。”

【浅析】本章孔子论智、论仁，重在敬而远之（智），先难后获（仁），取“明仁”义。

C18. **樊迟问仁。子曰：“居处恭，执事敬，与人忠；虽之夷狄[①]，不可弃也。”**［13.19］

［注释］

①之：动词，到。

【译文】樊迟问如何为仁。孔子说：“（仁者）平时自处时谦恭敦和，办事公干时勤勉敬业，待人接物时忠信诚恳。即使（仁者）来到（文化落后的）夷狄之国，（这些行为准则）也是不能舍弃的。”

【浅析】本章孔子论为仁之道，不外乎居处恭、执事敬、与人忠这三者，重在慎独主敬，求仁习劳，取“明仁”义。

C19. 微子去之①，箕子为之奴②，比干谏而死③。孔子曰："殷有三仁焉。"［18.1］

［注释］

①微子：殷纣王的同母兄长，见纣王无道，劝他不听，于是离开纣王。

②箕（jī 机）子：殷纣王的叔父。他去劝纣王，见王不听，便披发装疯，被降为奴隶。

③比干：殷纣王的叔父，屡次强谏，激怒纣王而被杀。

【译文】（因为纣王昏庸残暴，所以）微子离开他，箕子被降为奴隶，比干（因为直言）劝谏（激怒了纣王）而被杀。孔子说："殷商末年有三位（不了起的）仁人啊。"

【浅析】本章孔子论殷代三位仁者——微子、箕子、比干，重在忧国忧民，舍己忘身，取"明仁"义。

（二）孔子弟子语录

C20. 颜渊问仁。子曰："克己复礼为仁①。一日克己复礼，天下归仁焉②。为仁由己，而由人乎哉？"颜渊曰："请问其目③。"子曰："非礼勿视，非礼勿听，非礼勿言，非礼勿动。"颜渊曰："回虽不敏，请事斯语矣④！"［12.1］

［注释］

①克己复礼：克己，克制自己。复礼，使自己的言行符合礼的要求。

②归：归顺。仁：即仁道。

③目：具体的条目，和"纲"相对。

④事：从事，照着去做。

【译文】颜渊问什么是仁。孔子说："约束自己而使言行符合礼节的要求就是仁。一旦做到克己复礼，天下的人都会称赞你是仁人。（当然，要不要）修行仁德全靠你自己，（难道）还凭别人吗？"颜渊说："请问修行仁德的细节（有哪些）。"孔子说："不符合礼节的事不要观看，不符合礼节的话不要听信，不符合礼节的话不要说，不符合礼节的事不要做。"颜渊说："我虽然不聪敏，也要（努力）实践您这番话。"

【浅析】本章孔子论为仁之道，视听言动，非礼莫为，重在为仁由己，克己复礼，取"明仁"义。

C21. 仲弓问仁。子曰："出门如见大宾；使民如承大祭。己所不欲，勿施于人。

在邦无怨，在家无怨。”仲弓曰：“雍虽不敏，请事斯语矣！”［12.2］

【译文】 仲弓来问如何为仁。孔子说：“出门（做事）如同去接待贵宾（须庄重）；役使百姓如同承担盛大祭祀（须谨慎）。己所不欲，勿施于人。在国家（做官为政）没有怨恨，在家（修身齐家）没有怨恨。”仲弓说：“我虽然不够聪敏，也要（努力）实行您这番话。”

【浅析】 本章孔子论为仁之道，出门如见大宾，使民如承大祭，重在己所不欲，勿施于人，取“明仁”义。

C22. **宰我问曰：“仁者，虽告之曰，‘井有仁焉①’，其从之也？”子曰：“何为其然也？君子可逝也②，不可陷也③；可欺也，不可罔也。”**［6.26］

［注释］

①仁：这里指有仁德的人。

②逝：往。这里指到井边查看并设法施救。

③陷：陷入。

【译文】 宰我问道：“有（一位）仁德的人，假如告诉他/她，‘井里掉下一位仁人’，他/她会（毫不犹豫）追随仁人（跳下去救他/她）吗？”孔子说：“为什么你要这样（假设）呢？（碰到危难时）君子会去施救，却不可以被陷害；可以欺骗（这位）君子，却不可以愚弄他。”

【浅析】 本章孔子论“井有仁者”，认为君子可逝不可陷，可欺不可罔，重在仁者不愚，取“明仁”义。

C23. **子贡曰：“如有博施于民而能济众①，何如？可谓仁乎？”子曰：“何事于仁！必也圣乎！尧、舜其犹病诸！夫仁者②，己欲立而立人，己欲达而达人。能近取譬③，可谓仁之方也已。”**［6.30］

［注释］

①施：施予。众：指众人。

②夫：句首发语词，无实在意义。

③能近取譬：能够就自身打比方，即推己及人。

【译文】 子贡说：“如果有人能够做到博施（恩惠）给百姓，而且能够周济大众，（这个人）怎么样？可以说是达到仁了吗？”孔子说：“何止是达到了仁，一定是圣人了！尧、舜或许都难以做到啊！（一位真正的）仁者，（不但）希望自己获得成功，也要让别人获得成功，（不但）希望自己事事通达，也要让别人能事事通达。能够基于自己获得眼下的事实作为例子一步步去实践，可以说是实行仁道的方法了。”

【浅析】本章孔子论圣、论仁，博施济众（圣），立人达人（仁），重在能近取譬，推己及人，取“明仁”义。

C24. **子贡曰：“管仲非仁者与？桓公杀公子纠，不能死，又相之。”子曰：“管仲相桓公，霸诸侯，一匡天下，民到于今受其赐。微管仲[①]，吾其被发左衽矣[②]！岂若匹夫匹妇之为谅也[③]，自经于沟渎而莫之知也[④]！”**[14.17]

[注释]

①微：无，没有。

②被发左衽（rèn 任）：被，同“披”。衽，衣襟。“被发左衽”是当时夷狄的风俗。

③谅：遵守信用。这里指小节、小信。

④自经：上吊自杀。渎（dú 读）：小沟渠。

【译文】子贡说：“（我想）管仲（应该）不是仁人吧？（当年）桓公杀掉了公子纠，他（非但）不能以身殉难，还去辅佐他。”孔子说：“管仲辅佐桓公，称霸诸侯，匡正天下，人民到今天还享受着他的功德。（如果）没有管仲，我们都会披头散发，衣襟向左边开（沦为落后民族）了。难道要他像普通男女那样拘泥于小气节、小信用，（一时想不开）在山沟中自杀而没有人知道他吗？”

【浅析】本章孔子论管仲之仁，非匹夫匹妇所能比，重在匡扶正义，利国利民，取“明仁”义。

C25. **冉有曰：“夫子为卫君乎[①]？”子贡曰：“诺[②]；吾将问之。”入，曰：“伯夷、叔齐何人也？”曰：“古之贤人也。”曰：“怨乎？”曰：“求仁而得仁，又何怨？”出，曰：“夫子不为也。”**[7.15]

[注释]

①为：这里是帮助的意思。卫君：卫出公辄，是卫灵公的孙子，公元前492年—前481年在位。他的父亲因谋杀南子而被卫灵公驱逐出国。灵公死后，辄被立为国君，其父回国与他争位。

②诺：答应。

【译文】冉有说：“老师赞同卫君（的为人）吗？”子贡说：“好吧，我（代你）去问问他。”（子贡）进到孔子屋里，说：“伯夷、叔齐是什么样的人？”（孔子）说：“是古代的贤人。”（子贡）说：“他们有怨悔吗？”（孔子）

说："他们求仁德，便得到了仁德，又怨悔什么呢？"（子贡）走出来，（答复冉有）说："（根据老师说的话，我认为）老师不赞成卫君。"

【浅析】本章孔子赞伯夷、叔齐为古之贤人，重在仁者无怨，求仁得仁，取"明仁"义。

C26. **子路曰："桓公杀公子纠①，召忽死之②，管仲不死。"曰："未仁乎！"子曰："桓公九合诸侯③，不以兵车④，管仲之力也。如其仁⑤，如其仁！"** [14.16]

[注释]

①公子纠：齐桓公的哥哥。齐桓公与他争位，杀掉了他。

②召忽：管仲和召忽都是公子纠的家臣。公子纠被杀后，召忽自杀，管仲归服于齐桓公，并当上了齐国的宰相。

③九合诸侯：指齐桓公多次召集诸侯盟会。

④不以兵车：即不用武力。

⑤如其仁：这就是他的仁德。

【译文】子路说："（当年）齐桓公杀了他哥哥公子纠，（公子纠的师傅）召忽因此自杀，（但是他的另一个师傅）管仲却活着。"（接着又）说："管仲（未能慷慨赴死）不仁吧。"孔子说："齐桓公多次主持诸侯间的盟会，不用武力（就阻止了战争），（这都是）管仲的力量。这就是管仲的仁德，这就是管仲的仁德！"

【浅析】本章孔子肯定管仲之仁，认为他有弘仁利生之功德，重在九合诸侯，不以武力，取"明仁"义。

C27. **子游曰："吾友张也，为难能也。然而未仁。"** [19.15]

【译文】子游说："我的朋友子张（的为人），是难能可贵的了。然而（我认为他）还未做到仁。"

【浅析】本章子游评论子张，认为其未仁，重在为仁由己，修己安仁，取"明仁"义。

C28. **子夏曰："博学而笃志①，切问而近思②，仁在其中矣。"** [19.6]

[注释]

①志：意为"识"，此为强记之义。

②切问：问与切身有关的问题。

【译文】子夏说："（一个人，如果能够做到）学问广博且志向笃定，发问恳切且思想务实，（那么，这个人的）仁德就（蕴含）在其中了。"

【浅析】本章子夏论求仁之法，重在博学笃志，切问近思，取"明仁"义。

C29. **樊迟问仁。子曰："爱人。"问知。子曰："知人。"樊迟未达。子曰："举直错诸枉①，能使枉者直。"樊迟退，见子夏，曰："乡也吾见于夫子而问知②，子曰：'举直错诸枉，能使枉者直。'何谓也？"子夏曰："富哉言乎！舜有天下，选于众，举皋陶③，不仁者远矣④。汤有天下⑤，选于众，举伊尹⑥，不仁者远矣。"**［12.22］

［注释］

①错：同"措"，放置。诸：之于。枉：不正直，邪恶。意为选拔直者，罢黜枉者。

②乡（xiàng）：同"向"，过去。

③皋（gāo 高）陶（yáo 摇）：传说中舜时掌握刑法的大臣。

④远：动词，远离，远去。

⑤汤：商朝的第一个君主，名履。

⑥伊尹：汤时的宰相，曾辅助汤灭夏兴商。

【译文】樊迟问为仁之道。孔子说："博爱世人。"（又）问明智之法。孔子说："了解人性。"樊迟未能理解（孔子的话）。孔子（接着）说："选拔正直之人，把他们放在邪恶之人的上面，（久而久之）能够使邪恶之人正直。"樊迟退了出来，碰见子夏，说："刚才我去见老师，询问明智之法，他说，'举直错诸枉，能使枉者直'，（我不明白）这是什么意思？"子夏说："这话多么富有深意啊！舜得了天下，在众人之中挑选（人才），把（仁者）皋陶提拔出来，不仁的人就远离了。汤得了天下，在众人之中挑选（仁者），把（仁者）伊尹提拔出来，不仁的人就远离了。"

【浅析】本章孔子论仁、论智，重在仁者爱人，智者知人，取"明仁"义。

C30. **子张问曰："令尹子文三仕为令尹①，无喜色；三已之②，无愠色。旧令尹之政，必以告新令尹。何如？"子曰："忠矣。"曰："仁矣乎？"曰："未知，焉得仁？""崔子弑齐君③，陈文子有马十乘④，弃而违之⑤。至于他邦，则曰：'犹吾大夫崔子也。'违之。之一邦，则又曰：'犹吾大夫崔子也。'违之。何如？"子曰："清矣。"曰："仁矣乎？"曰："未**

知，焉得仁？”［5.19］

［注释］

①令尹子文：令尹，楚国的官名，相当于宰相。子文是楚国的著名宰相。

②三：指多次。已：罢免。

③崔子：齐国大夫崔杼（zhù 住）曾杀死齐庄公，在当时引起极大震动。弑（shì 试）：居下位的人杀死居上位的人，被认为是大逆不道之事，例如臣下杀君主，子女杀父母。齐君：即被崔杼所杀的齐庄公。

④陈文子：陈国的大夫，名须无。

⑤违：离开。

【译文】子张问：“楚国的令尹子文多次担任令尹的官职，（但每次都）面无喜悦之色；（后来又）多次被罢免，（但每次都）面无愠怒之色。（工作交接时）一定把自己的一切政令全部（如实地）告诉接位的新令尹。此人如何？”孔子说：“可称得上是忠了。”子张说：“称得上仁吗？”孔子说：“不知道，这怎么能算是仁呢？”（子张又问：）“（当年）齐国大夫崔杼以下犯上杀掉齐庄公，陈文子有四十匹马，舍弃不要而离开齐国。到了另一个国家，说道：‘（看来，这里的执政者）同我们的崔子差不多。’（于是他）离开。到了另一国，又说道：‘（看来，这里的执政者）同我们的崔子差不多。’（于是）又离开。这个人怎么样？”孔子说：“可称得上是清了。”子张说：“称得上仁吗？”孔子说：“不知道，这怎么能算是仁呢？”

【浅析】本章孔子论政治人物，或许之以忠，或许之以清，但不知其仁，重在忠未必仁，清未必仁，取“明仁”义。

C31. **子张问仁于孔子。孔子曰：“能行五者于天下，为仁矣。”“请问之？”曰：“恭，宽，信，敏，惠。恭则不侮，宽则得众，信则人任焉，敏则有功，惠则足以使人。”**［17.6］

【译文】子张问孔子为仁之道。孔子说：“能践行五种品德于天下的人，可谓仁人了。”（子张说：）“请问是哪五种？”（孔子）说：“恭敬、宽厚、诚信、勤敏、慈惠。恭敬就不会遭受侮辱，宽厚就会得到大众的拥护，诚信就会得到别人的任用，勤敏就会有功劳，慈惠就能够差使他人。”

【浅析】本章孔子论为仁“五字诀”，恭、宽、信、敏、惠，重在以仁为本，本立道生，取“明仁”义。

C32. **司马牛问仁[①]。子曰："仁者，其言也讱[②]。"曰："其言也讱，斯谓之仁已乎[③]？"子曰："为之难，言之得无讱乎？"**［12.3］

［注释］

①司马牛：姓司马名耕，字子牛，孔子的学生。

②讱（rèn 认）：话难说出口，这里引申为说话谨慎。一说指说话迟钝。

③斯：这。

【译文】司马牛问为仁之道。孔子说："仁者的言语谨慎。"（司马牛）说："言语谨慎，这就可谓仁了吗？"孔子说："（说时容易）做时难，说话能够不谨慎吗？"

【浅析】本章孔子论仁者言讱之理，认为仁者深知世事难为，心存敬畏而不轻易放言，重在仁者知难，不出妄言，取"明仁"义。

C33. **宪问耻[①]。子曰："邦有道，谷[②]；邦无道，谷，耻也。""克、伐、怨、欲不行焉[③]，可以为仁矣？"子曰："可以为难矣，仁则吾不知也。"**［14.1］

［注释］

①宪：姓原名宪，孔子的学生。

②谷：这里指做官者的俸禄。

③伐：自夸。

【译文】原宪问什么是羞耻。孔子说："（如果）国家政治清明，（可以去）做官得俸禄；（但如果）国家政治黑暗，（仍然去）做官得俸禄，这就是羞耻。"（原宪又说：）"没有好胜、自夸、怨恨、贪欲这四种毛病，可以说是达到仁了吗？"孔子说："（能做到这样）可以说是难能可贵了，（能否算达到）仁我就不知道了。"

【浅析】本章孔子论耻、论仁，认为邦无道，谷则耻；虽克伐怨欲不行，亦不知其仁，重在为仁由己，表里如一，取"明仁"义。

C34. **有子曰[①]："其为人也孝弟[②]，而好犯上者[③]，鲜矣[④]；不好犯上，而好作乱者，未之有也[⑤]。君子务本[⑥]，本立而道生。孝弟也者，其为仁之本与[⑦]！"**［1.2］

［注释］

①有子：孔子的学生，姓有，名若，比孔子小 13 岁，一说小 33 岁。后一种说法较为可信。在《论语》中记载的孔子学生，一般都称其字，只有曾参和有若称"子"。因此，许多人认为《论语》即由曾参和有若所著述。

②孝弟：孝、弟是孔子和儒家特别提倡的两个基本道德规范。孝，善事父母曰孝，尽心尊敬并奉养，是子女对待父母的正确态度。弟，通常写作“悌”，善事兄长曰弟，是弟弟对待兄长的正确态度。

③犯：抵触，违反，冒犯。

④鲜（xiǎn 显）：少。

⑤未之有也：“未有之也”的倒装形式。

⑥务：专心、致力于。本：根本。

⑦与：音、义同“欤”字，《论语》的“欤”字都写作“与”。

【译文】有子说：“（一个人能够）孝顺父母，尊敬兄长，却喜欢冒犯上级，这种人是很少见的；（再进一步）不喜欢冒犯上级，却喜欢造反作乱，这种人（我）从来没有（见）过。（身为）君子（应当）致力于根本（德行），根本确立了，正道就会随之产生。孝敬父母，尊敬兄长，这大概就是实行仁道的根本所在吧！”

【浅析】本章有子论为仁之本，认为君子务本，本立道生，重在自然亲爱（孝），推爱及物（仁），取“明仁”义。

C35. **曾子曰：“堂堂乎张也，难与并为仁矣。”**［19.16］

【译文】曾子说：“子张仪表堂堂，（但是）难以与他一并进修仁德。”

【浅析】本章曾子评论子张，认为难与他共学为仁之道，重在以友辅仁，取“明仁”义。

C36. **曾子曰：“士不可以不弘毅①，任重而道远。仁以为己任，不亦重乎？死而后已，不亦远乎？”**［8.7］

［注释］

①弘：广大。毅：强毅。

【译文】曾子说：“身为士，不可以不刚强而有毅力，（因为他/她）肩负重任，而且（到达目的地的）道路遥远。（士人）把弘仁于天下作为自己的使命，（这难道还）不沉重吗？（弘仁之路漫漫）至死方休，（这难道还）不遥远吗？”

【浅析】本章曾子论士，任重道远，死而后已，重在传道弘仁，取“明仁”义。

（三）时人、政客语录

C37. **或曰："雍也仁而不佞[①]。"子曰："焉用佞？御人以口给[②]，屡憎于人。不知其仁[③]，焉用佞？"**[5.5]

[注释]

①雍：姓冉名雍，字仲弓，生于公元前522年，孔子的学生。佞（nìng泞）：有口才，伶牙俐齿，能言善辩，多用作贬义。

②口给（jǐ己）：口齿伶俐，嘴快话多，有辩才。给，丰足。

③不知其仁：不能肯定其是否为真正的仁者。

【译文】有人说："冉雍这个人有仁德却没有口才。"孔子说："何必要有口才呢？强嘴利舌地同人家争辩，屡次被人憎恶。我不知道他是否称得上仁，但为什么（非要）有口才呢？"

【浅析】本章孔子论冉雍，不知其仁，重在仁者不佞，佞者不仁，取"明仁"义。

C38. **孟武伯问："子路仁乎？"子曰："不知也。"又问。子曰："由也，千乘之国，可使治其赋[①]也。不知其仁也。""求也何如？"子曰："求也，千室之邑[②]，百乘之家[③]，可使为之宰也[④]。不知其仁也。""赤也何如[⑤]？"子曰："赤也，束带立于朝[⑥]，可使与宾客言也[⑦]。不知其仁也。"**[5.8]

[注释]

①赋：兵赋，向民众征收的军事费用。

②千室之邑：指有一千户人家的大邑。邑，古代居民的聚居点，相当于今天所说的城镇。

③百乘之家：指卿大夫的采地，当时大夫有车百乘，是采地中的较大者。

④宰：家臣、总管。

⑤赤：姓公西名赤，字子华，生于公元前509年，孔子的学生。

⑥束带立于朝：指穿着礼服立于朝廷。

⑦宾客：指一般客人和来宾。

【译文】孟武伯（向孔子）问道："子路有没有仁德？"孔子说："不知道。"他又问。孔子说："仲由啊，如果是有一千辆兵车的国家，可以叫他负责兵役和军政的工作。但不知道他是否仁。"（孟武伯继续问：）"冉求又怎么样呢?”孔子说:“冉求啊,千户人口的大邑,拥有百辆兵车的采邑,可以叫他当县长。但不知道他是否仁。”(孟武伯又问:)“公西赤又怎么样呢?”孔子说:“公西赤啊,穿着整齐的礼服立于朝廷之中,可以叫他接待外宾(办理涉外事务)。但不知道他是否仁。”

【浅析】本章孔子论弟子的才能,各有所长,但不知其仁,重在为仁由己,取“明仁”义。

(四)其他

C39. **子罕言利[①],与命[②],与仁。**[9.1]

[注释]

①罕:稀少,很少。

②与:赞同,肯定。

【译文】孔子很少谈论利益,重视天命,重视仁德。

【浅析】本章记孔子罕言私利,重在知命弘仁,取“明仁”义。

四 知 礼

题解

本篇共辑录《论语》原文四十九章（编码为D），包括孔子语录11章（D1－D11），孔子弟子语录7章（D12－D18），孔子礼仪实践24章（D19－D42），时人及政客语录3章（D43－D45），其他4章（D46－D49）。

主要内容涉及：礼的本质（如“礼，与其奢也，宁俭；丧，与其易也，宁戚”）、礼的重要性（如“知及之，仁能守之，庄以莅之，动之不以礼，未善也”“礼之用，和为贵”“知和而和，不以礼节之，亦不可行也”）、无礼的危害（如“恭而无礼则劳，慎而无礼则葸，勇而无礼则乱，直而无礼则绞”）、礼的沿革（如“殷因于夏礼，所损益，可知也；周因于殷礼，所损益，可知也。其或继周者，虽百世，可知也”）、孔子礼仪实践与表现（如“入太庙，每事问”“食不语，寝不言”“寝不尸，居不客”“食不厌精，脍不厌细”“席不正，不坐”“问人于他邦，再拜而送之”“子于是日哭，则不歌”“齐必变食，居必迁坐”）等。详见下文。

（一）孔子语录

D1. **子曰：“恭而无礼则劳①，慎而无礼则葸②，勇而无礼则乱，直而无礼则绞③。君子笃于亲，民兴于仁。故旧不遗，则民不偷④。”**［8.2］

［注释］

①礼：这里指礼的约束。

②葸（xǐ喜）：胆怯，害怕。

③绞：尖刻伤人。

④偷：淡薄，这里指人与人的感情而言。

【译文】孔子说：“（过度）恭敬而没有礼的约束就会让人劳倦，（过度）谨慎而没有礼的约束就会让人胆怯，（过度）勇敢而没有礼的约束就会让人胡作非为，（过度）直率而没有礼的约束就会让人尖刻伤人。（如果）君子厚待自己的亲族，（那么）老百姓就会培养仁德。（如果君子）不遗弃他的老同事、老朋友，（那么）老百姓就不至于对人冷漠无情。”

【浅析】本章孔子论无礼的危害，认为没有礼节约束的恭敬、谨慎、勇敢、直率并不可取，重在约之以礼，以礼节情，取“知礼”义。

D2. 子曰：“麻冕①，礼也；今也纯②，俭③，吾从众。拜下④，礼也。今拜乎上，泰也⑤，虽违众，吾从下。”［9.3］

[注释]

①麻冕：麻布制成的礼帽。

②纯：丝绸，黑色的丝。

③俭：俭省。麻冕费工，用丝则俭省。

④拜下：大臣面见君主前，先在堂下跪拜，再到堂上跪拜。

⑤泰：这里指骄纵、傲慢。

【译文】孔子说：“（我认为）用麻布做礼帽，是符合（昔日的）礼节的。如今都用丝来做，这样（做的好处是）节俭，（所以）我（愿意）跟从大家的做法。臣子拜见君主（的时候），先在堂下行礼，是符合（昔日的）礼节的。如今（臣子们）都在堂上行拜礼，这样太骄纵了。虽然违背大家（如今的）做法，我还是（坚持昔日的做法）在堂下行礼。

【浅析】本章记孔子对待礼俗变迁的态度，有从众，有违众，重在尚俭戒骄，取“知礼”义。

D3. 子曰：“周监于二代①，郁郁乎文哉！吾从周。”［3.14］

[注释]

①二代：夏、商两朝。

【译文】孔子说：“周代的礼仪制度借鉴于夏商两朝，多么丰富多彩呀，我赞同周代的（礼制）。”

【浅析】本章孔子赞美周代礼制完备，文采郁郁，重在文化传承，取“知礼”义。

D4. 子曰：“夏礼，吾能言之，杞不足征也①；殷礼，吾能言之，宋不足征也②。文献不足故也③。足，则吾能征之矣。”［3.9］

[注释]

①杞（qǐ起）：春秋时国名，是夏禹后裔的国家。在今河南杞县一带。征：同“徵”，证明。

②宋：春秋时国名，是商汤后裔的国家，在今河南商丘一带。

③文献：文，指历史典籍；献，指贤人。

【译文】孔子说："夏代的礼，我能说出来龙去脉，（但是它的后代）杞国不足以作证；殷代的礼，我能说出来龙去脉，（但是它的后代）宋国不足以作证。这是由于文献（历史典籍和贤人）不足的缘故造成的。若是文献足够的话，我就可以援引来作证了。"

【浅析】本章孔子论古代礼制，由于文献不足，部分内容无法讲述，重在实事求是，有理有据，取"知礼"义。

D5. 子曰："禘①，自既灌而往者②，吾不欲观之矣③。"[3.10]

[注释]

①禘（dì 地）：古代只有天子才可以举行的祭祀祖先的非常隆重的典礼。

②灌：禘礼中第一次献酒。

③吾不欲观之矣：我不愿意看了。这里指不愿再继续观礼。

【译文】孔子说："（如今举行）禘祭的礼仪，从第一次献酒以后，我就不想看下去了。"

【浅析】本章孔子论禘祭之礼，有感其失，而不想再继续观礼，取"知礼"义。

D6. 或问禘之说①。子曰："不知也；知其说者之于天下也，其如示诸斯乎②！"指其掌。[3.11]

[注释]

①禘之说：意为关于禘祭的规定。说，理论、道理、规定。

②示：假借字，同"置"，摆、放的意思。斯：指后面的"掌"字。

【译文】有人向孔子请教禘祭的理论。孔子说："我不知道；知道的人对于治理天下，就像把它们展现在这里一样清楚吧！"（孔子）一边说，一边指着自己的手掌。

【浅析】本章孔子论禘祭之礼，有感其意义重大，而不便妄评，取"知礼"义。

D7. 祭如在，祭神如神在。子曰："吾不与祭，如不祭。"[3.12]

【译文】祭祀（祖先）的时候就好像（祖先）在眼前一样；祭神的时候就好像神在跟前一样。孔子说："如果我不能亲自参加祭祀活动，（感觉）就好像不曾（举行）祭祀一样。”

【浅析】本章孔子论祭祀之礼，重在恭敬虔诚，亲力亲为，取“知礼”义。

D8. 林放问礼之本[①]。子曰：“大哉问！礼，与其奢也，宁俭；丧，与其易也[②]，宁戚[③]。”［3.4］

［注释］

①林放：鲁国人。

②易：治理，这里指有关丧葬的礼节仪式办理得很周到。一说是谦和、平易。

③戚：心中悲哀。

【译文】林放问礼的本质。孔子说：“你提出的问题意义重大呀！对待礼，与其奢侈，宁可节俭；对待丧礼，与其（外在）仪式（完备），宁可心中悲哀。”

【浅析】本章孔子论礼之本，宁俭勿奢（礼），宁戚勿易（丧），重在礼思俭，丧思哀，取“知礼”义。

D9. 子贡欲去告朔之饩羊[①]。子曰：“赐也！尔爱其羊[②]，我爱其礼。”［3.17］

［注释］

①告朔：古代天子每年秋冬之际，把第二年的历书颁发给诸侯，告知每个月的初一日。朔，农历每月初一为朔日。饩（xì 细）羊：祭祀用的活羊。

②爱：爱惜，可惜。

【译文】子贡想免去（鲁国）每月初一祭告祖庙时用作牺牲的一只活羊。孔子说：“赐呀，你爱惜那只羊，我爱惜那种礼。”

【浅析】本章记孔子与子贡“爱羊爱礼”之辩，子贡欲废，孔子欲存，重在权衡利弊，宁俭勿奢，取“知礼”义。

D10. 颜渊死，颜路请子之车以为之椁[①]。子曰：“才不才，亦各言其子也。鲤也死[②]，有棺而无椁；吾不徒行以为之椁，以吾从大夫之后[③]，不可徒行也。”［11.8］

［注释］

①颜路：颜无繇（yóu 由），字路，颜渊的父亲，也是孔子的学生，生于公元前545年。椁（guǒ 果）：古人所用棺材，内为棺，外为椁。

②鲤：孔子的儿子，字伯鲁，死时50岁，孔子70岁。

③从大夫之后：跟随在大夫们的后面，意即当过大夫。孔子曾担任鲁国司寇一职，属于大夫一级的官员。

【译文】颜渊死了，他父亲颜路请求孔子把（孔子的）车子卖掉来替颜渊置办外椁。孔子说："不管（自己的儿子）有没有才能，对各人来说都是自己的儿子。（当年）我的儿子孔鲤死的时候，也只有内棺，而没有外椁。我不能（卖掉车子）步行来替他置办外椁，因为我也曾做过大夫，（按照礼制）是不可以徒步行走的。"

【浅析】本章记为颜渊治丧，孔子以"从大夫后，不可徒行"为由，婉拒颜父"请子之车以为之椁"的请求，重在丧事宜俭，量力而为，取"知礼"义。

D11. **颜渊死，门人欲厚葬之[①]，子曰："不可。"门人厚葬之。子曰："回也，视予犹父也，予不得视犹子也。非我也，夫二三子也[②]。"**[11.11]

[注释]

①厚葬：隆重地安葬。

②夫：语气助词。

【译文】颜渊死了，孔子的学生们想用厚礼安葬他，孔子说："不可以。"学生们（没有听从孔子的话，最终）还是厚葬了颜渊。孔子说："颜回呀，你（生前）对待我好像对待（你的亲生）父亲一般，（而）我却不能够像对待（我的亲生）儿子一般对待你。（厚葬）不是我的主意呀，是你这些同学干的呀。"

【浅析】本章记为颜渊治丧，孔子认为颜渊家境贫穷，厚葬非礼，重在师生情深，取"知礼"义。

（二）孔子弟子语录

D12. **宰我问："三年之丧，期已久矣。君子三年不为礼，礼必坏；三年不为乐，乐必崩。旧谷既没，新谷既升，钻燧改火[①]，期可已矣[②]。"子曰："食夫稻[③]，衣夫锦，于女安乎？"曰："安！""女安，则为之！夫君子之居丧，食旨不甘[④]，闻乐不乐，居处不安，故不为也。今女安，则为之！"宰我出。子曰："予之不仁也！子生三年，然后免于父母之怀。夫三年之丧，天下之通丧也；予也有三年之爱于其父母乎？"**[17.21]

[注释]

①钻燧（suì 岁）改火：古人钻木取火，四季所用木头不同，每年轮一遍，叫改火。

②期（jī 机）：一年。

③食夫稻：古代北方少种稻米，故大米很珍贵。这里指吃好的。

④旨：甜美，指好吃的食物。

【译文】 宰我说："（父母死了）守孝三年，为期也太久了。（身为）君子（如果连续）三年不去习礼仪，礼仪必定会败坏；（连续）三年不演奏音乐，音乐必定会失传。陈年的谷物既已吃完了，新鲜的谷物又已产出，打火用的燧木又经过了一个轮回，（守孝）一年也就可以了。"孔子说："（父母死了，不到三年，）你便吃白米饭，穿花锦衣，你能心安吗？"（宰我）说："（我能）心安。"（孔子气愤地说：）"你心安，你就去干吧！（真正的）君子服丧期间，吃美味不觉得香甜，听音乐不觉得快乐，闲居家里也不觉得安适，所以才不（会像你）这样干。如今你既然觉得心安，便去干好了。"宰我退了出来。孔子（无奈地）说："宰予真不仁呀！（父母把）儿女生下来，（养育呵护）三年以后才能完全脱离父母的怀抱。（父母死后，子女）替父母守孝三年，这是天下同行的丧礼。宰予（出生后）难道就没有在他父母的怀里得到过三年的爱护吗？"

【浅析】 本章孔子论君子守丧三年之礼，宰我以礼坏乐崩为由，而欲将守丧期限缩短至一年，被孔子批为不仁。孔子认为父母之爱，恩重如山，为父母之死守丧三年，天经地义，合情合理，重在养育之恩，无以为报，取"知礼"义。

D13. **子游曰："丧致乎哀而止。"** [19.14]

【译文】 子游说："居丧（的时候），充分表现（内心的）悲哀也就够了。"

【浅析】 本章子游论居丧之礼，重在丧事思哀，哀而无伤，取"知礼"义。

D14. **子夏问曰："'巧笑倩兮，美目盼兮①，素以为绚兮②。'何谓也？"子曰："绘事后素③。"曰："礼后乎？"子曰："起予者商也④！始可与言《诗》已矣。"** [3.8]

[注释]

①巧笑倩兮，美目盼兮：出自《诗经·卫风·硕人》篇。倩（qiàn 欠），笑得好看。兮，语助词，相当于"啊"。盼，眼睛黑白分明。

②绚（xuàn 渲）：有文采。

③绘：画。素：白底。

④起：启发。予：我，即孔子。商：子夏名商。

【译文】子夏问道："'微笑的面容美好动人啊，美丽的眼睛黑白分明啊，洁白的底子上绘有文采啊。'这几句诗是什么意思？"孔子说："先准备好白色的底子，然后（在上面）绘画。"子夏说："（照您这么说，）礼也在（仁义）之后吗？"孔子说："启发我的是卜商呀！从现在开始可与你谈论《诗经》了。"

【浅析】本章孔子与子夏论诗，论礼，重在绘事后素，以仁为本，取"知礼"义。

D15. **子张问："十世可知也[①]？"子曰："殷因于夏礼，所损益，可知也；周因于殷礼[②]，所损益[③]，可知也。其或继周者，虽百世，可知也。"**[2.23]

[注释]

①世：古时称30年为一世。一说"世"为朝代。译文从后者。

②因：因袭，沿用、继承。

③损益：减少和增加，即优化、变动之义。

【译文】子张问："今后十代（的礼仪制度）可以预知吗？"孔子说："殷代继承夏代的礼仪制度，所废除或增加的，是可以知道的；周代继承殷代的礼仪制度，所废除或增加的，也是可以知道的。（因此，未来）或许有继承周代统治的政权，哪怕是过了一百代，（它的礼仪制度）也是可以预知的。"

【浅析】本章孔子论礼制沿革，重在有损有益，观往知来，取"知礼"义。

D16. **子张曰："《书》云：'高宗谅阴[①]，三年不言。'何谓也？"子曰："何必高宗？古之人皆然。君薨[②]，百官总己以听于冢宰三年[③]。"**[14.40]

[注释]

①高宗：商王武宗。谅阴：居丧时所住的房子，又叫"凶庐"，古时天子守丧的称谓。

②薨（hōng 轰）：周代时称诸侯之死。

③总己：总摄己职，各司其职之意。冢（zhǒng 肿）宰：官名，相当于

后世的宰相。

【译文】子张说："《尚书》说：'当年殷高宗守孝，住在凶庐里面，三年不开口（说一句话）。'这是什么意思？"孔子说："何止是高宗，古人都是这样。国君死了，（继承的君王三年不问政治，）文武百官管理好各自的职务并听命于（摄政的）宰相一直到（君王守丧）满三年为止。"

【浅析】本章孔子论国君居丧之礼，尽心守孝，三年不言，重在宰相摄政，百官听命，取"知礼"义。

D17. 师冕见[①]，及阶，子曰："阶也。"及席，子曰："席也。"皆坐，子告之曰："某在斯！某在斯！"师冕出。子张问曰："与师言之道与？"子曰："然，固相师之道也[②]。"[15. 42]

[注释]

①师冕：乐师，这位乐师的名字是冕。

②相：帮助。

【译文】（有一天），盲人乐师冕来见（孔子），当走到台阶前（的时候），孔子（提醒他）说："这里是台阶（请小心）。"（当乐师）走到坐席旁时，孔子（对他）说："这里是坐席。"（等到大家）都坐定了，孔子告诉他："某人在这里，某人在这里。"（会面结束后，）师冕（告辞）离开。子张问（孔子）："这是您同盲人乐师说话的方式吗？"孔子说："是的，这本来就是帮助（行动不便的）盲人乐师的方式。"

【浅析】本章记孔子接见盲人乐师的礼节，重在换位思考，以诚相待，取"知礼"义。

D18. 有子曰："礼之用[①]，和为贵[②]。先王之道[③]，斯为美[④]；小大由之。有所不行，知和而和，不以礼节之，亦不可行也。"[1. 12]

[注释]

①礼：在春秋时代，"礼"泛指奴隶社会的典章制度和道德规范。孔子的"礼"，既指周礼的礼节、仪式，也指人们的道德规范。

②和：调和、和谐、协调。《礼记·中庸》："喜怒哀乐之未发谓之中，发而皆中节谓之和。"

③先王之道：指尧、舜、禹、汤、文、武、周公等古代杰出帝王的治世之道。

④斯：这、此等意。这里指礼，也指和。

【译文】有子说："礼的运用，以和谐为贵。先王治国之道，可贵之处就在这里；（无论）小事大事都遵循这个道理。（但是）如有行不通的地方，为了和谐而（强求）和谐，不懂得用礼来节制的话，也是不可行的。”

【浅析】本章有子论礼，认为礼之用，和为贵，重在有仁有义，有礼有节，取“知礼”义。

（三）孔子礼仪实践

D19. 孔子于乡党，恂恂如也①，似不能言者。其在宗庙、朝廷，便便言②，唯谨尔。［10.1］

［注释］

①恂恂（xún 旬）：温和恭顺。

②便便（pián 骈）：善于辞令。

【译文】孔子在家乡的时候，表现出温和而恭顺，好像不太会说话的样子。当他在宗庙或朝廷上（与人交流）的时候，侃侃而谈，只是（出言）很谨慎。

【浅析】本章记孔子于乡党、宗庙、朝廷时的语言表达，重在谨言语，慎威仪，取“知礼”义。

D20. 朝，与下大夫言，侃侃如也①；与上大夫言，訚訚如也②。君在，踧踖如也③，与与如也④。［10.2］

［注释］

①侃侃（kǎn 坎）：说话理直气壮，不卑不亢，温和快乐的样子。

②訚訚（yín 银）：正直，和颜悦色而又能直言诤辩。

③踧（cù 促）踖（jí 级）：恭敬而不安的样子。

④与与：小心谨慎、威仪适中的样子。

【译文】（孔子）上朝，（国君还没有到来时，）跟下大夫说话，表现出温和而快乐的样子；跟上大夫说话，表现出正直而恭敬的样子。国君临朝时，表现出举止恭敬而心中不安的样子，威仪适度。

【浅析】本章记孔子在朝廷事上接下时的不同表现，重在张弛有度，恰如其分，取“知礼”义。

D21. 君召使摈①，色勃如也②，足躩如也③，揖所与立，左右手。衣前后④，襜如也⑤。趋进⑥，翼如也⑦。宾退，必复命曰：“宾不顾矣。”［10.3］

[注释]

①摈（bìn 膑）：动词，负责招待国君的官员。

②色勃如也：脸色立即庄重起来。

③足躩（jué 决）：脚步快的样子。

④前后：俯仰。

⑤襜（chān 掺）：整齐之貌。

⑥趋进：在行步时一种表示敬意的行动。

⑦翼如也：如鸟儿展翅一样。

【译文】鲁君召请（孔子）来接待外国贵宾，（只见孔子）脸色庄重矜持，脚步快速。他向两旁的人作揖，或向左拱手，或向右拱手，衣裳一俯一仰，但很整齐。快步前进，姿态好像鸟儿舒展翅膀。（等到所有）贵宾辞别退下后，一定向君主报告："宾客已经不再回头了。"

【浅析】本章记孔子受命接待外宾时的如礼表现，重在不卑不亢，以礼相待，取"知礼"义。

D22. **入公门，鞠躬如也①，如不容。立不中门，行不履阈②。过位，色勃如也，足躩如也，其言似不足者。摄齐升堂③，鞠躬如也，屏气似不息者④。出，降一等⑤，逞颜色⑥，怡怡如也；没阶⑦，趋进，翼如也；复其位，踧踖如也。**[10.4]

[注释]

①鞠躬如：谨慎而恭敬的样子。

②履阈：脚踩门槛。阈（yù 玉），门槛。

③摄齐：提起衣服的下摆。摄，提起。齐（zī 资），衣服的下摆。

④屏气：屏息，压抑呼吸。屏（bǐng 秉），又读作 bìng（并）。

⑤降一等：从台阶上走下一级。

⑥逞：舒展开，松口气。

⑦没阶：走完了台阶。

【译文】孔子走进朝廷大门的时候，恭敬而谨慎的样子，好像没有容身之地。站立时，从不站在门的正中间；行走时，从不踩到门坎。经过国君的座位时，脸色就显得庄重矜持，脚步也快，言语也好像中气不足。提起衣裳的下摆向堂上走去，恭敬而谨慎的样子，屏住气息好像不能呼吸一般。出来时，从台阶上向下走一级，脸色才放松下来，神情怡然自得。走完所有台阶，很快地向前走几步，姿态好像鸟儿舒展翅膀一样。（待他）重新回到入朝时曾经站立的位置，（又显得）恭敬而内心不安的样子。

【浅析】本章记孔子在朝堂时的如礼表现，重在毕恭毕敬，慎言慎行，取“知礼”义。

D23. **执圭[①]，鞠躬如也，如不胜[②]。上如揖，下如授，勃如战色[③]，足蹜蹜[④]，如有循[⑤]。享礼[⑥]，有容色；私觌[⑦]，愉愉如也。**[10.5]

［注释］

①圭：一种上圆下方的玉器，举行典礼时，不同身份的人拿着不同的圭。出使邻国，大夫拿着圭作为本国君主的凭信。

②胜（shēng 生）：能担负得了。

③战色：战战兢兢的样子。

④蹜蹜（sù 诉）：小步走路的样子。

⑤如有循：好像沿着一条固定的直线往前走一样。循，沿着。

⑥享礼：指向对方贡献礼物的仪式。使者受到接见后，接着举行献礼仪式。享，献上。

⑦觌（dí 迪）：会见。

【译文】（孔子出使别国的时候，）拿着国君授予的玉圭，恭敬谨慎的样子，好像举不起来。向上举好像在作揖，拿向下好像要交给别人。（只见他）面色矜持庄重好像在准备战斗，脚步幅度很小，好像在沿着（一条直线）走。（当他）举行献礼仪式的时候，满脸和气。（当他）以私人身份和外国君臣会见的时候，显得轻松愉快。

【浅析】本章记孔子执圭（出使他国）、享礼等礼仪细节，以及孔子的举止表现，重在圆融淡定，不辱使命，取“知礼”义。

D24. **君子不以绀緅饰[①]，红紫不以为亵服[②]。当暑，袗絺绤[③]，必表而出之[④]。缁衣[⑤]，羔裘[⑥]；素衣，麑裘[⑦]；黄衣，狐裘。亵裘长，短右袂[⑧]。必有寝衣[⑨]，长一身有半。狐貉之厚以居[⑩]。去丧，无所不佩。非帷裳[⑪]，必杀之[⑫]。羔裘玄冠不以吊[⑬]。吉月[⑭]，必朝服而朝。**[10.6]

［注释］

①不以绀（gàn 干）緅（zōu 邹）饰：这里是说，不使用深青透红或黑中透红的布给平常穿的衣服镶上边作饰物。绀，深青透红，斋戒时服装的颜色。緅，黑中透红，丧服的颜色。

②红紫不以为亵（xiè 谢）服：亵服，平时在家里穿的衣服。古人认为，红紫不是正色，便服不宜用红紫色。

③袗（zhěn 枕）絺（chī 吃）绤（xì 细）：这里是说，穿粗的或细的葛布单衣。袗，单衣。絺，细葛布。绤，粗葛布。

④必表而出之：把麻布单衣穿在外面，里面还要衬有内衣。

⑤缁（zī 资）衣：黑色的衣服。

⑥羔裘：羔皮衣。古代的羔裘都是黑羊皮，毛皮向外。

⑦麑（ní 泥）：小鹿，白色。

⑧短右袂（mèi 妹）：袂，袖子。右袖短一点，是为了便于做事。

⑨寝衣：被子。

⑩狐貉之厚以居：狐貉之厚，厚毛的狐貉皮。居，坐。

⑪帷裳：上朝和祭祀时穿的礼服，用整幅布制作，不加以裁剪，折叠缝上。

⑫必杀（shài 晒）之：一定要裁去多余的布。杀，裁。

⑬羔裘玄冠：黑色皮礼帽。不以吊：不用于丧事。

⑭吉月：每月初一。一说是正月初一。

【译文】君子不用（近乎黑色的）天青色、铁灰色的布做衣领和衣袖的边饰，不用（近乎赤色的）浅红色和紫色的布做平时居家穿的衣服。夏天，穿着粗的或者细的葛布单衣，出门时再罩上一件外衣。（如果外面穿）黑色的外衣，内里就搭配黑羔皮；（如果外面穿）白色的外衣，内里就搭配小鹿皮裘；（如果外面穿）黄色的外衣，内里就搭配狐狸皮裘。平时居家穿的皮袄要做得长一些，而且右手边的袖子要做得短一些。睡觉时一定要有被子，（被子的）长度相当于本人身长再多一半。用毛厚的狐貉皮当坐褥。丧期结束后，没有什么饰物不可以佩戴。（如果）不是（上朝和祭祀穿的）用整幅布做的裙子，一定要经过剪裁去掉一些（多余的）布。不能穿戴黑色的羔皮裘和黑色的礼帽去吊丧。大年初一，一定穿着平日上朝时的礼服去朝贺。

【浅析】本章记孔子在衣服穿戴方面的礼仪细节，重在朴素大方，得体应时，取“知礼”义。

D25. **齐[①]，必有明衣[②]，布。齐必变食[③]，居必迁坐[④]。**[10.7]

[注释]

①齐（zhāi）：同“斋”。

②明衣：斋前沐浴后穿的浴衣。

③变食：改变平常的饮食。指不饮酒，不吃葱、蒜等有刺激味的东西。

④居必迁坐：指从内室迁到外室居住，不和妻妾同房。

【译文】斋戒（开始前）沐浴的时候，一定要有浴衣，用布做的。斋戒期间，一定要改变平常的饮食习惯（如不饮酒，不吃荤），寝居之处也要变动

（如不和妻妾同房），只在正寝里（一个人）安歇。

【浅析】本章记斋戒时的礼仪细节，沐浴更衣，变食迁坐，重在诚心诚意，取“知礼”义。

D26. **食不厌精，脍不厌细[①]。食饐而餲[②]，鱼馁而肉败[③]，不食。色恶，不食。臭恶，不食。失饪[④]，不食。不时[⑤]，不食。割不正[⑥]，不食。不得其酱，不食。肉虽多，不使胜食气[⑦]。唯酒无量，不及乱[⑧]。沽酒市脯[⑨]，不食。不撤姜食，不多食。**［10.8］

［注释］

①脍（kuài 快）：切细的鱼、肉。

②饐（yì 义）：陈旧，这里指食物放置时间长了。餲（ài 爱）：变味了。

③鱼馁（něi）：鱼腐烂，这里指鱼不新鲜。肉败：肉腐烂，这里指肉不新鲜。

④饪：烹调制作饭菜。

⑤时：应时，时鲜。

⑥割不正：肉切得不方正。

⑦气：同“饩”，即粮食。

⑧不及乱：不到酒醉时。乱，指酒醉。

⑨脯（fǔ 辅）：熟肉干。

【译文】食物不怕做得精致，生脍（鱼和肉）不怕切得细小。（如果）粮食霉烂发臭，鱼和肉腐烂，就不再食用。（如果）食物颜色难看，不吃。（如果）食物的气味难闻，不吃。（如果）食物烹调的程序不恰当，不吃。（如果还）不到该吃饭时候，不吃。（如果）不是按规矩砍割的肉，不吃。（如果是）没有调味的酱醋，不吃。席上肉即使多，吃它也不要超过主食。唯有酒不限量，却不喝到醉。买来的酒和肉干，不吃。（每一餐）不撤除姜等食物，但也不要过多吃它。

【浅析】本章记古人饮食方面的规矩，食不厌精，脍不厌细，重在饮食安全，养生有度，取“知礼”义。

D27. **祭于公，不宿肉[①]。祭肉[②]，不出三日。出三日，不食之矣。**［10.9］

［注释］

①不宿肉：不使肉过夜。古代大夫参加国君祭祀以后，可以得到国君赐的祭肉。但祭祀活动一般要持续两三天，所以这些肉就已经不新鲜，不能再过夜了。

②祭肉：这是祭祀用的肉。

【译文】参加国家祭祀典礼，分得的祭肉不宜过夜存放。（对于别的）祭肉，（保存期限）不超过三天。（如果）超过三天，就不吃了。

【浅析】本章记古人处理祭肉之礼，重在保存期限，不出三日，取“知礼”义。

D28. **食不语，寝不言。**[10.10]

【译文】吃饭的时候不交谈，睡觉的时候不说话。

【浅析】本章记孔子吃饭、睡觉时忌讳言语，重在寝食安静，心平气和，取“知礼”义。

D29. **虽疏食，菜羹①，瓜祭②，必齐如也③。**[10.11]

[注释]

①菜羹（gēng 耕）：用菜做成的汤。

②瓜祭：古人在吃饭前，把席上各种食品分出少许，放在食具之上祭祖。

③齐：同“斋”。

【译文】（平时）即便是吃粗米饭，喝菜汤，（食用之前，也要）先进行瓜祭的仪式，也必定要恭恭敬敬好像对待斋戒那样庄重。

【浅析】本章记饮食与祭祀礼仪，重在祭祖感恩，心敬意诚，取“知礼”义。

D30. **席不正①，不坐。**[10.12]

[注释]

①席：古代没有椅子和桌子，人们都坐在铺于地面的席子上。

【译文】（如果）席子（的摆放）不方正，不（要）坐（下）。

【浅析】本章记古代坐席之礼，重在正襟危坐，不正不坐，取“知礼”义。

D31. **乡人饮酒①，杖者出②，斯出矣。**[10.13]

[注释]

①乡人饮酒：指当时的乡饮酒礼。

②杖者：拿拐杖的人，指老年人。

【译文】乡人饮酒（的礼仪结束后），（要等待）拄拐杖的长者都出去后，自己才可以出去。

【浅析】本章记乡人饮酒礼，礼让杖者先出，重在尊老敬老，取“知礼”义。

D32. **乡人傩[①]，朝服而立于阼阶[②]。**[10.14]

[注释]

①傩（nuó 挪）：古代迎神驱鬼的宗教仪式。

②阼（zuò 作）阶：这里是说主人站立在大堂东面的台阶，欢迎客人。阼，东面的台阶。

【译文】乡人（正在）举行驱逐疫鬼的仪式，（只见孔子）穿着朝服站在东边的台阶上。

【浅析】本章记乡人傩之礼仪，孔子朝服而立，重在心存敬畏，肃穆观礼，取“知礼”义。

D33. **问人于他邦[①]，再拜而送之[②]。**[10.15]

[注释]

①问：问候。古代人在问候时往往要致送礼物。

②拜：拱手并弯腰。在送别客人时，两次拜别。

【译文】托人给在外国的朋友问候送礼，（在送别使者的时候）要拜别两次（来）送行。

【浅析】本章记古代送行之礼，有拜有送，重在彬彬有礼，礼尚往来，取“知礼”义。

D34. **康子馈药，拜而受之，曰：“丘未达，不敢尝。”**[10.16]

【译文】（有一次）季康子给孔子送药，（孔子）拜谢并接受了，（接着）说：“我还未了解这药的药性，不敢（贸然）服用。”

【浅析】本章记孔子受人馈药之礼，重在未知药性，不敢轻尝，取“知礼”义。

D35. **君赐食，必正席先尝之；君赐腥[①]，必熟而荐之[②]；君赐生，必畜之。侍食于君，君祭，先饭。**[10.18]

[注释]

①腥：生肉。

②荐：供奉，进献。

【译文】国君赐予熟食的时候，孔子一定先端正坐席后再郑重地品尝。国君赐予生肉的时候，一定先把生肉煮熟后供奉祖先。（如果）国君赐予活的牲畜，一定把牲畜养起来。陪侍国君一起吃饭的时候，由国君举行饭前祭礼，（自己）先吃饭（但不吃菜）。

【浅析】本章记孔子事君之礼，涉及君赐食、赐腥、赐生、侍食于君，取“知礼”义。

D36. 疾，君视之，东首[①]，加朝服，拖绅[②]。［10.19］

［注释］

①东首：头朝东。

②绅：束在腰间的大带子。

【译文】（有一天）孔子病了，国君前来慰问，他就头朝东（躺着），（身上）加披上朝时穿的礼服，还拖着一条大带。

【浅析】本章记孔子事君之礼，当其接受国君探病时，朝服拖绅，以示尊重，取“知礼”义。

D37. 君命召，不俟驾行矣。［10.20］

【译文】（有一天）国君命人召请（孔子），（只见孔子）不等车马准备好就先步行走了。

【浅析】本章记孔子事君之礼，在接到君命召见时，不待车马备好而先行，取“知礼”义。

D38. 入太庙，每事问[①]。［10.21］

［注释］

①本章重出。参见《八佾》篇第三之第15章［3.15/D43］。

D39. 朋友之馈，虽车马，非祭肉，不拜。［10.23］

【译文】（对于）朋友馈赠的礼物，即便是车和马（这样贵重的礼物），（只要）不是祭肉，（孔子在接受的时候）不行拜谢礼。

【浅析】本章记孔子接受朋友馈赠之礼，除非祭肉，不行拜礼，重在礼敬祭品，取“知礼”义。

D40. 寝不尸，居不客。［10.24］

【译文】睡觉不要像死尸一样（直挺挺地躺着），闲居在家的时候不必像接待客人（或到别人家里做客）时那样严肃庄重。

【浅析】本章记孔子睡觉、闲居时形体方面的规矩，重在居移气，养移体，取“知礼”义。

D41. **见齐衰者[①]，虽狎[②]，必变。见冕者与瞽者[③]，虽亵[④]，必以貌。凶服者式之[⑤]。式负版者[⑥]。有盛馔[⑦]，必变色而作[⑧]。迅雷风烈，必变。**[10.25]

[注释]

①齐（zī 资）衰（cuī 崔）：指丧服。

②狎：亲近的意思。

③瞽者：盲人，指乐师。

④亵：常见、熟悉。

⑤凶服：丧服。式：同“轼”，古代车辆前部的横木。这里作动词用，即遇见地位高的人或其他人时，使身子向前微俯，伏在横木上，以示尊敬或者同情。这在当时是一种礼节。

⑥负版者：背负国家图籍的人。当时无纸，用木版来书写，故称“版”。

⑦盛馔：盛大的宴席。馔（zhuàn），饮食。

⑧作：站起来。

【译文】（孔子）看见穿丧服的人，即使是亲近的人，也一定改变面色（表示同情）。看见戴着礼帽的人和盲人，即使是熟人，也一定有礼貌地对待他/她。乘车时，遇见穿孝服的人要行轼礼（把身体微微向前俯，手扶着车前的横木表示同情）。遇见背负国家图籍的人，也行轼礼。（别人以）丰盛的菜肴（款待），一定改变面色站起身来（表示敬意）。遇见迅雷、大风，一定改变面色（表示警惕）。

【浅析】本章记孔子面对不同情境时的礼仪表现，侧重面色表情，容貌举止，重在情真意切，无造无作，取“知礼”义。

D42. **升车，必正立，执绥。车中不内顾，不疾言，不亲指。**[10.26]

【译文】（孔子）上车（的时候），必定先端正地站好，拉着扶手带。（孔子）在车中不会回头看，不会快速地说话，不会用手指指点点。

【浅析】本章记孔子乘车之礼，不内顾，不疾言，不亲指，重在安全第一，取“知礼”义。

（四）时人、政客语录

D43. 子入太庙[①]，每事问。或曰："孰谓鄹人之子知礼乎[②]？入太庙，每事问。"子闻之曰："是礼也。"[3.15]

[注释]

①太庙：君主的祖庙。鲁国太庙，即周公旦的庙，供鲁国祭祀周公。

②鄹（zōu 邹）：春秋时鲁国地名，又写作"郰"，在今山东曲阜附近。"鄹人之子"指孔子。

【译文】 孔子进入周公庙，对于每件事情都（仔细）询问。（于是）有人就说："谁说鄹人（叔梁纥）的这个儿子懂得礼呢？他到了太庙，每件事都要向别人请教。"孔子听到了这话，说："（我每件事都问一问）这就是一种礼貌呀。"

【浅析】 本章记孔子入太庙，每事问，重在以能问不能，以礼待无礼，取"知礼"义。

D44. 子曰："管仲之器小哉[①]！"或曰："管仲俭乎？"曰："管氏有三归[②]，官事不摄[③]，焉得俭？""然则管仲知礼乎？"曰："邦君树塞门[④]，管氏亦树塞门；邦君为两君之好，有反坫[⑤]，管氏亦有反坫。管氏而知礼，孰不知礼？"[3.22]

[注释]

①管仲：姓管名夷吾，齐国人，春秋时期的法家先驱。齐桓公的宰相，辅助齐桓公成为诸侯的霸主，死于公元前645年。

②三归：据说是三处储藏钱币的府库。

③摄：兼任，兼职。

④树：树立。塞门：在大门口筑的一道短墙，以分别内外，相当于屏风、照壁等。

⑤反坫（diàn 店）：古代君主招待别国国君时，用来放置献过酒的空杯子的土台。

【译文】 孔子说："管仲的器量太小啦。"有人问说："（您认为）管仲是不是很节俭呢？"孔子说："管仲有权收取市租，他手下的人员从不兼职（一人一职），怎么能说他节俭呢？"那人接着又问："那么（您认为）他懂得礼节么?”孔子又说：“国君宫殿门前立了一个照壁；管氏也立了一个照壁；国君设宴招待外国的君主，在堂上设有（用于献酬后）放置酒杯的台子，管氏也有这样的台子。(这样看来，如果说）管仲知礼，那还有谁不知礼呢?”

【浅析】本章孔子论管仲器量小，既不俭朴，亦不知礼，重在胸怀宽广，有礼有节，取“知礼”义。

D45. **陈司败问①：“昭公知礼乎②?”孔子曰：“知礼。”孔子退，揖巫马期而进之③，曰：“吾闻君子不党，君子亦党乎④?君取于吴⑤，为同姓⑥，谓之吴孟子⑦。君而知礼，孰不知礼?”巫马期以告。子曰：“丘也幸，苟有过，人必知之。”**[7.31]

[注释]

①陈司败：陈国主管司法的官，姓名不详，也有人说是齐国大夫，姓陈名司败。

②昭公：鲁国的君主，名裯（chóu 酬)，公元前541—前510年在位。“昭”是谥号。

③揖：做揖，行拱手礼。巫马期：姓巫马名施，字子期，孔子的学生，比孔子小30岁。

④党：偏袒，包庇。

⑤取：同“娶”。

⑥为同姓：鲁国和吴国的国君同姓姬。周礼规定，同姓不婚，昭公娶同姓女，是违礼的行为。

⑦吴孟子：鲁昭公夫人。春秋时代，国君夫人的称号，一般是她出生的国名加上她的姓，但因她姓姬，与夫君同姓，故称为吴孟子，而不称吴姬。

【译文】陈司败问：“鲁昭公知礼吗?”孔子说：“知礼。”孔子退了出来，陈司败便向巫马期作了个揖，并请他走近自己，对他说：“我听说君子没有偏袒（的毛病)，难道孔子也偏袒吗?(众所周知）鲁君从吴国娶了位女子做他的夫人，因为（那女子）是自己的同姓，因此讳称夫人为吴孟子。(这样看来）鲁君如果懂得礼，还有谁不懂得礼呢?”（事后）巫马期把（陈司败）这番话转告给孔子。孔子说：“我孔丘真幸运啊，一旦有了过错，人家一定会知道。”

【浅析】本章记孔子讳言国君不知礼，遇人指责也不申辩，重在君子不党，取“知礼”义。

（五）其他

D46. **子食于有丧者之侧，未尝饱也。**[7.9]

【译文】孔子在失去亲人的人旁边吃饭，从未吃饱过（以示同情）。

【浅析】本章记孔子参与丧礼，从不饱食，重在临丧思哀，食不甘味，取“知礼”义。

D47. **子于是日哭，则不歌。**[7.10]

【译文】（如果）孔子在同一天哭过，就不再唱歌。

【浅析】本章记孔子日哭不歌，重在心有余哀，难言欢乐，取“知礼”义。

D48. **子见齐衰①者、冕衣裳者与瞽者②，见之，虽少，必作③；过之，必趋④。**[9.10]

[注释]

①齐（zī 资）衰（cuī 崔）：丧服，古时用麻布制成。

②冕衣裳者：冕，官帽；衣，上衣；裳，下服，这里统指官服。冕衣裳者指贵族。瞽：盲，眼瞎。

③作：站起来，表示敬意。

④趋：快步走，表示敬意。

【译文】孔子看见穿丧服的人、穿戴着礼帽礼服的人和盲人，相见的时候，即使是少年人，孔子也一定会站起来（表示尊重）；从他们身边经过的时候，一定会小步快走（表示恭敬）。

【浅析】本章记孔子体恤服丧者、盲人，亦尊敬贵族，重在以诚相待，以礼相待，取“知礼”义。

D49. **邦君之妻，君称之曰夫人，夫人自称小童；邦人称之曰君夫人；称诸异邦曰寡小君；异邦人称之，亦曰君夫人。**[16.14]

【译文】国君的妻子，国君称她为夫人，夫人自称为小童；本国的人称她为君夫人，在别国人面前就称她为寡小君；外国人称她，也为君夫人。

【浅析】本章记对于邦君之妻的称谓礼，重在名正言顺，取“知礼”义。

五　行　孝

题解

本篇共辑录《论语》原文十二章（编码为E），包括孔子语录10章（E1－E10），孔子弟子（曾子）语录2章（E11－E12）。

主要内容涉及：孝的概念（如“父在，观其志；父没，观其行；三年无改于父之道，可谓孝矣”）、如何孝敬父母（如“生，事之以礼；死，葬之以礼，祭之以礼”）、如何向父母进言（如“事父母几谏。见志不从，又敬不违，劳而不怨”）、行孝的难点（如“色难”“今之孝者，是谓能养。至于犬马，皆能有养；不敬，何以别乎?”）、孝子之心（如“父母之年，不可不知也；一则以喜，一则以惧”“父母唯其疾之忧”“父母在，不远游，游必有方。”）等。详见下文。

（一）孔子语录

E1. **子曰：“父母之年，不可不知也；一则以喜，一则以惧。”**[4.21]

【译文】孔子说：“父母的年纪，（做子女的）不可以不知道；一是为他们长寿而高兴，一是为他们年老体衰而担心。”

【浅析】本章孔子论孝行，孝子应该谨记父母之年，重在人生无常，喜惧参半，取“行孝”义。

E2. **子曰：“父母在，不远游，游必有方。”**[4.19]

【译文】孔子说：“父母在世的时候，（做子女的）不要去远方游历，（如果要出远门）必须有一定的去处。”

【浅析】本章孔子论孝行，父母在不宜远游，重在游必有方，出入平安，取“行孝”义。

E3. **子曰："父在，观其志①；父没，观其行②；三年无改于父之道③，可谓孝矣。"**[1.11]

[注释]

①其：他的，指儿子，不是指父亲。

②行（xìng 性）：指行为举止等。

③三年：泛指较长的时间，不一定仅指三年的时间。道：一般而言，无论好坏、善恶都可以叫作道。这里含有积极意义，意为父亲在世时坚守或确立的正道。

【译文】孔子说："父亲在世时，观察儿子的志向。父亲去世后，观察儿子的行为；如果能历经多年也不改变父亲传承的正道，可以说是孝子了。"

【浅析】本章孔子论孝行，父在，观孝子之志；父没，观孝子之行，重在正道无改，取"行孝"义。

E4. **子曰："三年无改于父之道，可谓孝矣①。"**[4.20]

[注释]

①本章重出，参见上文，即《学而》篇第一之第11章（1.11/E3）。

E5. **子曰："事父母几谏①。见志不从，又敬不违②，劳而不怨③。"**[4.18]

[注释]

①几（jī 击）：轻微、婉转的意思。

②违：触忤，冒犯。

③劳：忧愁、烦恼的意思。

【译文】孔子说："侍奉父母的时候，（如果觉得父母也有不对的地方，子女）要委婉劝告。（如果）自己的建议没有被（父母）采纳，（做子女的）仍要恭敬而不违抗，虽然（这会让子女感到）忧愁，但也不要怨恨（父母的固执）。"

【浅析】本章孔子论孝子劝谏父母，认为即使子女提出的意见不被父母采纳，也应该保持尊重的态度，重在敬而不违，劳而不怨，取"行孝"义。

E6. **子曰："孝哉闵子骞①，人不间于其父母昆弟之言。"**[11.5]

[注释]

①闵（mǐn 敏）子骞（qiān 千）：姓闵名损，字子骞，鲁国人，孔子的学生，比孔子小15岁。

【译文】孔子说："闵子骞真是个孝子啊，人们对于他父母兄弟赞扬他的话没有不认同的。"

【浅析】本章孔子赞扬闵子骞之孝，重在孝行不虚，无可非议，取"行孝"义。

E7. **孟懿子问孝[1]。子曰："无违[2]。"樊迟御[3]，子告之曰："孟孙问孝于我[4]，我对曰，'无违'。"樊迟曰："何谓也?"子曰："生，事之以礼；死，葬之以礼，祭之以礼。"**[2.5]

[注释]

①孟懿（yì 义）子：鲁国的大夫，三家之一，姓仲孙，名何忌，"懿"是谥号。其父临终前要他向孔子学礼。

②无违：不要违背。

③樊迟：姓樊名须，字子迟，孔子的弟子，比孔子小46岁。他曾和冉求一起帮助季康子进行革新。御：驾驭马车。

④孟孙：指孟懿子。

【译文】孟懿子问什么是孝。孔子说："不违背（礼节）。"（有一天）樊迟替孔子赶车子，孔子便告诉他说："孟孙曾向我问孝道，我对他说，不违背（礼节）。"樊迟说："这是什么意思?"孔子说："父母在世的时候，按照礼节赡养服侍他们；父母死后，按照礼节安葬他们，（日后还要）按照礼节祭祀他们。"

【浅析】本章孔子论孝行，父母在世时，以礼事之；去世后，以礼葬祭，重在无违，取"行孝"义。

E8. **孟武伯问孝[1]。子曰："父母唯其疾之忧[2]。"**[2.6]

[注释]

①孟武伯：孟懿子的儿子，名彘（zhì 志）。"武"是他的谥号。

②其：代词，指子女。疾：病。

【译文】孟武伯问孝。孔子说："做父母的只是为子女的疾病担忧。"

【浅析】本章孔子论孝行，父母慈爱，常忧子女之疾；子女孝顺，亦常忧父母之疾，重在身心健康，无疾无病，取"行孝"义。

E9. **子游问孝[1]。子曰："今之孝者，是谓能养[2]。至于犬马，皆能有养；不敬，何以别乎?"**[2.7]

[注释]

①子游：孔子唯一的南方学生，姓言，名偃，字子游，吴人，比孔子小

45 岁。

②养（yàng 样）：奉养，赡养。“养父母”的“养”以前的人都读去声。

【译文】子游问孝。孔子说：“如今（人们认为）所谓的孝，只要能够养活父母就可以了。对于犬、马，都能够得到饲养；（如果）不尊敬（父母），那么（赡养父母和饲养犬马）又有什么区别呢？”

【浅析】本章孔子论孝行，认为能赡养父母不就等于孝，重在能敬能养，取“行孝”义。

E10. 子夏问孝。子曰：“色难[①]。有事，弟子服其劳[②]；有酒食，先生馔[③]。曾是以为孝乎[④]？”［2.8］

[注释]

①色：脸色。难：不容易的意思。

②服其劳：服，从事、担负，服其劳即服侍。

③先生：先生指长者或父母；前面说的弟子，指晚辈、儿女等。馔：意为饮食、吃喝。

④曾（céng 层）：副词，竟也。

【译文】子夏问孝。孔子说：“（子女长久保持）好的脸色（对待父母是）很难（做到的）。（父母）有事（需要子女帮忙的时候），年轻人会为年长的人效劳；有好酒佳肴（的时候），（年轻人也会）让给年长的人享用，（但是）仅仅（能做到）这样竟也可以说是尽孝道了吗？”

【浅析】本章孔子论孝行，不应止于服劳其事，酒食供养，重在色难，取“行孝”义。

（二）孔子弟子语录

E11. 曾子曰：“吾闻诸夫子：孟庄子之孝也[①]其他可能也。其不改父之臣与父之政，是难能也。”［19.18］

[注释]

①孟庄子：鲁国大夫孟献子仲孙蔑之子，名速，“庄”是他的谥号。

【译文】曾子说：“我听老师说过：孟庄子的孝，别的都容易效法；（但对于）留用他父亲任用的人，延续他父亲的政策，这一点别人是难以效法的。”

【浅析】本章曾子忆述孔子论孟庄子之孝，重在无改父臣，无改父政，取“行孝”义。

E12. **曾子有疾，召门弟子曰：“启予足①！启予手！《诗》云②：‘战战兢兢，如临深渊，如履薄冰③。’而今而后，吾知免夫！小子④！”**[8.3]

[注释]

①启：开启，曾子让学生掀开被子看自己的手和脚。

②《诗》云：以下三句引自《诗经·小雅·小旻》篇。

③免：指身体免于损伤。

④小子：对弟子的称呼。

【译文】曾参生病了，召集他的弟子，说：“（把被子掀开，）看看我的脚！看看我的手！《诗经》上说：‘战战兢兢，如临深渊，如履薄冰。’从今以后，我才知道（自己的身体）可以免于伤害了！学生们呀！”

【浅析】本章记曾子临终所言，认为身体受之于父母，不能有所毁伤，重在珍惜生命，爱护身体，取“行孝”义。

下编

六 为 政

题解

本篇共辑录《论语》原文三十七章（编码为F），包括孔子语录16章（F1－F16），孔子弟子语录13章（F17－F29），历史人物、政客及时人语录8章（F30－F37）。

主要内容涉及：为政之道（如“为政以德，譬如北辰，居其所而众星共之”“不在其位，不谋其政”“君子思不出其位”）、为政之法（如“尊五美，屏四恶”“无欲速，无见小利。欲速则不达，见小利则大事不成”）、为政之才（如“有澹台灭明者，行不由径，非公事，未尝至于偃之室也”）、事君之道（如“敬其事而后其食”“勿欺也，而犯之”）、防止偷盗之法（如“苟子之不欲，虽赏之不窃”）、从政者的品质（如“政者，正也”“其身正，不令而行；其身不正，虽令不从”）、如何对待诉讼案件（如“听讼，吾犹人也。必也使无讼乎”）、如何拟定外交公文（如“为命，裨谌草创之，世叔讨论之，行人子羽修饰之，东里子产润色之”）、孔子从政之志（如“苟有用我者，期月而已可也，三年有成”）、为政的境界（如“近者说，远者来”）等。详见下文。

（一）孔子语录

F1. 子曰：“为政以德①，譬如北辰②，居其所而众星共之③。”［2.1］

［注释］

①为政以德：以，用的意思。这里是说统治者应以道德进行统治，即“德治”。

②北辰：北极星。

③所：处所，位置。共（gǒng巩）：同“拱”，环绕的意思。

【译文】孔子说：“以道德进行统治，（道德）如北极星一般，稳居其所在而别的星辰都环绕着它。”

【浅析】本章孔子论为政之道，重在为政以德，取“为政”义。

F2. **子曰：“听讼①，吾犹人也。必也使无讼乎②！”**［12. 13］

［注释］

①听讼：讼，诉讼。这里指审理诉讼案件。

②使无讼：使人们之间没有诉讼案件之事。

【译文】孔子说：“听审诉讼案件，我跟别人（的水平）差不多。最好使诉讼案件（产生的根源）完全消除才好。”

【浅析】本章孔子论听讼之道，重在正本清源，无讼可听，取“为政”义。

F3. **子曰：“为命①，裨谌草创之②，世叔讨论之③，行人子羽修饰之④，东里子产润色之⑤。”**［14. 8］

［注释］

①命：指国家的政令。一说，外交辞令。

②裨（bì 碧）谌（chén 臣）：人名，郑国的大夫。

③世叔：即子太叔，名游吉，郑国的大夫。子产死后，继子产为郑国宰相。讨论：意和今天的“讨论”不同，这里是一个人去研究而后提意见的意思。

④行人：官名，掌管朝觐聘问，即外交事务。子羽：郑国大夫公孙晖的字。

⑤东里：地名，郑国大夫子产居住的地方

【译文】孔子说：“（郑国）外交辞令的完成，裨谌负责拟草稿，世叔负责提意见，外交官子羽负责修改，子产负责（最后的）润色修饰。”

【浅析】本章孔子论为命（起草外交辞令）之法，重在集思广益，审慎推敲，取“为政”义。

F4. **子曰：“事君，敬其事而后其食①。”**［15. 38］

［注释］

①食：食禄，俸禄。

【译文】孔子说：“侍奉君主，（先要）做事敬业而后（再考虑）应获得的俸禄。”

【浅析】本章孔子论事君之道，重在先敬其事，后食其禄，取“为政”义。

F5. 子曰：“其身正，不令而行；其身不正，虽令不从。”［13.6］

【译文】孔子说：“自身行为端正的人，（即便）不发号施令而事情也能实行；（反之，）自身行为不端正的人，即便三令五申（人们）也不会听从。”

【浅析】本章孔子论正身，认为其身不正，虽令不从，重在身正令行，取“为政”义。

F6. 子曰：“苟正其身矣，于从政乎何有？不能正其身，如正人何！”［13.13］

【译文】孔子说：“（如果当权者）能端正自身品行，对于从政有什么困难呢？（如果）不能端正自身品行，如何去端正别人呢！”

【浅析】本章孔子论正身，认为不能正己身者，亦无法正他人，重在正人先正己，取“为政”义。

F7. 子曰：“苟有用我者，期月而已可也①，三年有成。”［13.10］

［注释］

①期（jī 机）月：期同“朞”，期月，一年。

【译文】孔子说：“如果有人起用我（主持政务），（经过）一年的努力工作就会有起色，（再过）三年后就会有成就。”

【浅析】本章孔子坦言从政之志，自信三年有成，重在怀才不遇，有德无位，取“为政”义。

F8. 子曰：“不在其位，不谋其政。”［8.14］

【译文】孔子说：“（你）不处在那个职位，就不要谋划那个职位上的事务。”

【浅析】本章孔子论为政，在其位，谋其政，重在尽心尽力，尽职尽责，取“为政”义。

F9. 子曰：“不在其位，不谋其政①。”曾子曰：“君子思不出其位。”［14.26］

［注释］

①本章“不在其位，不谋其政”一句重出，参见上文《泰伯》篇第八之十四章。（8.14/F8）

【译文】孔子说：“不在其位，不谋其政。曾子说：“君子考虑事情不超过自己的职权范围。”

【浅析】本章记孔子、曾子论为政之道，重在持平常心，思分内事，取“为政”义。

F10. **子谓子产**[①]**，“有君子之道四焉：其行己也恭，其事上也敬，其养民也惠，其使民也义。”**［5.16］

［注释］

①子产：姓公孙名侨，字子产，郑国大夫，做过正卿，是郑穆公的孙子，为春秋时郑国的贤相。

【译文】孔子评论子产：“他具有君子的四种品德：自己行为谦恭，侍奉君主忠敬，养护百姓有恩惠，役使百姓有法度。”

【浅析】本章孔子论君子从政之道，在于行己（恭）、事上（敬）、养民（惠）、使民（义）这四个方面，重在克己为民，廉洁奉公，取“为政”义。

F11. **子路问政。子曰：“先之，劳之**[①]**。”请益**[②]**，曰：“无倦**[③]**。”**［13.1］

［注释］

①先：引导，先导，即教化。之：指老百姓。先之，劳之：为老百姓作榜样，使老百姓勤劳。

②请益：请求增加一些。这里指子路希望孔子能多讲一些。

③无倦：不厌倦，不松懈。

【译文】子路问政。孔子说：“率先垂范，（然后才可）使百姓勤劳。”（子路）请求（孔子）多讲一点。（孔子又）说：“永不倦怠。”

【浅析】本章孔子论为政之道，认为应以身作则，率先垂范，重在勤政爱民，夙夜在公，取“为政”义。

F12. **子路问事君。子曰：“勿欺也，而犯之。”**［14.22］

【译文】子路问怎样侍奉君主。孔子说：“不要（弄虚作假）欺骗他，却可以（直言）触犯他。”

【浅析】本章孔子论事君之道，认为可以直言劝谏，重在实事求是，犯而无欺，取“为政”义。

F13. **子夏为莒父宰**[①]**，问政。子曰：“无欲速，无见小利。欲速则不达，见小利则大事不成。”**［13.17］

［注释］

①莒（jǔ 举）父：鲁国的一个城邑，在今山东省莒县境内。

【译文】子夏做了莒父的县长，问从政之道。孔子说：“不要贪求很快有效果，不要贪求小利。贪图快，就不容易达成（长远的）目标，贪图小利，就办不成大事。”

【浅析】本章孔子论为政之道，欲速则不达，贪小则失大，重在循序渐进，顺势而为，取“为政”义。

F14. 季康子问政于孔子。孔子对曰:“政者，正也。子帅以正，孰敢不正?”［12.17］

【译文】季康子向孔子问政治。孔子回答说：“政（的本质），就是正啊。（如果）您自己带头（品行）端正，谁还敢不端正?”

【浅析】本章孔子论为政之道，认为政者正也，从政者应以身作则，重在正大光明，取“为政”义。

F15. 季康子患盗，问于孔子。孔子对曰：“苟子之不欲，虽赏之不窃。”［12.18］

【译文】季康子忧患于（社会上的）盗贼太多，向孔子求教。孔子回答说：“如果您没有贪欲（敛财），就是奖赏人家（来偷窃），人家也不会干。”

【浅析】本章孔子论止盗之法，认为问题来自居上位者，重在居上不贪，虽赏不窃，取“为政”义。

F16. 叶公问政。子曰：“近者说，远者来。”［13.16］

【译文】叶公（向孔子）问政治。孔子说：“（良好的为政效果是）近在境内的人们（感到）喜悦，远在境外的人（都盼望）来投奔。”

【浅析】本章孔子论为政之道，重在为政以德，近悦远来，取“为政”义。

（二）孔子弟子语录

F17. 子使漆雕开仕[①]。对曰：“吾斯之未能信。”子说[②]。［5.6］

［注释］

①漆雕开：姓漆雕，名开，字子开，一说字子若，生于公元前540年，孔子的门徒。

②说（yuè 阅）：同“悦”，高兴。

【译文】孔子叫漆雕开去做官。漆雕开回答：“我对（做官）这件事还没有（足够的）信心。”孔子听了很高兴。

【浅析】本章记漆雕开不急于做官一事，孔子对此表示赞赏，重在自知之明，取“为政”义。

F18. 季氏使闵子骞为费宰①。闵子骞曰：“善为我辞焉！如有复我者②，则必在汶上矣③。”［6.9］

［注释］

①费（bì 碧）：古地名。季氏的封邑，在今山东费县西北一带。

②复我：再来找我。

③汶（wèn 问）上：汶，水名，即今山东大汶河，当时流经齐、鲁两国之间。在汶上，是说要离开鲁国到齐国去。

【译文】季氏叫闵子骞担任费地采邑的县长。闵子骞（对季氏派来的人）说：“请你替我好好地推辞掉吧！如果再来找我（去做官），那我必定会逃到汶水以北去了。”

【浅析】本章记“汶上君子”闵子骞，辞官不仕，重在人各有志，何必为官，取“为政”义。

F19. 仲弓为季氏宰，问政。子曰：“先有司，赦小过，举贤才。”曰：“焉知贤才而举之？”子曰：“举尔所知。尔所不知，人其舍诸？”［13.2］

【译文】（当时）仲弓做了季氏的总管，来向孔子问政。孔子说：“带头干，不计较（他人的）小过错，推举贤才。”仲弓说：“如何知道（谁是）贤才而推举呢？”孔子说：“（先）推举你已知的贤才，你所不知道的，人们难道会舍弃（埋没）吗？”

【浅析】本章孔子论为政之道，先有司、赦小过、举贤才，重在举贤任能，立人达人，取“为政”义。

F20. 子贡问政。子曰：“足食，足兵，民信之矣。”子贡曰：“必不得已而去，于斯三者何先？”曰：“去兵。”子贡曰：“必不得已而去，于斯二者何先？”曰：“去食。自古皆有死，民无信不立。”［12.7］

【译文】子贡问为政之道。孔子说：“（确保有）充足的粮食，（确保有）充足的军备，（这样）百姓对政府就有信心了。”子贡说：“（如果）迫不得已而必须去除（某项），在这三者（粮食、军备和人民的信心）之中，先去掉哪一项？”孔子说：“去掉军备。”子贡说：“（如果）逼不得已而必须再去除（某项），在这二者（粮食和人民的信心）之中先去掉哪一项？”孔子说：“去掉粮食。人生自古皆有死，（如果）人民对政府没有信心，国家也无法建设。”

【浅析】本章孔子论为政之道，足食、足兵、民信，重在无信不立，取“为政”义。

F21. 冉子退朝。子曰：“何晏也？”对曰：“有政。”子曰：“其事也。如有政，虽不吾以，吾其与闻之！”［13.14］

【译文】冉有退朝后回来。孔子说：“为什么今天这么晚才回来？”（冉有）回答说：“有政务。”孔子说：“（恐怕）那只是事务罢了。如果有政务，即便我不被任用了，我也会听说的。”

【浅析】本章孔子论政务、事务之别，并以此正名分，抑权臣（季氏），教冉有，重在正名，取“为政”义。

F22. 子路曰：“卫君待子而为政[①]，子将奚先[②]？”子曰：“必也正名乎[③]！”子路曰：“有是哉？子之迂也[④]！奚其正？”子曰：“野哉，由也！君子于其所不知，盖阙如也[⑤]。名不正，则言不顺；言不顺，则事不成；事不成，则礼乐不兴；礼乐不兴，则刑罚不中；刑罚不中[⑥]，则民无所错手足[⑦]。故君子名之必可言也，言之必可行也。君子于其言，无所苟而已矣[⑧]！”［13.3］

［注释］

①卫君：卫出公，名辄，卫灵公之孙。其父蒯聩被卫灵公驱逐出国，卫灵公死后，蒯辄继位。蒯聩要回国争夺君位，遭到蒯辄拒绝。孔子在这里阐述了自己对此事的看法。

②奚（xī 析）：什么。

③正名：即正名分。

④迂：迂腐。

⑤阙：同“缺”，存疑的意思。

⑥中（zhòng 重）：得当。

⑦错：同“措”，安置。

⑧苟：苟且，马马虎虎。

【译文】子路（对孔子）说：“卫君等着您去治理国政，您将优先干什么？”孔子说：“必定是先纠正名分吧！”子路说：“您太迂腐了！何必要先干正名这件事呢？”孔子说：“子路啊，你真是粗野！君子对于自己所不知道的，大概采取存疑的态度（，你怎能这样乱说话）。（如果）名分得不到纠正，用言语表达起来就不会通顺；言语表达不通顺，就办不成事；办不成事，礼乐制度就不能兴起；礼乐制度不能兴起，刑罚就不会恰当；刑罚不恰当，百姓就会不知所措，无从下手。所以君子用一个词（来表达的时候），一定可以（清楚明白地）说得出来，说出来的话也一定行得通。君子对于言词表达，不能苟且（随随便便）啊！”

【浅析】本章孔子论为政之道，应做到名之可言，言必可行，重在名正言顺，言之不苟，取“为政”义。

F23. **子游为武城宰①。子曰：“女得人焉尔乎②？”曰：“有澹台灭明者③，行不由径④，非公事，未尝至于偃之室也⑤。”**［6.14］

［注释］

①武城：鲁国的小城邑，在今山东费县境内。

②焉尔乎：这三个字都是语助词。

③澹（tán 谈）台灭明：姓澹台，名灭明，字子羽，武城人，孔子弟子。

④径：小路，引申为邪路。

⑤偃（yǎn 眼）：言偃，即子游，这是他自称其名。

【译文】（当时）子游做武城县长。孔子问他：“你得到什么人才了没有？”子游说：“有一个叫澹台灭明的人，走路从不走捷径，（如果）不是公事，从不到我屋里来。”

【浅析】本章孔子论从政之才，重在为人正直，公私分明，取“为政”义。

F24. **子之武城，闻弦歌之声。夫子莞尔而笑曰：“割鸡焉用牛刀？”子游对曰：“昔者偃也闻诸夫子曰：‘君子学道则爱人，小人学道则易使也。’”子曰：“二三子！偃之言是也。前言戏之耳！”**［17.4］

【译文】孔子到武城，听到有人弹琴唱歌的声音。孔子微笑着说：“杀鸡何必用宰牛的刀呢？”子游回答：“以前我听老师您说过：‘君子学习了礼乐就能爱人，小人学习了礼乐就容易被驱使。’”孔子说：“学生们，子游的话是对的。我刚才说的话，只是开个玩笑而已（不要当真）。”

【浅析】本章记“武城弦歌”，重在君子学道则爱人，小人学道则易使，取“为政”义。

F25. **子夏曰：“君子信而后劳其民。未信，则以为厉己也。信而后谏，未信，则以为谤己也。”**［19.10］

【译文】子夏说：“君子必须先取得（百姓的）信任而后再去让百姓劳

作。（如果）未取得信任，百姓就会认为你在折磨他们。君子必须先取得（君主的）信任而后才进谏，（如果）未取得信任，君主就会认为你是在毁谤他。”

【浅析】本章子夏论劳民谏上之道，信而后劳，信而后谏，重在取信于民，取信于上，取“为政”义。

F26. **子张学干禄[①]。子曰：“多闻阙疑[②]，慎言其余，则寡尤[③]；多见阙殆，慎行其余，则寡悔。言寡尤，行寡悔，禄在其中矣。”**［2.18］

［注释］

①子张：姓颛孙，名师，字子张，生于公元前503年，比孔子小48岁，孔子的学生。干禄：求取官职。干，求的意思。禄，即古代官吏的俸禄。

②阙（què 确）：缺，此处意为放置在一旁。疑：怀疑。

③寡：少的意思。尤：过错。

【译文】子张请教如何求取官职。孔子说：“多听并存疑，谨慎说出（有把握的话），就能减少过失；多看并存疑，谨慎实行（有把握的事），就能少后悔。（如果能做到）言语方面少过失，行动方面少后悔，官职俸禄就在当中了。”

【浅析】本章孔子论求官得禄之道，应多闻多见，慎言慎行，重在寡尤寡悔，禄在其中，取“为政”义。

F27. **子张问政。子曰：“居之无倦，行之以忠。”**［12.14］

【译文】子张问政。孔子说：“身居官位不倦怠，执行政令要忠诚。”

【浅析】本章孔子论为政之道，重在勤勉无倦，尽忠职守，取“为政”义。

F28. **子张问于孔子曰：“何如斯可以从政矣？”子曰：“尊五美，屏四恶[①]，斯可以从政矣。”子张曰：“何谓五美？”子曰：“君子惠而不费，劳而不怨，欲而不贪[②]，泰而不骄，威而不猛。”子张曰：“何谓惠而不费？”子曰：“因民之所利而利之，斯不亦惠而不费乎？择可劳而劳之，又谁怨？欲仁而得仁，又焉贪？君子无众寡，无小大，无敢慢，斯不亦泰而不骄乎？君子正其衣冠，尊其瞻视，俨然人望而畏之，斯不亦威而不猛乎？”子张曰：“何谓四恶？”子曰：“不教而杀谓之虐；不戒视成谓之暴；慢令致期谓之贼；犹之与人也[③]，出纳之吝谓之有司[④]。”**［20.2］

[注释]

①屏（bǐng 丙）：又读作去声（bìng 病），摒除。

②欲而不贪：皇侃《论语义疏》云："欲仁义者为廉，欲财色者为贪。"

③犹之：犹言均之，意思是均分财物给他人。

④出纳：出和纳（入）本是意义相反的两个词，这里虽然连用，却只有"出"的意义，没有"纳"的意义。有司：古代管事者之称，职务卑微，这里意译为"小家子气"。

【译文】子张向孔子说："怎样做才可以从政？"孔子说："（能做到）尊重五种美德（五美），摒除四种恶行（四恶），就可以从政了。"子张说："什么是五美？"孔子说："君子给人民恩惠而无所耗费，役使百姓劳作而百姓不怨恨，自己所欲行仁义而不贪图私利；泰然自处而不骄傲，庄重威严而不凶猛。"子张说："什么叫惠而不费？"孔子说："顺应对百姓有利的事（来施政）而让人们得利，这不是做到惠民而不耗费吗？选择可以劳动的（时节和情况）而役使他们劳作，又有谁会怨恨？自己想要仁得到仁，（除了仁德）还贪求什么呢？君子（对待老百姓）无论他们人多少，无论他们势力大小，都不敢怠慢他们，这不就是泰而不骄吗？君子使（自己的）衣冠整齐，目不邪视，神情庄严令人望去而有所敬畏，这不就是威而不猛吗？"子张说："（那么）什么是四恶？"孔子说："不曾进行教育感化而杀戮叫作虐；不曾告诫警示便要人家出成果叫作暴；最初的政令怠慢松懈，突然规定限期完成叫作贼；同样是（承诺）给人财物，（但在）出手（时却）吝啬，叫作小气。"

【浅析】本章孔子论为政之道，尊五美，屏四恶，重在因势利导，惩恶扬善，取"为政"义。

F29. **孟氏使阳肤为士师[①]。问于曾子。曾子曰："上失其道，民散久矣。如得其情，则哀矜而勿喜[②]。"**［19.19］

[注释]

①阳肤：曾子的学生。

②矜：怜悯。

【译文】孟氏任命阳肤做法官。阳肤向曾子请教。曾子说："身居上位的人失去道义，民心离散很久了。（你作为法官）如果得以察明案件背后的实情，就应当（抱着）同情怜悯（的心态）而不要自鸣得意（办了一件大案）！"

【浅析】本章曾子论为官（士师）之道，认为社会风气不佳，重在明察实情，哀矜勿喜，取"为政"义。

（三）历史人物、政客、时人语录

F30. 周公谓鲁公曰[①]："君子不施其亲[②]，不使大臣怨乎不以[③]。故旧无大故，则不弃也。无求备于一人。"[18.10]

[注释]

①鲁公：指周公的儿子伯禽，封于鲁。

②施：同"弛"，怠慢、疏远。

③以：用。

【译文】周公对（他的儿子）鲁公说："君子不怠慢他的亲族，不让大臣抱怨不被重用。（如果）老臣旧人没有发生重大过失，就不要舍弃他们。（此外）不要对某一个人求全责备！"

【浅析】本章记周公对其子鲁公的告诫：不要对人求全责备，否则众叛亲离，重在金无足赤，人无完人，取"为政"义。

F31. 柳下惠为士师[①]，三黜[②]。人曰："子未可以去乎?"曰："直道而事人，焉往而不三黜？枉道而事人，何必去父母之邦?"[18.2]

[注释]

①士师：狱官。

②黜（chù 处）：罢免。

【译文】柳下惠做法官的时候，多次被撤职。（于是）有人对他说："您不可以离开吗?"他说："（如果你）用正直之道来待人处事，到哪里（做官）不（也一样）会多次被撤职吗？（如果你）不用正道来待人处事，又何必离开祖国呢?"

【浅析】本章记柳下惠为官（士师）之道，认为官位得失在于直枉之间，重在直道事人，无怨无悔，取"为政"义。

F32. 季康子问[①]："使民敬、忠以劝[②]，如之何?"子曰："临之以庄[③]，则敬；孝慈[④]，则忠；举善而教不能，则劝。"[2.20]

[注释]

①季康子：姓季孙名肥，"康"是他的谥号，鲁哀公时任正卿，是当时政治上最有权势的人。

②以：连接词，与“而”同。劝：勉励，这里是自勉努力的意思。

③临：对待。

④孝慈：一说是当政者自己孝慈，一说是当政者引导老百姓孝慈。译文从后者。

【译文】季康子问说：“要使民众恭敬、忠诚而且（懂得）互相勉励，应该怎么办呢？”孔子说：“（如果）你恭敬地对待民众的事情，民众就会对你恭敬；（如果）你自己能做到孝敬慈爱，民众就会对你忠诚；（如果）你提拔任用能力强的人而教育能力弱的人，民众就会（懂得）相互劝勉了。”

【浅析】本章孔子论治民之道，应做到临民以庄，孝亲慈众，重在举直措诸枉，举善教不能，取“为政”义。

F33. **季康子问：“仲由可使从政也与？”子曰：“由也果，于从政乎何有？”曰：“赐也可使从政也与？”曰：“赐也达，于从政乎何有？”曰：“求也可使从政也与？”曰：“求也艺，于从政乎何有？”**[6.8]

【译文】季康子问孔子：“您的学生仲由，可以让他从政吗？”孔子说：“仲由处事果敢决断，对于从政有什么困难呢？”又问：“您的学生端木赐可以让他从政吗？”孔子说：“端木赐通情达理，对于从政有什么困难呢？”又问：“您的学生冉求可以让他从政吗？”孔子说：“冉求多才多艺，对于从政有什么困难呢？”

【浅析】本章孔子论弟子从政才能，由果，赐达，求艺，重在人尽其才，取“为政”义。

F34. **季康子问政于孔子曰：“如杀无道①，以就有道②，何如？”孔子对曰：“子为政，焉用杀？子欲善而民善矣！君子之德，风；小人之德，草；草上之风③，必偃④。”**[12.19]

[注释]

①无道：指无道的人。

②有道：指有道的人。

③草上之风：指风加之于草。

④偃（yǎn 演）：仆，倒。

【译文】季康子向孔子请教为政之道，说：“如果杀掉无道之人，来亲近有道之人，怎么样？”孔子回答说：“您治理政事，为什么要用杀戮（这个办法）呢？您只要想行善，老百姓也会跟着行善。君子之德，像风；小人之德，像草；草上有风，（草）必然（随着风势而）倾倒。”

【浅析】本章孔子论为政之道，不应专恃杀罚，重在为政以德，上行下效，取“为政”义。

F35. **季子然问[1]：“仲由、冉求可谓大臣与?”子曰：“吾以子为异之问，曾由与求之问[2]。所谓大臣者，以道事君，不可则止。今由与求也，可谓具臣矣[3]。”曰：“然则从之者与[4]?”子曰：“弑父与君，亦不从也。”**[11.24]

[注释]

①季子然：鲁国季氏的同族人。

②曾：乃。

③具臣：普通的臣子。

④之：这里指季氏。当时冉求和子路都是季氏的家臣。

【译文】季子然问：“仲由和冉求可以说是大臣吗?”孔子说：“我还以为你是问别的人，竟然是问仲由和冉求呀。所谓大臣，（应当做到）以正道来侍奉君主，做不到的话就停止（不再担任大臣之职）。如今仲由和冉求这两个人，可以说是具有才能的臣下了。”季子然又说：“那么，他们会一切顺从上级吗?”孔子说：“（如果碰到）杀父亲、杀君主（这样大逆不道的事情），（我想）他们也不会顺从的。”

【浅析】本章孔子论大臣、具臣之别，重在以道事君，不可则止，取“为政”义。

F36. **陈成子弑简公[1]。孔子沐浴而朝，告于哀公曰：“陈恒弑其君，请讨之。”公曰：“告夫三子[2]!”孔子曰：“以吾从大夫之后[3]，不敢不告也！君曰：‘告夫三子’者!”之三子告[4]，不可。孔子曰：“以吾从大夫之后，不敢不告也!”**[14.21]

[注释]

①陈成子：即陈恒，齐国大夫，又叫田成子。他以大斗借出，小斗收进的方法受到百姓拥护。公元前481年，他杀死齐简公，夺取了政权。简公：齐简公，姓姜名壬，公元前484—前481年在位。

②三子：指季孙、孟孙、叔孙三家。

③从大夫之后：孔子曾任过大夫职，但此时已经去官家居，所以说从大夫之后。

④之：动词，往。

【译文】陈恒（以下犯上）杀了齐简公。孔子沐浴更衣而后朝见鲁哀公，报告哀公说：“陈恒杀了他的君主，请您出兵讨伐。”哀公说：“你去报告季孙、仲孙、孟孙三家吧!”孔子（退了出来），说：“（这是）因为我曾担任大夫之职，不敢不报告啊!（但是）君主却对我说：‘去报告那三家吧!’”（后来）孔子又去报告（季孙、仲孙、孟孙）三家，（他们仍然）不同意出兵讨伐（陈恒）。孔子说：“（这是）因为我曾担任大夫之职，不敢不报告啊。”

【浅析】本章记孔子直言进谏，认为应讨伐陈恒弑君之罪，重在心怀正义，不敢不告，取“为政”义。

F37. **或谓孔子曰①：“子奚不为政②?”子曰：“《书》云③：‘孝乎！惟孝，友于兄弟，施于有政④。’是亦为政，奚其为为政?”**［2. 21］

［注释］

①或：不定代词，有人。

②奚（xī 西）：疑问词，相当于“为什么”。

③《书》：指《尚书》。

④施：一作施行讲，一作延及讲。

【译文】有人对孔子说：“您为什么不去做官参政?”孔子说：“《尚书》上记载说：‘孝呀！专心孝顺父母，友爱兄弟，（把这种风气）影响到政治上去。’这也是参政，为什么一定要（进入官场）做官才算参政呢?”

【浅析】本章记时人问孔子不仕之故，孔子认为身修则家齐，家齐则国治，并非只有做官才叫为政，重在修齐治平，孝悌为本，取“为政”义。

七 治 国

题解

本篇共辑录《论语》原文三十八章（编码为G），包括孔子语录22章（G1－G22），孔子弟子语录5章（G23－G27），历史人物及政客语录9章（G28－G36），其他记录2章（G37－G38）。

主要内容涉及：治国之道（如“天之历数在尔躬，允执其中；四海困穷，天禄永终”“善人为邦百年，亦可以胜残去杀矣”“敬事而信，节用而爱人，使民以时”）、君臣相处之道（如“为君难，为臣不易”“君使臣以礼，臣事君以忠”）、教化民众（如“慎终追远，民德归厚矣”“善人教民七年，亦可以即戎矣”“以不教民战，是谓弃之”）、以礼治国（如“能以礼让为国乎？何有！不能以礼让为国，如礼何”）、以礼治民（如“上好礼，则民易使也”“民可使由之，不可使知之”）、富民教民（如“‘既庶矣，又何加焉？’‘富之。’‘既富矣，又何加焉？’‘教之。’”“百姓足，君孰不足？百姓不足，君孰与足”）、治国的境界（如“则四方之民，襁负其子而至矣”）等。详见下文。

（一）孔子语录

G1. 子曰：“道千乘之国①，敬事而信②，节用而爱人③，使民以时④。”［1.5］

［注释］

①道：同“导”，作动词用，治理。千乘之国：指拥有1 000辆战车的国家，即诸侯国。春秋时代，战争频发，所以国家的强弱都用车辆的数目来计算。在孔子时代，千乘之国已经算不上是大国了。乘（shèng 胜），意为辆。这里指古代军队的基层单位。每乘拥有四匹马拉的兵车一辆，车上甲士3人，车下步卒72人，后勤人员25人，共计100人。

②敬事：对待所从事的事务谨慎专一、兢兢业业。如同今天所说的“敬业”。

③爱人：古代“人”的含义有广义与狭义的区别。广义的“人”，指一切人群；狭义的“人”，仅指士大夫以上各个阶层的人。此处的“人”与“民”相对而言，可见其用法为狭义。

④使民以时：时，指农时。这里是说尽量不要在农忙时节役使百姓。

【译文】孔子说：“治理拥有一千辆兵车的国家，（应当）做事谨慎专一而有诚信，节约用度而爱护官吏，役使老百姓要在农闲时节。”

【浅析】本章孔子论治国之道，敬事而信、节用爱人、使民以时，重在以民为本，取“治国”义。

G2. **子曰：“道之以政①，齐之以刑②，民免而无耻③；道之以德，齐之以礼，有耻且格④。”**［2.3］

［注释］

①道：一说为“指导”，一说为“治理”。这里采用前者。

②齐：整齐、约束。

③免：避免、躲避。耻：羞耻之心。

④格：一说为“至”，一说为“正”。

【译文】孔子说：“（如果）用政令来指导，用刑罚来约束，人民只求幸免于罪过而没有廉耻之心。（如果）用道德来指导，用礼教来约束，人民不但有廉耻之心而且会主动遵守规矩。”

【浅析】本章孔子论治民之道，在于政、刑、德、礼四者，重在好德好礼，有耻有格，取“治国”义。

G3. **子曰：“能以礼让为国乎？何有①！不能以礼让为国，如礼何②！”**［4.13］

［注释］

①何有：“何难之有”，即不难的意思。

②如礼何：把礼怎么办，即如何对待礼的意思。

【译文】孔子说：“能够用礼让的方式来治国吗？这有什么难呢！如果不能用礼让的方式治国，又怎样来对待礼呢？”

【浅析】本章孔子论治国之道，重在礼让为国，取“治国”义。

G4. **子曰：“上好礼，则民易使也。”**［14.41］

【译文】孔子说：“（如果）身居上位的人好礼（并依礼行事），那么百姓容易差使。”

【浅析】本章孔子论治民之道，重在上好礼，民易使，取“治国”义。

G5. 子曰：“民可使由之，不可使知之①。”［8.9］

［注释］

①朱熹《论语集注》云：“民可使之由于是理之当然，而不能使之知其所以然也。”

【译文】孔子说：“（管理）老百姓可以让他们跟着做（就是了），不可以使他们知道为什么（这样做）。”

【浅析】本章孔子论治民之道，认为民可使由（知其然），不可使知（知其所以然），重在取信于民，取“治国”义。

G6. 子曰：“知及之①，仁不能守之；虽得之，必失之。知及之，仁能守之，不庄以莅之，则民不敬。知及之，仁能守之，庄以莅之②，动之不以礼，未善也。”［15.33］

［注释］

①知：同“智”。之：一说指百姓，一说指国家。此处指禄位和国家天下。

②莅（lì立）：临，到的意思。

【译文】孔子说：“（如果）聪明才智足以得到它，仁德（却）不能保持它，虽然能最终得到，但迟早会丧失。（如果）聪明才智足以得到它，仁德能保持它，（却）不用庄重的态度来治理百姓，百姓也不会敬重。（如果）聪明才智足以得到它，仁德能保持它，能用庄重的态度来治理百姓，（却）不用礼来动员百姓，也是不够完善。”

【浅析】本章孔子论治民之道，重在守之以仁，动之以礼，取“治国”义。

G7. 子曰：“‘善人为邦百年，亦可以胜残去杀矣。’诚哉是言也！”［13.11］

【译文】孔子说：“‘善人治理国家经过一百年，也可以克服残暴免除虐杀了。’（我认为）这句话说得真有道理呀！”

【浅析】本章孔子论善人为邦，重在胜残去杀，取“治国”义。

G8. 子曰：“善人教民七年，亦可以即戎矣①。”［13.29］

［注释］

①即：就，往那里去的意思。戎：兵戎的意思。

【译文】孔子说：“（如果）善人教导人民达到七年之久，也就可以叫他们作战了。”

【浅析】本章孔子论军事，重在教民七年，可以参战，取“治国”义。

G9. **子曰：“以不教民战，是谓弃之。”**［13.30］

【译文】孔子说：“（如果）用未接受过军事教导的人民去作战，就是抛弃他们（让他们去送死）。”

【浅析】本章孔子论军事，重在先教民，后参战，取“治国”义。

G10. **子曰：“无为而治者①，其舜也与！夫何为哉②？恭己正南面而已矣。”**［15.5］

［注释］

①无为而治：国家的统治者不必有所作为便可以治理好国家。

②夫：代词，他。

【译文】孔子说：“（能做到）无为而治的人，大概只有舜罢？他干了什么（具体的实务）呢？（只见他）面南背北庄严坐朝罢了。”

【浅析】本章记孔子赞美舜治国之道，恭己正南面而已，重在无为而治，取“治国”义。

G11. **子曰：“巍巍乎！舜禹之有天下也①，而不与焉②。”**［8.18］

［注释］

①禹：夏朝开国之君。据传说，受虞舜的禅让而即帝位，有成功治理水患，造福人民的功绩。

②与（yù 玉）：参与，关连。这里有私有、享受的意思。

【译文】孔子说：“舜和禹真是崇高得很呀！贵为天子拥有天下，（却勤恳为人民服务）一点也不为自己着想。”

【浅析】本章孔子赞美舜禹之有天下，重在忧国忧民，大公无私，取“治国”义。

G12. **子曰：“大哉尧之为君也！巍巍乎！唯天为大，唯尧则之。荡荡乎！民无能名焉。巍巍乎！其有成功也。焕乎！其有文章。”**［8.19］

【译文】孔子说：“尧作为君主真是伟大呀！功德巍巍！唯有上天独大，唯有尧能够效法上天。恩惠荡荡呀！老百姓简直不知道怎样称赞他。功德巍巍呀！他是成功的啊。光芒四射！他那个时代的礼仪制度也够美好了。”

【浅析】本章孔子赞美尧之为君，有成功，有文章，重在顺天应人，文治武功，取“治国”义。

G13. 子曰：“禹，吾无间然矣[①]。菲饮食[②]，而致孝乎鬼神[③]；恶衣服，而致美乎黻冕[④]；卑宫室[⑤]，而尽力乎沟洫[⑥]。禹，吾无间然矣。”[8.21]

[注释]

①间（jiàn 见）：空隙的意思。此处用作动词。

②菲：菲薄，不丰厚。

③致：致力、努力。

④黻（fǔ 辅）冕：祭祀时穿的礼服叫黻，祭祀时戴的帽子叫冕。

⑤卑：低矮。

⑥沟洫（xù 序）：洫，沟渠。

【译文】孔子说：“禹，我对他没有意见了。（自己的）饮食菲薄，却把祭品办得丰盛；（自己的）衣服破烂，却把祭服做得华美；（自己的）住所简陋，却集中力量用于兴办沟渠水利。禹，我对他没有意见了。”

【浅析】本章孔子赞美大禹之德行，菲饮食、恶衣服、卑宫室，重在克勤克俭，大公无私，取“治国”义。

G14. 子曰：“夷狄之有君[①]，不如诸夏之亡也[②]。”[3.5]

[注释]

①夷狄：古代中原地区的人对周边地区的贬称，谓之不开化，缺乏教养。一说，夷狄虽然有君，却还不如诸夏无君，贬夷狄；一说，夷狄尚且有君，不像诸夏一些国家已经无君，贬诸夏。二说皆通，译文采用后者。

②诸夏：古代中原地区华夏族的自称。亡：同“无”。古书中的“无”字多写作“亡”。

【译文】孔子说：“（文化落后的）夷狄国家尚有个君主，不像中原一些国家（的君主）名存实亡。”

【浅析】本章孔子感叹时局之乱，君不君，国不国，重在天下无道，名存实亡，取“治国”义。

G15. 子曰：“如有王者，必世而后仁。”[13.12]

【译文】孔子说：“如果有王者（兴起），必须经过三十年后才能使仁政大行其道。”

【浅析】本章孔子论仁政，需经三十年的努力才有成效，重在为政以德，治国以法，取“治国”义。

G16. **子曰：“齐一变，至于鲁；鲁一变，至于道。”**［6.24］

【译文】孔子说：“齐国经历一次变革，便达到鲁国的水平；鲁国经过一次变革，便合于大道了。”

【浅析】本章孔子论齐鲁之变，重在审时度世，变革维新，取“治国”义。

G17. **子曰：“鲁卫之政，兄弟也。”**［13.7］

【译文】孔子说：“鲁国和卫国的政治，像兄弟一般（相似）。”

【浅析】本章孔子论鲁卫之政，恰如兄弟，重在以史为镜，继往开来，取“治国”义。

G18. **孔子曰：“天下有道，则礼乐征伐自天子出；天下无道，则礼乐征伐自诸侯出。自诸侯出，盖十世希不失矣；自大夫出，五世希不失矣；陪臣执国命，三世希不失矣。天下有道，则政不在大夫。天下有道，则庶人不议。”**［16.2］

【译文】孔子说：“天下有道的时候，礼制、乐制以及出兵的事由天子做决定；天下无道的时候，礼制、乐制以及出兵的事由诸侯做决定。（如果上述）决定出于诸侯，大概传到十代，很少能不失传的；（如果上述）决定出于大夫，传到五代，很少能不失传的；（如果是）大夫的家臣把持国家政权，传到三代很少能不失传的。（如果）天下有道，国家的政权就不会旁落到大夫之手。（如果）天下有道，老百姓就不会议论纷纷。”

【浅析】本章孔子论天下大势，视乎礼乐征伐出自谁手，重在天下有道，庶人不议，取“治国”义。

G19. **孔子曰：“禄之去公室五世矣①，政逮于大夫四世矣②，故夫三桓之子孙微矣③。”**［16.3］

［注释］

①五世：指鲁国宣公、成公、襄公、昭公、定公五世。

②逮：及。四世：指季孙氏文子、武子、平子、桓子四世。

③三桓：鲁国仲孙、叔孙、季孙都出于鲁桓公，所以叫三桓。

【译文】孔子说：“国家政权离开了鲁君，（从鲁君算起）已经五代了；

政权到了大夫之手，（从季氏算起）已经四代了，所以桓公的后代三房子孙现在也逐渐衰微了。”

【浅析】本章孔子感叹鲁国公室和权臣相继衰微，重在人事有代谢，往来成古今，取“治国”义。

G20. 颜渊问为邦。子曰：“行夏之时①，乘殷之辂②，服周之冕③，乐则《韶》舞④。放郑声⑤，远佞人⑥。郑声淫，佞人殆⑦。”［15.11］

［注释］

①夏之时：夏代的历法，便于农业生产。

②殷之辂（lù路）：辂，天子所乘的车。殷代的车是木制成，比较朴实。

③周之冕：周代的帽子。

④《韶》舞：舜时的舞乐，孔子认为是尽善尽美的。

⑤放：禁绝、排斥、抛弃的意思。郑声：郑国的乐曲，孔子认为是淫声。

⑥远：远离。

⑦殆：危险。

【译文】颜渊问怎样去治理国家。孔子说：“（我认为应当）推行夏朝的历法，乘坐殷朝的车子，戴周朝的礼帽，音乐就用韶乐。（此外，）禁止郑国的乐曲，疏远小人。（因为）郑国的乐曲淫秽，小人危险。”

【浅析】本章孔子论为邦之道，涉及历法、用度、礼制、乐制，重在礼乐教化，取“治国”义。

G21. 樊迟请学稼。子曰：“吾不如老农。”请学为圃①。曰：“吾不如老圃。”樊迟出。子曰：“小人哉，樊须也！上好礼，则民莫敢不敬；上好义，则民莫敢不服；上好信，则民莫敢不用情。夫如是，则四方之民，襁负其子而至矣②，焉用稼？”［13.4］

［注释］

①圃（pǔ普）：用来种植果木瓜菜的园子。

②襁（qiǎng抢）：背负婴儿用的宽带子

【译文】樊迟请教学种庄稼。孔子说：“（这件事）我不如老农民。”又请求学种菜蔬。孔子说：“（这件事）我不如老菜农。”樊迟退了出来。孔子说：“樊迟真是小人啊！（如果）居上位的统治者讲究礼节，百姓就没有人敢不尊敬；（如果）居上位的统治者行为正当，百姓就没有人敢不服从；（如果）居上位的统治者诚恳信实，百姓就没有人敢不说出实情。如果能做到这些，四方的百姓都会背负着小儿女来投奔，为什么要自己种庄稼呢？”

【浅析】本章孔子批评樊迟志向短浅，兼论治民之道，认为居上位者应好礼、好义、好信，重在以民为本，取信于民，取“治国”义。

G22. 卫灵公问陈于孔子①。孔子对曰：“俎豆之事②，则尝闻之矣；军旅之事，未之学也。”明日遂行。［15.1］

［注释］

①陈：同“阵”，军队作战时，布列的阵势。

②俎（zǔ 祖）豆：俎和豆都是古代盛食物的器皿，被用作祭祀时的礼器。

【译文】卫灵公向孔子请教排兵布阵的方法。孔子回答说：“对于礼仪之事，我曾经听到过；军旅之事，我未曾学过（所以无法告诉您）。”第二天便离开卫国。

【浅析】本章记孔子不欲谈论军旅之事，重在礼让为国，先礼后兵，取“治国”义。

（二）孔子弟子语录

G23. 曾子曰：“慎终①追远②，民德归厚矣！”［1.9］

［注释］

①终：人死为终。这里指父母的去世。古注说，慎终者丧尽其哀。

②追远：远指祖先。古注说：追远者祭尽其敬。

【译文】曾子说：“慎重对待父母的死亡，追念祖先，老百姓的德行就变得更多了。”

【浅析】本章曾子论民德归厚之道，重在慎终追远，取“治国”义。

G24. 哀公问社于宰我①。宰我对曰：“夏后氏以松，殷人以柏，周人以栗，曰使民战栗②。”子闻之，曰：“成事不说，遂事不谏，既往不咎。”［3.21］

［注释］

①社：土地神，祭祀土神的庙也称社。宰我：名予，字子我，孔子的学生。

②战栗：恐惧，发抖。

【译文】鲁哀公问宰我制作土地神的神主牌位应该用什么木材，宰我回答："夏朝用松木，商朝用柏木，周朝用栗木。（用栗木的意思）是使老百姓战栗。"孔子听到后说："已经做过的事不用再提了，已经完成的事不用再去劝谏了，已经过去的事也不必再追究了。"

【浅析】本章孔子批评宰我妄论社木含义，认为成事不说，遂事不谏，既往不咎，重在未雨绸缪，防患未然，取"治国"义。

G25. 子适卫，冉有仆[①]。子曰："庶矣哉！"冉有曰："既庶矣[②]，又何加焉？"曰："富之。"曰："既富矣，又何加焉？"曰："教之。"［13.9］

［注释］

①仆：驾车。

②庶：众多，这里指人口众多。

【译文】孔子到卫国，冉有替他驾车子。孔子说："人口真多呀！"冉有说："（既然）人口已经足够多了，还要再做些什么呢？"孔子说："让他们都富裕起来。"冉有说："富裕了以后，还要做些什么呢？"孔子说："（富裕之后，）教育他们。"

【浅析】本章孔子论治民之道，重在富民教民，民富国强，取"治国"义。

G26. 南宫适问于孔子曰[①]："羿善射[②]，奡荡舟[③]，俱不得其死然。禹、稷躬稼[④]，而有天下。"夫子不答。南宫适出。子曰："君子哉若人！尚德哉若人！"［14.5］

［注释］

①南宫适（kuò 扩）：适，同"括"，即南容。

②羿（yì 义）：传说中夏代有穷国的国君，善于射箭，曾夺夏太康的王位，后被其臣寒浞（zhuó 浊）所杀。

③奡（ào 傲）：传说中寒浞的儿子，后来为夏少康所杀。荡舟：用手推船。传说中奡力大，善于水战。

④禹：夏朝的开国之君，善于治水，注重发展农业。稷（jì 记）：传说是周朝的祖先，又为谷神，教民学会种植庄稼。

【译文】南宫适问孔子："羿擅长射箭，奡擅长水战，最后都不得好死。禹和稷亲自下地种田，却得到了天下（老师您对此怎样看）。"孔子不回答。南宫适退了出来。孔子说："这个人是君子啊！这是个崇尚道德的人啊！"

【浅析】本章记孔子赞同南宫适对历史人物的评价，善射荡舟者，不得其死；禹稷躬稼而有天下，重在君子尚德，不贵勇武，取"治国"义。

G27. 子路、曾皙[①]、冉有、公西华侍坐。子曰："以吾一日长乎尔，毋吾以也[②]！居则曰[③]：'不吾知也！'如或知尔，则何以哉[④]？"子路率尔而对曰[⑤]："千乘之国，摄乎大国之间[⑥]，加之以师旅，因之以饥馑，由也为之，比及三年[⑦]，可使有勇，且知方也[⑧]。"夫子哂之[⑨]。"求，尔何如？"对曰："方六七十[⑩]，如五六十[⑪]，求也为之，比及三年，可使足民。如其礼乐，以俟君子。""赤，尔何如？"对曰："非曰能之，愿学焉！宗庙之事[⑫]，如会同[⑬]，端章甫[⑭]，愿为小相焉[⑮]。""点，尔何如？"鼓瑟希[⑯]，铿尔，舍瑟而作[⑰]。对曰："异乎三子者之撰。"子曰："何伤乎？亦各言其志也。"曰："莫春者[⑱]，春服既成，冠者五六人[⑲]，童子六七人，浴乎沂[⑳]，风乎舞雩[㉑]，咏而归。"夫子喟然叹曰："吾与点也！"三子者出，曾皙后。曾皙曰："夫三子者之言何如？"子曰："亦各言其志也已矣！"曰："夫子何哂由也？"曰："为国以礼，其言不让，是故哂之。""唯求则非邦也与？""安见方六七十如五六十而非邦也者？""唯赤非邦也与？""宗庙会同，非诸侯而何？赤也为之小，孰能为之大？"［11.26］

［注释］

①曾皙：名点，字子皙，曾参的父亲，也是孔子的学生。

②以吾一日长乎尔，毋吾以也：虽然我比你们的年龄稍长一些，而不敢说话。

③居：平日。

④则何以哉：何以，即何以为用。

⑤率尔：轻率、急切。

⑥摄：迫于、夹于。

⑦比（bì 碧）及：等到。

⑧方：方向。

⑨哂（shěn 审）：讥讽地微笑。

⑩方六七十：纵横各六七十里。

⑪如：或者。

⑫宗庙之事：指祭祀之事。

⑬会同：诸侯会见。

⑭端章甫：端，古代礼服的名称。章甫，古代礼帽的名称。

⑮相：赞礼人，司仪。

⑯希：同"稀"，指弹瑟的速度放慢，节奏逐渐稀疏。

⑰作：站起来。

⑱莫：同“暮”。

⑲冠者：成年人。古代子弟到20岁时行冠礼，表示已经成年。

⑳浴乎沂（yí 仪）：沂，水名，发源于山东南部，流经江苏北部入海。在水边洗头面手足。

㉑舞雩（yú 鱼）：地名，原是祭天求雨的地方，在今山东曲阜。

【译文】子路、曾皙、冉有、公西华四人陪侍孔子坐着。孔子说：“（虽然）我的年龄比你们都大一些，（希望你们不要因为我年长）而不敢说（出你们的心里话）。你们平日里常说：‘（人家）不了解我呀！’如果有人了解你们，（愿意起用你们，）那你们（打算）怎么办呢？”

子路赶忙回答说：“拥有一千辆兵车的国家，尴尬地处于几个大国的中间，外面有军队侵犯它，国内又有灾荒。我去治理，等到三年以后，可以使人人有勇气，而且懂得大道理。”

孔子微微一笑。

又问：“冉求，你怎么看？”

回答说：“国土纵横各六七十里或者五六十里的小国家，（如果让）我去治理，三年光景，可以使人人富足。至于礼乐教化的事，那就有待贤人君子来推行。”

又问：“公西赤，你怎么看？”

回答说：“不敢说我已经很有本领了，我愿意这样学习：宗庙祭祀的事或者同外国盟会，我愿意穿着礼服，戴着礼帽，做一个小司仪者。”

又问：“曾点，你怎么样？”

（他）正在弹瑟，已近尾声，“铿”的一声把瑟放下，站了起来。回答说：“我的志向和他们三位所讲的不同。”

孔子说：“那有什么妨碍呢？正是要各人说出自己的志向呵！”

曾皙便说：“暮春三月，春天衣服都穿好了，我会同五六位成年人，六七个小孩，在沂水里洗洗澡，在舞雩台上吹吹风，一路唱歌，一路走回来。”

孔子长叹一声说：“我同意曾点的主张呀！”子路、冉有、公西华三人都出来了，曾皙后走。曾皙问：“他们三人的话怎么样？”

孔子说：“也不过各人说说自己的志向罢了。”

曾皙又说：“您为什么对仲由微笑呢？”

孔子说：“治理国家贵在礼让，可是他的话却一点不谦让，所以笑笑他。”

“难道冉求所讲的就不是国家吗？”

孔子说：“怎么见得纵横各六七十里或者五六十里的土地就不算是一个国家呢？”

“公西赤所讲的不是国家吗?”

孔子说：“有宗庙，有国际间的盟会，不是国家是什么？如果他（的志向）只求做一个小司仪，又有谁来做大司仪呢?”

【浅析】本章记孔子与弟子各言其志，重在志存高远，脚踏实地，取“治国”义。

（三）历史人物及政客语录

G28. **尧曰[1]：“咨[2]！尔舜！天之历数在尔躬，允执其中[3]。四海困穷，天禄永终。”舜亦以命禹。曰：“予小子履敢用玄牡[4]，敢昭告于皇皇后帝：有罪不敢赦。帝臣不蔽，简在帝心[5]。朕躬有罪，无以万方；万方有罪，罪在朕躬[6]。”周有大赉[7]，善人是富。“虽有周亲[8]，不如仁人。百姓有过，在予一人。”谨权量[9]，审法度[10]，修废官，四方之政行焉。兴灭国，继绝世，举逸民，天下之民归心焉。所重：民、食、丧、祭。宽则得众，信则民任焉[11]，敏则有功，公则说。**[20.1]

[注释]

①尧曰：尧在禅让帝位时，说给舜的话。

②咨：即“啧”，感叹词，表示赞誉。

③允：真诚、诚信。

④履：这是商汤的名字。玄：黑色谓玄。牡：公牛。

⑤简：阅，这里是知道的意思。

⑥朕：我。从秦始皇起，专用作帝王自称。

⑦赉（lài 赖）：赏赐。

⑧周亲：至亲。

⑨权：秤锤。指计量轻重的标准。量：斗斛。指计量容积的标准。

⑩法度：指计量长度的标准。

⑪信则民任焉：古今均有学者认为此五字为衍文，今仍予保留，以便读者参考。

【译文】尧说：“啧啧！你这位舜！上天的大命已经落于你身。诚实地保持那中道吧！（如果）天下百姓都处于困苦和贫穷中，上天赐予你的禄位就会永远终止。”舜也这样告诫过禹。（商汤）说：“我小子履谨用黑色的公牛来祭祀，向伟大的天帝祷告：有罪的人我不敢擅自赦免，天帝的臣仆我也不敢掩蔽，都由天帝的心来分辨、选择。我本人（如果）有罪，不要连累天下万方，天下万方（如果）有罪，都归我一个人承担。"周朝大封诸侯，使善人都富贵起来。（周武王说：）"我虽然有至亲，不如有仁德之人。百姓有过错，都算在我一人身上。"谨慎检查度量衡这些器具，周密地制定法度，整顿废弃掉的官职，全国的政令就会通行了。复兴被灭亡了的国家，接续将要断绝的家族，提拔被遗落的人才，天下百姓就会真心归服了。（治理国家）所应重视的四件大事（包括）：人民、粮食、丧礼、祭祀。（如果为人）宽厚就能得到众人的拥护，诚信就能得到民众的信任，勤敏就能取得成功，公平就会使百姓高兴。

【浅析】本章记尧帝以来历代先圣先王之遗训，重在天下为公，允执其中，取"治国"义。

G29. 舜有臣五人而天下治[1]。武王曰："予有乱臣十人[2]。"孔子曰："才难，不其然乎？唐、虞之际[3]，于斯为盛[4]，有妇人焉[5]，九人而已。三分天下有其二[6]，以服事殷。周之德，其可谓至德也已矣。"［8.20］

［注释］

①舜有臣五人：传说是禹、稷、契（xiè 谢）、皋陶、伯益等人。

②乱臣：据《说文》："乱，治也。"这里所说的"乱臣"，应为"治国之臣"。

③唐、虞之际：传说尧在位的时代叫唐，舜在位的时代叫虞。

④斯：指周武王时期。

⑤有妇人焉：指武王的乱臣十人中有武王之妻邑姜。

⑥三分天下有其二：《逸周书·程典篇》说："文王令九州之侯，奉勤于商。"相传当时天下分九州，文王得六州，是三分之二。

【译文】舜有五位贤臣而天下太平。武王也说过，"我有十位能治理天下的臣子。"孔子因此说："（常言道：）'人才不易得。'不是这样吗？唐尧、虞舜之际，人才最兴盛。然而武王十位人才之中还有一位妇女，实际上只是九位罢了。周文王得了天下的三分之二，仍然向商纣称臣。周朝的功德，可以说是至高无上的了。"

【浅析】本章孔子论明君、治臣，认为人才难得，重在上下一心，同心同德，取"治国"义。

G30. 齐景公问政于孔子。孔子对曰："君君、臣臣、父父、子子。"公曰："善哉！信如君不君，臣不臣，父不父，子不子，虽有粟，吾得而食诸？"［12.11］

【译文】齐景公向孔子问为政之道。孔子回答说："君主要像君主，臣子要像臣子，父亲要像父亲，儿子要像儿子。"景公说："说得好啊！如果君不像君，臣不像臣，父不像父，子不像子，虽然有粮食，我能食用得到吗？”

【浅析】本章孔子论政，应拨乱反正，重在君君臣臣，父父子子，取“治国”义。

G31. **定公问[①]：“君使臣，臣事君，如之何？”孔子对曰：“君使臣以礼，臣事君以忠。”**[3.19]

[注释]

①定公：鲁君，名宋，昭公之弟，继昭公而立，在位十五年（公元前509—前495）。“定”是谥号。

【译文】鲁定公问：“君主差使臣子，臣子侍奉君主，相互应如何对待？”孔子回答说：“君主应该以礼节来差使臣子，臣子应该以忠心来侍奉君主。”

【浅析】本章孔子论君臣相处之道，君使臣以礼，臣事君以忠，重在推心置腹，以诚相待，取“治国”义。

G32. **定公问：“一言而可以兴邦，有诸？”孔子对曰：“言不可以若是，其几也。人之言曰：‘为君难，为臣不易。’如知为君之难也，不几乎一言而兴邦乎？”曰：“一言而丧邦，有诸？”孔子对曰：“言不可以若是，其几也。人之言曰：‘予无乐乎为君，唯其言而莫予违也。’如其善而莫之违也，不亦善乎？如不善而莫之违也，不几乎一言而丧邦乎？”**[13.15]

【译文】鲁定公问：“（如果说）一句话就可以振兴一个国家，有这样的话吗？”孔子回答说：“不可能有这样（绝对）的话。但有与它意思相近的话。有人说：‘当君主难，做臣子不容易。’如果知道了当君主的难处，这不就接近于一句话可以使国家兴盛吗？”（鲁定公又）问：“（如果说）一句话可以覆灭一个国家，有这样的话吗？”孔子回答说：“不可能有这样（绝对）的话。但有与它意思相近的话。有人说过：‘我做君主并没有什么可高兴的，我所高兴的只在于我所说的话没有人敢违抗。’如果说得对而没有人违抗，不也很好吗？如果说得不对而没有人违抗，那不就近乎一句话就可以亡国吗？”

【浅析】本章孔子论君臣相处之道，认为“为君难，为臣不易”，重在治臣有礼，事君无欺，取“治国”义。

G33. **哀公问曰[①]：“何为则民服？”孔子对曰[②]：“举直错诸枉[③]，则民服；举枉错诸直，则民不服。”**[2.19]

[注释]

①哀公：姓姬，名蒋，“哀”是其谥号，鲁国国君，公元前494—前468年

在位。

②对曰：《论语》中记载对国君及在上位者问话的回答都用“对曰”，以表示尊敬。

③举：选拔的意思。直：正直公平。错：同“措”，放置。枉：不正直。

【译文】鲁哀公问说：“怎样才能使百姓服从呢？”孔子回答说：“选用正直的人，让他们居于邪恶不正之人的上位，这样老百姓就会服从了；如果把邪恶不正的人提拔起来，让他们居于正直之人的上位，这样老百姓就不会服从了。”

【浅析】本章孔子论治民之道，认为应当举直措诸枉，重在以法治国，以德服人，取“治国”义。

G34. 哀公问于有若曰：“年饥，用不足，如之何？”有若对曰：“盍彻乎①？”曰：“二②，吾犹不足，如之何其彻也？”对曰：“百姓足，君孰不足？百姓不足，君孰与足？”［12.9］

［注释］

①盍（hé 河）：何不。彻：西周奴隶主国家的一种田税制度。古注说：“什一而税谓之彻。”

②二：抽取十分之二的税。

【译文】鲁哀公问有若说：“年成饥荒，国家用度不足，怎么办？”有若回答说：“为什么不实行彻法，只抽十分之一的田税呢？”（哀公）说：现在抽十分之二，我还嫌不够，怎么能实行（抽十分之一的）彻法呢？”（有若）说：“如果百姓的用度充足，您怎么会不充足呢？如果百姓的用度不充足，您又怎么会充足呢？”

【浅析】本章记有若劝谏哀公减轻赋税，重在藏富于民，民富国丰，取“治国”义。

G35. 子言卫灵公之无道也，康子曰：“夫如是，奚而不丧？”孔子曰：“仲叔圉治宾客①，祝鮀治宗庙②，王孙贾治军旅；夫如是，奚其丧？”［14.19］

［注释］

①仲叔圉（yǔ 雨）：圉，即孔文子。他与后面提到的祝鮀、王孙贾都是卫国的大夫。

②祝鮀（tuó 驼）：卫国大夫。祝为宗庙官名，以官为氏，字子鱼，为卫灵公之仕。

【译文】孔子谈到卫灵公的无道，康子说：“既然这样，为什么他不败亡？”孔子说：“（他有）仲叔圉负责接待宾客，祝鮀负责管理祭祀，王孙贾负责统率军队，像这样（有这么多贤人辅佐），怎么会（迅速）败亡呢？”

【浅析】本章孔子论国君无道而不丧之理，重在贤臣辅政，未至于丧，取“治国”义。

G36. **季氏将伐颛臾[①]。冉有、季路见于孔子，曰：“季氏将有事于颛臾[②]。”孔子曰：“求！无乃尔是过与？夫颛臾，昔者先王以为东蒙主[③]，且在邦域之中矣，是社稷之臣也。何以伐为？”冉有曰：“夫子欲之，吾二臣者皆不欲也。”孔子曰：“求！周任有言曰[④]：‘陈力就列[⑤]，不能者止。’危而不持，颠而不扶，则将焉用彼相矣[⑥]？且尔言过矣。虎兕出于柙[⑦]，龟玉毁于椟中[⑧]，是谁之过与？”冉有曰：“今夫颛臾，固而近于费[⑨]。今不取，后世必为子孙忧。”孔子曰：“求！君子疾夫舍曰欲之而必为之辞。丘也闻有国有家者，不患贫而患不均，不患寡而患不安。盖均无贫，和无寡，安无倾。夫如是，故远人不服，则修文德以来之。既来之，则安之。今由与求也，相夫子，远人不服，而不能来也；邦分崩离析，而不能守也；而谋动干戈于邦内。吾恐季孙之忧，不在颛臾，而在萧墙之内也[⑩]。”**［16.1］

［注释］

①颛（zhuān 专）臾（yú 鱼）：鲁国的附属国，在今山东省费县西。

②有事：指有军事行动，用兵作战。

③东蒙主：东蒙，蒙山。主，主持祭祀的人。

④周任：人名，周代史官。

⑤陈力就列：陈力，发挥能力，按才力担任适当的职务。

⑥相：搀扶盲人的人叫相，这里是辅助的意思。

⑦兕（sì 四）：雌性犀牛。柙（xiá 霞）：用以关押野兽的木笼。

⑧椟（dú 独）：匣子。

⑨费：季氏的采邑。

⑩萧墙：照壁屏风。这里指宫廷之内。

【译文】季氏将要发兵讨伐颛臾。冉有、子路两人来见孔子，说：“季氏即将对颛臾采取军事行动。”孔子说：“冉求，这难道不应该责备你们吗？颛臾，昔日先王（周天子）让它主持东蒙的祭祀，而且是在鲁国国境之内的小国家，这是国家的臣子啊。为什么要攻打它呢？”冉有说：“是季孙执意要这么干的，我们两人本来都不同意。”孔子说：“冉求！周任有句话说：‘尽自己的力量去担当你的职务，实在做不好就应该辞职不干。’（君主）有了危险不去扶助，跌倒了不去搀扶，那还要辅助的人干什么呢？而且你说的话错了。老虎、犀牛从笼子里跑出来，龟甲、玉器在匣子里毁坏了，这是谁的过错呢？”冉有说：“如今的颛臾国，城池坚固而且离季孙的采邑（费地）很近。（如果）现在不把它攻取，（长此以往）一定会给后世子孙留下隐忧。”孔子说：“冉求，君子痛恨那种嘴上不直说‘想要得到它’而又一定要找出理由替自己辩解的人。我听说，不论是对于（有封地的）诸侯和（有食邑的）大夫，不怕贫穷而怕（财富分配）不均匀；不怕人口少而怕不安定和睦。由于财富分配均匀了就没有贫富的差别，大家和睦了就不会感到人口少，社会安定就没有政权倾覆的危险。为了（能做到）这样，所以如果远方的人还不归服，就用（仁义礼乐等）教化手段使他们顺服。既然已经来了，就让他们安心住下去。现在，仲由和冉求你们两个人，辅助季氏，远方的人不归服，而不能招抚他们；国内民心离散，你们不能加以保全，反而（帮助季氏）策划在国境内发动战争。我只是担心季孙的忧患（其实）并不在颛臾，而是在我们鲁国的宫廷内部啊！”

【浅析】本章孔子论季氏将伐颛臾一事，批评学生没有做到“陈力就列，不能者止”；批评季氏动机不纯，图谋不轨，有祸起萧墙之心，重在既来之，则安之，取“治国”义。

（四）其他

G37. 齐景公有马千驷，死之日，民无德而称焉。伯夷、叔齐饿于首阳之下，民到于今称之。其斯之谓与？［16.12］

【译文】齐景公有马四千匹，死了以后，没有什么德行可以被人民称颂。伯夷、叔齐两人饿死在首阳山下，人民到现在还称颂（伯夷、叔齐的气节）。（《诗经》里说：“真的不是因为富足，只是因为品德差异。”）说的大概就是这个意思吧！

【浅析】本章孔子论国君无德，民无称颂之词，重在得道多助，失道寡助，取“治国”义。

G38. 齐人归女乐①，季桓子受之②，三日不朝。孔子行。［18.4］

［注释］

①齐人归女乐：归，同“馈”。此事可参阅《史记·孔子世家》和《韩

非子·内储说》。

②季桓子：季孙斯，鲁国定公以至哀公初年时的执政上卿，死于哀公三年。

【译文】齐国人赠送了一些歌女（给鲁国），季桓子接受了，（从此）三天不上朝。孔子于是离职走了。

【浅析】本章记齐国施美人计，令孔子去职去国一事，重在淫乐害德，亡国败家，取“治国”义。

八 论 人

题解

本篇共辑录《论语》原文六十六章（编码为 H），包括孔子语录 48 章（H1 - H48），孔子弟子语录 12 章（H49 - H60），政客、时人语录 2 章（H61 - H62），其他 4 章（H63 - H66）。

主要内容涉及：论人性（如“性相近也，习相远也”）、论人与大道的关系（如“人能弘道，非道弘人”）、论察人之法（如“众恶之，必察焉；众好之，必察焉”“视其所以，观其所由，察其所安”）、论人天资禀赋之别（如“唯上知与下愚不移”“中人以上，可以语上也；中人以下，不可以语上也”）、论君子与小人之别（如“君子易事而难说也，小人难事而易说也”“君子不可小知而可大受也，小人不可大受而可小知也”）、论女子与小人（如“唯女子与小人为难养也，近之则不孙，远之则怨”）、孔子论弟子（如“贤哉！回也。一箪食，一瓢饮，在陋巷。人不堪其忧，回也不改其乐”“片言可以折狱者，其由也与”）、论政客及时人（如“臧武仲以防求为后于鲁，虽曰不要君，吾不信也”“宁武子，邦有道，则知；邦无道，则愚。其知可及也，其愚不可及也”）、论逸民（如“虞仲、夷逸，隐居放言。身中清，废中权。我则异于是，无可无不可”）、弟子论孔子（如“子贡曰：‘无以为也！仲尼不可毁也。他人之贤者，丘陵也，犹可逾也；仲尼，日月也，无得而逾焉。人虽欲自绝，其何伤于日月乎？多见其不知量也！’”）等。详见下文。

（一）孔子语录

H1. **子曰：“性相近也，习相远也。”**［17. 2］

【译文】孔子说：“（人先天的）本性比较相近，（但后天的）习染相差较远。”

【浅析】本章孔子论人，性相近而习相远，重在江山易改，禀性难移，取

"论人"义。

H2. **子曰："人能弘道，非道弘人。"**［15. 29］

【译文】孔子说："人能够（主动）弘扬道，不是道（主动）来弘扬人。"

【浅析】本章孔子论人与大道的关系，重在人能弘道，取"论人"义。

H3. **子曰："人无远虑，必有近忧。"**［15. 12］

【译文】孔子说："（如果）一个人没有长远的考虑，必定有眼下的忧患。"

【浅析】本章孔子论人之忧虑，有远近之分，重在人宜远虑，取"论人"义。

H4. **子曰："唯上知与下愚不移。"**［17. 3］

【译文】孔子说："（人群之中）只有上等的智者与下等的愚人是不容易被改变的。"

【浅析】本章孔子论人有上智、下愚之分，重在天生我才，必有其用，取"论人"义。

H5. **子曰："唯女子与小人为难养也，近之则不孙，远之则怨。"**［17. 25］

【译文】孔子说："（人群之中）只有女子与小人是难以教化培养的，（对他/她）亲近了，他/她就会放肆无礼；（对他/她）疏远了，他/她又会心生怨恨。"

【浅析】本章孔子论难与女子、小人相处，重在近之不逊，远之则怨，取"论人"义。

H6. **子曰："中人以上，可以语上也；中人以下，不可以语上也。"**［6. 21］

【译文】孔子说："（对于）具有中等以上才智的人，可以给他/她讲授高深的学问；（对于）具有中等以下才智的人，不可以给他/她讲授高深的学问。"

【浅析】本章孔子论人天资禀赋之别，重在因材施教，有教无类，取"论人"义。

H7. 子曰："不得中行而与之[①]，必也狂狷乎[②]！狂者进取，狷者有所不为也。"[13.21]

[注释]

①中行：行为合乎中庸。

②狷（juàn 倦）：拘谨，有所不为。

【译文】孔子说："（如果）不能与中庸之人交往，（我）宁愿与狂者、狷者相交往！狂者，还懂得进取；狷者，也有其所不为的事。"

【浅析】本章孔子论狂狷之人，狂者进取，狷者有所不为，重在能行中庸之道，取"论人"义。

H8. 子曰："视其所以[①]，观其所由[②]，察其所安[③]。人焉廋哉[④]？人焉廋哉？"[2.10]

[注释]

①所以：所做的事情。

②所由：所走过的道路。

③所安：所能安心做的事情。

④廋（sōu 搜）：隐藏、藏匿。

【译文】孔子说："（如果想了解一个人的品行，）应该检视他/她所结交的朋友，观察他/她所走过的道路，考察他/她能安心干什么。（通过这样的观察考验，）这个人怎能隐藏得了呢？这个人怎能隐藏得了呢？"

【浅析】本章孔子论鉴人之法，重在察言观色，听言观行，取"论人"义。

H9. 子曰："众恶之，必察焉；众好之，必察焉。"[15.28]

【译文】孔子说："（纵然）大家都说他/她是坏人，（也）必定要（亲自）考察（后再下结论）；（纵然）大家都说他/她是好人，（也）必定要（亲自）考察（后再下结论）。"

【浅析】本章孔子论对待"公论"（大多数人的意见）的态度，认为不应盲目听从"公论"（众恶或众好），重在独立思考，冷静观察，取"论人"义。

H10. 子曰："后生可畏，焉知来者之不如今也？四十、五十而无闻焉，斯亦不足畏也已！"[9.23]

【译文】孔子（不无感慨地）说："后生可畏啊，怎么知道后来人不如当今（我们所处的）这个时代的人呢？（但是，如果一个人）活到四五十岁时还默默无闻（一事无成），这个人也就不足以令人敬畏了。”

【浅析】本章孔子论后生，既可畏，又不足畏，重在青出于蓝，而胜于蓝，取“论人”义。

H11. 子曰：“年四十而见恶焉，其终也已。”［17.26］

【译文】孔子说：“（如果一个人）年龄到了四十岁还被人厌恶，（我想）他/她这一生也就到终点（难以再改善德行）了。”

【浅析】本章孔子认为四十岁是成就德行之年，重在悟道积德，与人为善，取“论人”义。

H12. 子曰：“先进于礼乐①，野人也②；后进于礼乐③，君子也④。如用之，则吾从先进。”［11.1］

［注释］

①先进：指先学习礼乐而后再做官的人。朱熹《论语集注》云：“先进后进，犹言前辈后辈。野人，谓郊外之民。君子，谓贤士大夫也。”

②野人：朴素粗鲁的人，或指乡野平民。

③后进：先做官后学习礼乐的人。

④君子：这里指统治者。

【译文】孔子说：“先进修学习礼乐（再得到官位）的人，是那些（原本没有爵位食禄的）平民；（先得到官位）再进修学习礼乐的人，是卿大夫等贵族的子弟。如果要选用人才，我会选择先进修学习礼乐（平民出身）的人。”

【浅析】本章孔子论人才选用，认为修习礼乐有先进、后进之分，重在唯才是用，人尽其才，取“论人”义。

H13. 子曰：“论笃是与①，君子者乎？色庄者乎？”［11.21］

［注释］

①论：言论。笃：诚恳。与：赞许。意思是对说话笃实诚恳的人表示赞许。

【译文】孔子说：“（对于）一听到人家的言论笃定实在就（轻易）表示赞同的人（太肤浅了），（应当看看那个发表言论的人）是真君子呢？（或者只是一个）脸色故作庄重的伪君子？”

【浅析】本章孔子论色庄者（伪君子），认为不应以言取人、以貌取人，而应察言观色，听言观行，重在宁做真小人，不做伪君子，取“论人”义。

H14. 子曰：“色厉而内荏①，譬诸小人，其犹穿窬之盗也与②！”［17.12］

［注释］

①荏（rěn 忍）：软弱，怯懦。

②窬（yú 鱼）：从墙上爬过去。

【译文】 孔子说：“（一个）脸色严厉而内心怯懦（的人），如果用小人来作比喻，这样的人就像是一个打洞、翻墙行窃的盗贼呀！”

【浅析】 本章孔子批色厉内荏之人为小人，外强中干，华而不实，重在莫苟且偷生，莫欺世盗名，取“论人”义。

H15. 子曰：“君子易事而难说也①。说之不以道，不说也；及其使人也，器之②。小人难事而易说也。说之虽不以道，说也；及其使人也，求备焉。”［13.25］

［注释］

①易事：易于与人相处共事。难说（yuè 阅）：难于取得他的欢喜。

②器之：量才使用他。

【译文】 孔子说：“（在我看来）与君子共事容易，却难以取悦君子。（如果）不按正道取悦君子，君子不会感到高兴；当君子差使人做事的时候，总是量才任用。（反之，）与小人共事困难，却容易取悦小人。即使取悦（的方式方法）不符合正道，小人仍会感到高兴；当小人差使人做事的时候，总是对人求全责备。”

【浅析】 本章孔子论君子与小人之别，君子易事难悦，小人难事易悦，重在君子心公，小人心私，取“论人”义。

H16. 子曰：“君子不可小知而可大受也，小人不可大受而可小知也。”［15.34］

【译文】 孔子说：“（对于）君子不可以（只安排他们）做那些小事，却可以（让君子）承担重大的任务；（对于）小人不可以（让他们承担）重大的任务，却可以（让小人）做那些小事。”

【浅析】 本章孔子论君子与小人之别，认为君子能堪大任，重在才有大小，知人善任，取“论人”义。

H17. 子曰：“贤哉！回也。一箪食①，一瓢饮，在陋巷。人不堪其忧，回也不

改其乐。贤哉，回也！”［6.11］

［注释］

①箪（dān 单）：古代盛饭的竹器，圆形。

【译文】孔子说：“颜回真是贤才啊！一箪饭，一瓢水，居住在陋巷。普通人都不堪忍受这种清苦的生活，颜回却乐在其中。颜回真是贤才啊！”

【浅析】本章孔子论颜回之贤，箪食瓢饮，乐在其中，重在安贫乐道，取“论人”义。

H18. **子曰：“回也非助我者也，于吾言无所不说。”**［11.4］

【译文】孔子说：“（在我看来）颜回不是对我有所帮助的人，他对我所说的话没有不喜欢的。”

【浅析】本章孔子论颜回，赞其乐闻孔子教言，重在静观省察，默识心通，取“论人”义。

H19. **子曰：“回也其庶乎①！屡空②。赐不受命，而货殖焉③，亿则屡中④。”**［11.19］

［注释］

①庶：庶几，相近。这里指颜渊的学问道德接近于完善。

②空：贫困、匮乏。

③货殖：做买卖。

④亿：同“臆”，猜测，估计。

【译文】孔子说：“（我的学生）颜回的品德修养几乎接近完善了吧，（可是他）总是处于贫困的生活之中。（我的另一个学生）端本赐不听凭命运安排，常去经商做买卖，（每当他）猜测行情走势屡次都能猜中。”

【浅析】本章孔子论颜回、子贡（端本赐）贫富之差，重在谋食谋道，自立自强，取“论人”义。

H20. **子曰：“道不行，乘桴浮于海①。从我者②，其由与？”子路闻之喜。子曰：“由也，好勇过我，无所取材。”**［5.7］

［注释］

①桴（fú 福）：用来过河的木制或竹制小筏子。

②从：跟随、随从。

【译文】孔子说：“（如果我宣扬的）大道行不通，我就乘上木筏子到海外去。（我想）能够跟从我的人，大概只有仲由吧！”子路听到（孔子）这番话很高兴。孔子又说："（只是）仲由啊，（除了）好勇胜过我，（其他方面）没有什么可取的才能。"

【浅析】本章孔子论子路，认为他过于好勇，无所取材，重在有勇有义，能屈能伸，取"论人"义。

H21. 子曰："由之瑟①，奚为于丘之门②？"门人不敬子路。子曰："由也升堂矣，未入于室也③！" [11.15]

[注释]

①瑟（sè 色）：一种古乐器，与古琴相似。

②奚：为什么。为：弹。意思是为什么在我这里弹呢？

③升堂，入于室：堂是正厅，室是内室，用来形容学习程度的深浅。

【译文】孔子（不无责怪地）说："仲由弹瑟，为什么来到我这里弹呢？"（听孔子这么说）孔子的门人便不尊敬子路。孔子又说："仲由嘛，（他的学问已经达到）'升堂'的水平了，只是还没有达到'入于室'的水平罢了。"

【浅析】本章孔子论子路的学问水平，重在进德修业，升堂入室，取"论人"义。

H22. 子曰："片言可以折狱者①，其由也与②！"子路无宿诺③。 [12.12]

[注释]

①片言：诉讼双方中一方的言辞，即片面之词，古时也叫"单辞"。折狱：即断案。狱，案件。

②其由也与：大概只有仲由吧。

③宿诺：拖了很久而没有兑现的诺言。宿，久。

【译文】孔子说："（依我看）只听凭一方面供词就可以判决案件的人，大概只有仲由吧。"子路（行事果断）从不推延履行自己的诺言。

【浅析】本章孔子论子路，言其判案果断，重在忠信明决，践行诺言，取"论人"义。

H23. 子曰："吾未见刚者。"或对曰："申枨①。"子曰："枨也欲，焉得刚？" [5.11]

[注释]

①申枨（chéng 成）：姓申名枨，字周，孔子的学生。

【译文】孔子说："我未曾见过（真正）刚强的人。"有人回答说："申枨就是这样的人。”孔子说：“（依我看）申枨这个人的欲望太多，他怎么能称得上刚强呢?”

【浅析】本章孔子论刚者，重在清心寡欲，无欲则刚，取“论人”义。

H24. **子曰：“晏平仲善与人交①，久而敬之②。”**[5.17]

[注释]

①晏（yàn 宴）平仲：齐国的贤大夫，名婴。《史记》卷六十二有他的传记。“平”是他的谥号。

②之：在这里指代晏平仲。

【译文】孔子说：“晏平仲善于人际交往，（别人与他交往）越久而越尊敬他。”

【浅析】本章孔子论晏平仲，认为他善与人交，受人尊敬，重在与人为善，取“论人”义。

H25. **子曰：“臧文仲居蔡①，山节藻棁②，何如其知也③?”**[5.18]

[注释]

①臧文仲：姓臧孙，名辰，“文”是他的谥号。鲁国的大夫，历仕庄、闵、僖、文四朝。因不遵守周礼，被孔子指责为“不仁”“不智”。蔡：国君用以占卜的大龟。蔡这个地方产龟，所以把大龟叫作蔡。

②山节藻棁（zhuō 桌）：节，柱上的斗拱。棁，房梁上的短柱。把斗拱雕成山形，在棁上绘以水草花纹。这是古时装饰天子宗庙的做法。

③知：同“智”，聪明、智慧。

【译文】孔子说：“臧文仲（家里）藏了一只大龟，（藏龟的）屋子的斗拱被雕成大山的形状，短柱上绘画了水草花纹，他这种人怎能称得上是有智慧呢?”

【浅析】本章孔子论臧文仲，不务民义，谄媚鬼神，重在舍本逐末，不仁不智，取“论人”义。

H26. **子曰：“臧文仲其窃位者与①？知柳下惠之贤而不与立也②。”**[15.14]

[注释]

①窃位：身居官位而不称职。

②柳下惠：春秋中期鲁国大夫，姓展名获，又名禽，他受封的地名是柳下，“惠”是他的私谥，所以人称其为“柳下惠”。立：同“位”。

【译文】孔子说："（依我看）臧文仲是一个窃居官位的人吧？（因为）他明明知道柳下惠是个贤人，却不举荐他一起做官。"

【浅析】本章孔子论臧文仲，言其为窃位者（在其位，不谋其政），重在举贤任能，名副其实，取"论人"义。

H27. 子曰："臧武仲以防求为后于鲁①，虽曰不要君②，吾不信也。"［14.14］

［注释］

①臧武仲以防求为后于鲁：事见《左传》襄公二十三年。防：臧武仲的封邑，在今山东费县东北六十里之华城，离齐国边境很近。

②要（yāo 腰）：要挟。

【译文】孔子说："臧武仲凭借（坚固的）防邑，请求鲁君（在鲁国）替臧氏立后代（为鲁国卿大夫），虽然有人说他不是在要挟君主，（对此）我能不相信。"

【浅析】本章孔子论臧武仲，认为他有要挟鲁君之阴谋，重在明辨是非，洞察善恶，取"论人"义。

H28. 子曰："宁武子①，邦有道，则知；邦无道，则愚②。其知可及也，其愚不可及也。"［5.21］

［注释］

①宁武子：姓宁，名俞，卫国大夫，"武"是他的谥号。

②愚：这里是假装糊涂、装傻的意思。

【译文】孔子说："宁武子这个人（很聪明），每当国家有道时，他就展现聪明才智；每当国家无道时，他就（假装）愚笨无能（装傻）。他所展现的聪明才智别人同样可以做到，（但是）他装傻（的本事）别人就做不到了。

【浅析】本章孔子论宁武子，处世老练，难得糊涂，重在进退存亡，不失其正，取"论人"义。

H29. 子曰："直哉史鱼①！邦有道，如矢②；邦无道，如矢。君子哉蘧伯玉！邦有道，则仕；邦无道，则可卷而怀之③。"［15.7］

［注释］

①史鱼：卫国大夫，名鳝，字子鱼，他多次向卫灵公推荐蘧伯玉。

②如矢：矢，箭。形容其直。

③卷：同"捲"。

【译文】孔子说："史鱼（这个人）真是正直啊！国家有道之时，他的为人如同箭一样直；国家无道之时，他的为人还如同箭一样直。蘧伯玉（这个人）真是一位君子啊！国家有道之时，他就出来做官，国家无道之时，他就收起自己的本领而怀揣在心里。

【浅析】本章孔子论史鱼正直，蘧伯玉明智，重在时行则行，时止则止，取"论人"义。

H30. **子曰："伯夷、叔齐不念旧恶①，怨是用希②。"**［5.23］

［注释］

①伯夷、叔齐：孤竹君的两个儿子，父亲死了，互相让位，都逃到周文王那里。周武王起兵讨伐商纣，他们拦住车马劝阻。周朝统一天下，他们以吃周朝的粮食为耻，饿死于首阳山。恶：嫌隙，仇恨。

②希：同"稀"。

【译文】孔子说："（因为）伯夷、叔齐（这两兄弟）从不记念（与别人过去结下的）仇恨，（所以，别人对他们的）怨恨也就很少了。"

【浅析】本章孔子论伯夷、叔齐之品德，重在与人为善，不念旧恶，取"论人"义。

H31. **子曰："孰谓微生高直①？或乞醯焉②，乞诸邻而与之。"**［5.24］

［注释］

①微生高：姓微生，名高，鲁国人。当时的人认为他直率。

②醯（xī 西）：即醋。

【译文】孔子说："谁说微生高（这个人）直率？（据我所知）有人曾向他讨点醋，他（不直接说没有，却悄悄地）到邻居家借醋给人家。"

【浅析】本章孔子论微生高，认为他不够正直，重在诚实无欺，直道事人，取"论人"义。

H32. **子曰："雍也可使南面①。"**［6.1］

［注释］

①南面：古人认为坐北朝南的方向是最好的，并以此代表尊贵之位。

【译文】孔子说："冉雍这个人（品行很好），（依我看）可以让他去做大官。"

【浅析】本章孔子论冉雍，认为他德行出众，可登尊位，重在德高望重，不负众望，取“论人”义。

H33. 子曰：“泰伯①，其可谓至德也已矣。三以天下让②，民无得而称焉③。”［8. 1］

［注释］

①泰伯：周代始祖古公亶（dǎn 胆）父的长子。

②三：泛指多次。

③民无得而称焉：百姓找不到合适的词句来赞扬他。

【译文】孔子说：“泰伯（这个人），可以说他的品德极其高尚了。（因为）他屡次把（统治）天下（的大权）让给（他的三弟）季历，（所以，）民众简直找不到恰当的词句来称赞他。”

【浅析】本章孔子论泰伯至德，人民对他的赞赏无以复加，重在功成弗居，三让天下，取“论人”义。

H34. 子曰：“孟之反不伐①，奔而殿②，将入门，策其马③，曰：‘非敢后也，马不进也。’”［6. 15］

［注释］

①孟之反：名侧，鲁国大夫。伐：夸耀。

②奔：败走。殿：殿后，在全军最后作掩护。

③策：鞭。

【译文】孔子说：“孟之反（这个人）不喜欢夸耀自己，（有一次打仗）败退的时候，他殿后掩护全军（撤退），将要进入城门的时候，（他一边）鞭策自己的马，（一边）说：‘（其实）不是我敢于给全军殿后啊，是因为我的马跑得不够快（才落后了）。’”

【浅析】本章孔子论孟之反，认为他没有自我夸耀的毛病，重在为人正直，取“论人”义。

H35. 子曰：“孟公绰为赵、魏老则优①，不可以为滕、薛大夫②。”［14. 11］

［注释］

①孟公绰（chuò 辍）：鲁国大夫，属于孟孙氏家族。老：这里指古代大夫的家臣。优：有余。

②滕：诸侯国家，在今山东滕县。薛：诸侯国家，在今山东滕县东南一带。

【译文】孔子说："（如果让）孟公绰做晋国赵氏、魏氏的家臣，（那么他的）才干绰绰有余，（但是）不可以让他做滕、薛这样小国的大夫。"

【浅析】本章孔子论孟公绰，认为他的才干足以为家臣，不足为大夫，重在知人善任，取"论人"义。

H36. **子曰："晋文公谲而不正①，齐桓公正而不谲②。"**[14.15]

[注释]

①晋文公：姓姬，名重耳，春秋时期的政治家，著名的霸主之一，公元前636—公元前628年在位。谲（jué 决）：欺诈，玩弄手段。

②齐桓公：姓姜，名小白，春秋时期的政治家，著名的霸主之一，公元前685—公元前643年在位。

【译文】孔子说："晋文公为人诡诈而且作风不正派，齐桓公作风正派而且不诡诈。"

【浅析】本章孔子论政治人物，重在正而不谲，取"论人"义。

H37. **子谓公冶长①，"可妻也。虽在缧绁之中②，非其罪也。"以其子妻之③。**[5.1]

[注释]

①公冶长：姓公冶，名长，齐国人，孔子的弟子。

②缧（léi 雷）绁（xiè 谢）：捆绑犯人用的绳索，这里借指牢狱。

③子：古时无论儿子、女儿均称子。

【译文】孔子评论公冶长，（说：）"可以把女儿嫁给他。他虽然曾被关在牢狱之中，（其实）并不是他的罪过呀。"（后来，孔子）把自己的女儿嫁给了他。

【浅析】本章孔子论公冶长，蒙受不白之冤，重在瑕不掩瑜，嫁女量才，取"论人"义。

H38. **子谓南容①，"邦有道②，不废③；邦无道，免于刑戮④。"以其兄之子妻之。**[5.2]

[注释]

①南容：姓南宫，名适（kuò 扩），字子容，孔子的学生，通称他为南容。

②道：孔子这里所讲的道，是说国家的政治符合最高的和最好的原则，

即政治清明。

③废：废置，不任用。

④刑戮（lù路）：刑罚，杀戮。

【译文】孔子评论南容，（说：）“国家有道之时，他有官做；国家无道之时，他也可以免于刑罚杀戮。”（后来，孔子）把自己的侄女嫁给了他。

【浅析】本章孔子论南容，认为他处世老练，重在明哲保身，免于杀戮，取“论人”义。

H39. 子谓子贱[①]，“君子哉若人[②]！鲁无君子者，斯焉取斯[③]？” [5.3]

［注释］

①子贱：姓宓（fú福），名不齐，字子贱，生于公元前521年，比孔子小30岁。

②若人：这个，此人。

③斯焉取斯：斯，此。第一个“斯”指子贱，第二个“斯”指子贱的品德。

【译文】孔子评论宓子贱，说：“这个人是君子呀！（如果）鲁国没有君子的话，他是跟谁学到这种（君子才具有的）品德的呢？”

【浅析】本章孔子赞子贱为君子，重在尊贤择善，以成其德，取“论人”义。

H40. 子谓子贡曰：“女与回也孰愈[①]？”对曰：“赐也何敢望回？回也闻一以知十[②]，赐也闻一知二[③]。”子曰：“弗如也；吾与女弗如也[④]。” [5.9]

［注释］

①愈：胜过、超过。

②十：指数的全体，古注说，“一，数之始；十，数之终。”

③二：古注说，“二者，一之对也”。

④与：赞同、同意。

【译文】（有一天）孔子对子贡说：“你和颜回相比，谁更好一些呢？”子贡（谦虚地）回答说：“我怎么敢和颜回相比呢？颜回听到一件事（受到启发），就可以推知十件事；我听到一件事，只能推知两件事。”孔子说：“是不如他呀，我同意你说的，（你确实）是不如他呀！”

【浅析】本章孔子与子贡论颜回之才，颜回闻一知十，子贡闻一知二，重在见有深浅，识有大小，取“论人”义。

H41. **子谓仲弓曰：“犁牛之子骍且角①，虽欲勿用②，山川其舍诸③？”**［6.6］

［注释］

①犁牛：即耕牛。古代祭祀用的牛，不能以耕牛代替，系红毛长角，单独饲养的。骍（xīng 星）：红色。祭祀用的牛，毛色为红，角长得端正。

②用：用于祭祀。古注云，“仲弓父贱而行恶，故夫子以此譬之。言父之恶，不能废其子之善，如仲弓之贤，自当见用于世也。”

③山川：山川之神。此喻上层统治者。其：怎么会。舍：舍弃。诸：之于。

【译文】孔子评论仲弓，说：“耕牛产下的牛犊长着红色的毛，角也长得整齐端正，人们虽然（有诸多借口）想不用它作祭品，（然而）山川之神怎么会舍弃它（这样好的祭品）呢？”

【浅析】本章孔子论仲弓，以犁牛之子作喻，赞其德行可嘉，堪为有用之材，重在天生其才，皆有其用，取“论人”义。

H42. **子谓卫公子荆①：“善居室②。始有，曰：‘苟合矣③。’少有，曰：‘苟完矣。’富有，曰：‘苟美矣。’”**［13.8］

［注释］

①卫公子荆：卫国大夫，字南楚，卫献公的儿子。

②善居室：善于管理经济，居家过日子。

③苟：差不多。合：足够。

【译文】孔子谈到卫国的公子荆时说：“（他）善于管理家政。（家里）刚开始拥有一些（资产）时，他就说：‘差不多也就足够了。’（家里）稍微增多一些（资产）时，他又说：‘差不多就算完备了。’（家里）更多一些（资产）时，他又说：‘差不多算是完美了。’”

【浅析】本章孔子论卫公子荆，言其善于治家，不苛求完美，重在修身齐家，知足常乐，取“论人”义。

H43. **宰予昼寝。子曰：“朽木不可雕也，粪土之墙不可杇也①，于予与何诛②？”子曰：“始吾于人也，听其言，信其行；今吾于人也，听其言而观其行。于予与改是③。”**［5.10］

［注释］

①粪土：腐土、脏土。杇（wū 污）：抹墙用的工具，抹子。这里指用抹子粉刷墙壁。

②诛：责备、批评。

③与：语气词。

【译文】宰予在大白天睡觉。孔子（知道后）说："朽烂的木头无法用来雕刻，用粪土垒砌的墙壁无法进行粉刷。对于宰予（只用言语）责备他还有什么用呢？"孔子（不无感慨地）说："起初我对于一个人（的判断），听他/她说出的话便相信他/她一定能实行；现在我对于一个人（的判断），（不光要）听其言而且要观察他/她是否真的能实行。从宰予这里我改变了（过去）判断人的态度。"

【浅析】本章孔子批评宰予昼寝一事，言其朽木不可雕，重在听其言，观其行，取"论人"义。

H44. 互乡难与言[①]，童子见，门人惑。子曰："与其进也[②]，不与其退也[③]，唯何甚？人洁己以进[④]，与其洁也，不保其往也[⑤]。"［7.29］

［注释］

①互乡：地名，具体所在已无可考。

②与：赞许。进：一说进步。一说进见请教的作为。这里从前者。

③退：一说退步。一说退出以后的作为。这里从前者。

④洁己：洁身自好，努力修养，成为有德之人。

⑤不保其往：保，一说担保，一说保守，这里从后者。往，一说过去，一说将来，这里从前者。

【译文】互乡那个地方的人很难沟通，（但那里的一个）童子却受到了孔子的接见，学生们都很困惑（老师为何要接见他）。孔子说："我肯定他的进步，不肯定他的倒退。（待人）何必做得太过分呢？人家洁身自好（并改正了错误）追求进步，（我就要）肯定他如今改正错误（的勇气和做法），（而）不要（盯住）他的过去（的缺点或错误）不放。"

【浅析】本章孔子论互乡之童子，重在劝人向善，不咎既往，取"论人"义。

H45. 季氏富于周公[①]，而求也为之聚敛而附益之[②]。子曰："非吾徒也，小子鸣鼓而攻之，可也！"［11.17］

［注释］

①周公：一说泛指周朝的公侯。一说特指周公。这里从后者。

②聚敛：积聚和收集钱财，即搜刮。益：增加。

【译文】季氏的财富超过了周公，而冉求还帮季氏聚敛（民脂民膏）来增加他的财富。孔子（气愤地）说：“（从今以后冉求）不再是我的学生了，你们可以大张旗鼓地去攻击他吧！”

【浅析】本章孔子批冉求为季氏聚敛财富，有助纣为虐之嫌，重在季氏无德，为富不仁，取“论人”义。

H46. **或问子产。子曰：“惠人也。”问子西[①]。曰：“彼哉！彼哉！”问管仲。曰：“人也[②]。夺伯氏骈邑三百[③]，饭疏食，没齿无怨言[④]。”**[14.9]

[注释]

①子西：这里的子西指楚国的令尹，名申。

②人也：即此人。

③伯氏：齐国的大夫。骈（pián 胼）邑：地名，伯氏的采邑。

④没齿：死。

【译文】有人问子产的为人。孔子说：“（子产）是个懂得施惠于人的人。”又问子西的为人。孔子说：“他呀！他呀！”又问管仲的为人。孔子说：“他是个人才啊！（他当年）把伯氏骈邑的三百家夺走（据为己有），（使伯氏此后过着）粗茶淡饭（的贫困生活），（但伯氏直到）死去也没有一句怨言。”

【浅析】本章孔子论子产、子西、管仲三人，重在惠人无吝，疏食无怨，取“论人”义。

H47. **公叔文子之臣大夫僎与文子同升诸公[①]。子闻之曰：“可以为‘文’矣！”**[14.18]

[注释]

①僎（zhuàn 赚）：人名。公叔文子的家臣。升诸公：这里是说僎由家臣升为大夫，与公叔文子同等地位。公：公室。

【译文】公叔文子的家臣僎和公叔文子（本人）一同做了卫国的大夫。孔子知道了这件事，说：“（公叔文子死后）可以赐予他‘文’的谥号了！”

【浅析】本章孔子赞许公叔文子荐贤之德，重在举贤任能，唯才是举，取“论人”义。

H48. **逸民[①]：伯夷、叔齐、虞仲、夷逸、朱张、柳下惠、少连[②]。子曰：“不降其志，不辱其身，伯夷、叔齐与？”谓“柳下惠、少连，降志辱身矣。言中伦，行中虑，其斯而已矣”。谓“虞仲、夷逸，隐居放言[③]。身中清，废中权。我则异于是，无可无不可”。**[18.8]

[注释]

①逸：同“佚”，散失、遗弃。

②伯夷、叔齐、虞仲、夷逸、朱张、柳下惠、少连：虞仲、夷逸、朱张、少连这几人的身世无从考究，可能是当时没落的贵族。

③放：放置。

【译文】（古今被）遗落的人才有：伯夷、叔齐、虞仲、夷逸、朱张、柳下惠、少连。孔子（评价）说："不降低自己的意志，不屈辱自己的身份，这是伯夷、叔齐吧。"（孔子）说"柳下惠、少连（被迫）降低自己的意志，屈辱自己的身份，但他们说话合乎伦理，行为合乎人心"。（孔子）说"虞仲、夷逸过着隐居的生活，说话很随便，能洁身自爱，离开官位合乎权道。我自己却和这些（逸民）人士不同，（在我看来，凡事）没有（绝对的）可以，也没有（绝对的）不可以"。

【浅析】本章孔子论古今逸民，或隐居求志，或降志辱身，各守气节，重在有为有不为，无可无不可，取"论人"义。

（二）孔子弟子语录

H49. **鲁人为长府[①]。闵子骞曰："仍旧贯[②]，如之何？何必改作？"子曰："夫人不言[③]，言必有中。"**［11.14］

［注释］

①鲁人：这里指鲁国的当权者。人和民有所区别。为：这里是改建的意思。长府：储藏财货、兵器等的仓库叫府，长府是鲁国的国库名。

②仍旧贯：沿袭老样子。贯，事、例。

③夫（fú 福）人：这个人。

【译文】鲁国人计划翻修长府的国库。闵子骞说："仍然照老样子下去，怎么样？为什么一定要改建呢？"孔子（赞赏地）说："这个人平日里不大开口讲话，（但是）一开口就说到（问题的）要害上。"

【浅析】本章孔子论闵子骞，为人谨慎而不轻易发言，重在言必有中，一语中的，取"论人"义。

H50. **仲弓问子桑伯子[①]，子曰："可也，简[②]。"仲弓曰："居敬而行简[③]，以临其民[④]，不亦可乎？居简而行简，无乃大简乎[⑤]？"子曰："雍之言然。"**［6.2］

［注释］

①子桑伯子：人名，此人生平不可考。

②简：简要，不烦琐。

③居敬：为人严肃认真，依礼严格要求自己。行简：指推行政事简而不繁。

④临：面临，面对。这里有治理的意思。

⑤无乃：岂不是。大：同“太”。

【译文】仲弓问子桑伯子的为人，孔子说：“他的为人还可以，做事简要。”仲弓说：“（一个人）居心恭敬严肃而行事简明，像这样来治理百姓，不也值得肯定吗？（反之，一个人）自身马马虎虎，却以简要的方法办事，这岂不是太过简单了吗？”孔子说：“冉雍，你这话说得对。”

【浅析】本章孔子论子桑伯子，认为他为人简约，重在居敬行简，简繁有度，取“论人”义。

H51. **子贡问曰：“赐也何如？”子曰：“女，器也。”曰：“何器也？”曰：“瑚琏也**[①]**。”**[5.4]

[注释]

①瑚琏：古代祭祀时盛粮食用的器具。

【译文】子贡问孔子如何评价自己，说：“（您觉得）我这个人怎么样？”孔子说：“你呀，如同一个器具。”子贡又问：“是什么器具呢？”孔子说：“是瑚琏。”

【浅析】本章孔子论子贡之才，贵如瑚琏之器，重在君子不器，大器晚成，取“论人”义。

H52. **子贡问：“师与商也孰贤？”子曰：“师也过，商也不及。”曰：“然则师愈与？”子曰：“过犹不及。”**[11.16]

【译文】子贡问孔子：“子张和子夏两人谁更贤良呢？”孔子回答说：“子张（的缺点是容易）过分，子夏（的缺点是容易）不到位。”子贡说：“那么是子张好一些吗？”孔子说：“过分和不到位一样（不符合中庸之道，二者都不算好）。”

【浅析】本章孔子评论子张与子夏，或过头，或不及，重在有为有不为，无过无不及，取“论人”义。

H53. **子贡问曰：“乡人皆好之，何如？”子曰：“未可也。”“乡人皆恶之，何如？”子曰：“未可也。不如乡人之善者好之，其不善者恶之。”**[13.24]

【译文】子贡问孔子：“全乡的人都喜欢某人，这个人怎么样？”孔子说：

"这还不能肯定。"（子贡又问孔子）："全乡的人都厌恶某人，这个人怎么样？"孔子说："这也是不能肯定的。（依我看）最好是全乡的好人都喜欢这个人，全乡的坏人都厌恶这个人。"

【浅析】本章孔子论如何正确对待"公论"，告诫人们不可人云亦云，妄论他人是非善恶，重在静思己过，莫论人非，取"论人"义。

H54. 叔孙武叔语大夫于朝①，曰："子贡贤于仲尼。"子服景伯以告子贡②。子贡曰："譬之宫墙③，赐之墙也及肩，窥见室家之好。夫子之墙数仞④，不得其门而入，不见宗庙之美、百官之富⑤。得其门者或寡矣。夫子之云，不亦宜乎？"［19.23］

［注释］

①叔孙武叔：鲁国大夫，名州仇，三桓之一。

②子服景伯：鲁国大夫，姓子服，名伯，"景"是他的谥号。

③宫墙：宫也是墙。这里指围墙，不是房屋的墙。

④仞（rèn 任）：古时一说七尺为仞，一说八尺为仞，一说五尺六寸为仞。

⑤官：这里指房舍。

【译文】叔孙武叔在朝廷上对大夫们说："（其实）子贡比（他的老师）仲尼更贤良。"子服景伯把（叔孙武叔的）这番话告诉了子贡。子贡说："（如果）拿围墙（高低）来作比喻，我家的围墙只有齐肩高，老师家的围墙却有几仞高，（如果）找不到门进去，（你）就看不见（里面的）宗庙多么庄严美好，（里面的）房屋多么富丽堂皇。（只可惜）能够找到（老师家）门径进去的人并不多。叔孙武叔（出于无知）说出这番话，不也是很自然的吗？"

【浅析】本章子贡论孔子，认为老师的道德学问高深莫测，难以企及，重在出类拔萃，生民未有，取"论人"义。

H55. 叔孙武叔毁仲尼。子贡曰："无以为也①！仲尼不可毁也。他人之贤者，丘陵也，犹可逾也；仲尼，日月也，无得而逾焉。人虽欲自绝，其何伤于日月乎？多见其不知量也②！"［19.24］

［注释］

①以：此也，这里作副词用。

②多：副词，只、至多。不知量：不知圣人之度量。也：同"耳"。

【译文】叔孙武叔诋毁孔子的为人。子贡说："（像他这样做）是没有用的！仲尼是无法被诋毁的。他人的贤德，好比是丘陵，还可以逾越过去；仲尼的贤德，好比是日月，是无法逾越的。即使有人想要自绝（于日月的光辉），对于日月而言那有什么损伤呢？至多说明这个人不自量力罢了！”

【浅析】本章子贡论孔子圣德与日月同辉，不可逾越和诋毁，重在人欲自绝，何伤日月，取“论人”义。

H56. **陈子禽谓子贡曰：“子为恭也[①]，仲尼岂贤于子乎？”子贡曰：“君子一言以为知，一言以为不知，言不可不慎也。夫子之不可及也，犹天之不可阶而升也。夫子之得邦家者，所谓立之斯立，道之斯行，绥之斯来[②]，动之斯和。其生也荣，其死也哀。如之何其可及也！”**［19.25］

［注释］

①为恭：指对孔子刻意谦卑恭敬。

②绥（suí 随）：安抚，安定。

【译文】陈子禽对子贡说：“（我认为）您是（过于）谦恭了，仲尼怎么能比您更贤良呢？”子贡说：“（通过）君子说出的一句话就可以看出他/她的明智，（当然）一句话也可以看出他/她的不明智，（所以）说话不可不慎重啊。我的老师（的道德学问）高不可及，犹如头上的青天不可能凭借阶梯而攀升上去啊。（如果）让我的老师（有机会）得到诸侯或卿大夫的位置（施政），那就正像人们所说的那样，教导百姓立于礼，百姓自然就会立于礼，引导百姓跟随，百姓自然就会跟着走；安抚百姓，百姓自然就会归顺；动员百姓，百姓自然就会和衷共济。夫子的生（令世人感到）光荣，夫子的死（令世人感到）悲哀。（像他这样伟大的人）我怎么能赶得上呢？”

【浅析】本章子贡论孔子，其生也荣，其死也哀，重在功德不朽，万古流芳，取“论人”义。

H57. **子路问曰：“何如斯可谓之士矣？”子曰：“切切偲偲[①]、怡怡如也[②]，可谓士矣。朋友切切偲偲，兄弟怡怡。”**［13.28］

［注释］

①偲偲（sī 斯）：勉励、督促、诚恳的样子。

②怡怡（yí 仪）：和气、亲切、顺从的样子。

【译文】子路问（孔子）道：“怎样做才可以称得上士呢？”孔子说：“（如果能做到）相互勉励，和睦共处，就可以叫作‘士’了。朋友之间要相互勉励，兄弟之间要和睦共处。”

【浅析】本章孔子论为士之道，应善待朋友、兄弟，重在宽厚待人，取“论人”义。

H58. 子张问："士何如斯可谓之达矣?"子曰："何哉，尔所谓达者?"子张对曰："在邦必闻，在家必闻。"子曰："是闻也，非达也。夫达也者，质直而好义，察言而观色，虑以下人。在邦必达，在家必达。夫闻也者，色取仁而行违，居之不疑。在邦必闻，在家必闻。"［12.20］

【译文】 子张问："一个士人，如何做才可以称得上通达?"孔子说："你所说的通达是什么意思?"子张回答："为政做官时一定有名望，在大夫家工作时一定有名望。"孔子说："你说的这个是'闻名'，不是'通达'。要（做到）通达应当是品质正直而且喜好仁义，善于觉察人家的言语而且要观看脸色，从思想上愿意对别人（适度）退让。（这种人）为政做官时必定通达，在大夫家做事也必定通达。(反之，只是要求做到）闻名的人表面看来似乎爱好仁德，然而其实际行为却在违背（仁德)，（他/她竟以仁者）自居而不加疑惑。(这种人）为政做官的时候必定会骗取名望，在大夫家工作时也必定会骗取名望。"

【浅析】 本章孔子论"闻士"与"达士"的区别，重在质直好义，虑以下人，取"论人"义。

H59. 曾子曰："可以托六尺之孤①，可以寄百里之命②，临大节而不可夺也，君子人与?君子人也。"［8.6］

[注释]

①孤：死去父亲的小孩叫孤。六尺指十五岁以下，古人以七尺指成年。托六尺之孤：受君主临终前的嘱托辅佐幼君。

②寄：寄托、委托。百里之命：指掌握国家政权和命运。

【译文】 曾子说："可以托付（他/她）辅佐年幼的君主，可以委托（他/她）管理国家的政权，面临生死存亡的紧急关头而不动摇屈服，（这样的人）是君子吗?（肯定）是君子啊!"

【浅析】 本章曾子论君子气节，可以托孤寄命，重在大节无夺，威武不屈，取"论人"义。

H60. 曾子曰："吾闻诸夫子：人未有自致者也，必也亲丧乎!"［19.17］

【译文】 曾子说："我听老师说过：人（平时）不可能自然地将感情发挥到极致，(如果有这种情况，）一定是在父母逝世（而悲痛欲绝）的时候!"

【浅析】 本章曾子忆述孔子之言，认为丧失亲人会让人的情感爆发到极点，重在丧亲之痛，痛不欲生，取"论人"义。

（三）政客、时人语录

H61. 子问公叔文子于公明贾曰[①]：“信乎？夫子不言[②]、不笑、不取乎？”公明贾对曰：“以告者过也[③]。夫子时然后言，人不厌其言；乐然后笑，人不厌其笑；义然后取，人不厌其取。”子曰：“其然，岂其然乎？”［14. 13］

［注释］

①公叔文子：卫国大夫公孙拔，卫献公之子，谥号“文”。公明贾（gǔ古）：姓公明，字贾，卫国人。

②夫子：文中指公叔文子。

③以：此处是“这个”的意思。

【译文】孔子向公明贾询问公叔文子（的为人），（孔子）说：“（我听说）他老人家不说、不笑、不取，真是这样吗？”公明贾回答道：“这是传话的人说错了。先生到该他发言时才说，（因此）别人不厌恶他的说话；（内心感到）快乐时才笑，（因此）别人不厌恶他笑；符合仁义的财利他才收取，（因此）别人不厌恶他的取。”孔子说：“原来是这样，难道真是这样吗？”

【浅析】本章记孔子向公明贾求证公叔文子之为人，重在不苟言笑，不义不取，取“论人”义。

H62. 阙党童子将命[①]。或问之曰：“益者与？”子曰：“吾见其居于位也[②]，见其与先生并行也[③]。非求益者也，欲速成者也。”［14. 44］

［注释］

①阙党：即阙里，孔子家住的地方。将命：在宾主之间传言。

②居于位：童子与长者同坐。

③并行：并排而行。

【译文】阙里（这地方的）一位童子（代表他主人）来向孔子传话。（事后）有人问孔子：“这是个追求上进的孩子吗？”孔子说：“我看见他坐在成年人的位子上，又见他和长辈并肩行走，（依我看）他不是一个追求上进的人，而是一个急于求成的人。”

【浅析】本章孔子论阙党童子，言其非求益者，乃欲速成者，重在欲速不达，取“论人”义。

（四）其他

H63. 南容三复白圭[①]，孔子以其兄之子妻之。［11.6］

［注释］

①白圭：指《诗经·大雅·抑之》的诗句："白圭之玷，尚可磨也；斯言之玷，不可为也。"意思是白玉上的污点还可以磨掉，我们言论中有毛病，就无法挽回了。

【译文】南容反复吟诵《诗经》里"白圭之玷，尚可磨也；斯言之玷，不可为也"这几句诗，孔子（认为他品德出众，于是）把侄女嫁给了他。

【浅析】本章记南容"三复白圭"以诗明志一事，重在谨言慎行，覆水难收，取"论人"义。

H64. 闵子侍侧，訚訚[①]如也；子路，行行如也[②]；冉有、子贡，侃侃如也[③]。子乐。"若由也，不得其死然。"［11.13］

［注释］

①訚訚（yín 银）：和颜悦色的样子。

②行行（hàng）：刚强的样子。

③侃侃：说话理直气壮。

【译文】闵子骞侍立在（孔子）身旁，看上去一副和颜悦色的样子；子路是一副刚强勇猛的样子；冉有、子贡，也是一副温和快乐的样子。孔子感到高兴。（不过孔子又说：）"像仲由这个样子，只怕（迟早有一天）不得好死吧！"

【浅析】本章记孔子弟子侍师的情景，栩栩如生，重在乐得英才，教之育之，取"论人"义。

H65. 柴也愚[①]，参也鲁[②]，师也辟[③]，由也喭[④]。［11.18］

［注释］

①柴：高柴，字子羔，孔子学生，公元前 521 年出生，比孔子小 30 岁。愚：古注说，愚直之愚，指愚而耿直，不是傻的意思。

②鲁：迟钝。

③辟（pì 譬）：偏，偏激。

④喭（yàn 燕）：鲁莽，粗鲁，刚猛。

【译文】（孔门弟子之中，）高柴愚笨，曾参迟钝，颛孙师偏激，仲由鲁莽。

【浅析】本章记孔子弟子个性不足之处，表现在愚、鲁、辟、喭这四个方面，重在取长补短，扬长避短，取“论人”义。

H66. 周有八士：伯达、伯适、仲突、仲忽、叔夜、叔夏、季随、季騧[1]。[18.11]

[注释]

①伯达、伯适（kuò 扩）、仲突、仲忽、叔夜、叔夏、季随、季騧（guā 刮）：这里八个人的事迹已无可考。

【译文】周代有八位出名的士人：伯达、伯适、仲突、仲忽、叔夜、叔夏、季随、季騧。

【浅析】本章记周代八位贤士，重在以古鉴今，劝人向善，取“论人”义。

九 处 世

题解

本篇共辑录《论语》原文六十章（编码为I），包括孔子语录34章（I1–I34），孔子弟子语录12章（I35–I46），时人、政客及隐士语录8章（I47–I54），其他6章（I55–I60）。

主要内容涉及：君子的天下观（如“君子之于天下也，无适也，无莫也，义之与比”“用之则行，舍之则藏”）、君子处世之道（如“邦有道，危言危行；邦无道，危行言孙”“笃信好学，守死善道。危邦不入，乱邦不居，天下有道则见，无道则隐”）、君子对待世事纷争的态度（如“君子无所争。必也射乎！揖让而升，下而饮。其争也君子”“君子矜而不争，群而不党”）、君子对待生死富贵的态度（如“死生有命，富贵在天”“富而可求也，虽执鞭之士，吾亦为之。如不可求，从吾所好”“饭疏食，饮水，曲肱而枕之，乐亦在其中矣。不义而富且贵，于我如浮云”）、待人处世之道（如“君子敬而无失，与人恭而有礼，四海之内，皆兄弟也”）、君子交友之道（如“益者三友，损者三友。友直，友谅，友多闻，益矣；友便辟，友善柔，友便佞，损矣”“忠告而善道之，不可则止，毋自辱焉”）、君子处乐之道（如“益者三乐，损者三乐。乐节礼乐，乐道人之善，乐多贤友，益矣；乐骄乐，乐佚游，乐宴乐，损矣”）、孔子为人（如“夫子温、良、恭、俭、让”“其为人也，发愤忘食，乐以忘忧，不知老之将至”“知其不可而为之者”）、孔子用世之心（如“夫召我者而岂徒哉？如有用我者，吾其为东周乎”“鸟兽不可与同群，吾非斯人之徒与而谁与？天下有道，丘不与易也”）等。详见下文。

（一）孔子语录

I1. 子曰：“君子之于天下也，无适也①，无莫也②，义之与比③。”［4.10］

［注释］

①适（dí 敌）：可以，许可。意为亲近、厚待。

②莫：疏远、冷淡。

③义：适宜、妥当。比：亲近、相近、靠近。

【译文】孔子说："君子看待天下的事情，没规定要这样干（才对），也没规定不要那样干（才好），只要合于道义就那样干。"

【浅析】本章孔子论君子的天下观，重在无适无莫，合于道义，取"处世"义。

12. 子曰："君子无所争。必也射乎①！揖让而升②，下而饮。其争也君子。"[3.7]

[注释]

①射：原意为射箭。此处指古代的射礼。

②揖（yī 衣）：拱手行礼，表示尊敬。

【译文】孔子说："君子的为人不好争斗。（如果有所争，）那一定是射箭比赛了。（比赛时）射手们相互作揖谦让一番，然后登上射箭的场地，（射完后，）退下来一同饮酒。这就是君子之争。"

【浅析】本章孔子论君子处世之道，重在与世无争，争也君子，取"处世"义。

13. 子曰："君子矜而不争①，群而不党。"[15.22]

[注释]

①矜（jīn 今）：庄重，矜持。

【译文】孔子说："君子庄重而不愿与人争锋，合群而不会结党营私。"

【浅析】本章孔子论君子处世之道，重在能矜能群，不争不党，取"处世"义。

14. 子曰："君子不以言举人；不以人废言。"[15.23]

【译文】孔子说："君子不会仅凭一个人发言（有道理）就举荐他/她，也不会因为一个人（有缺点）而不采纳他/她（有道理）的发言。"

【浅析】本章孔子论君子处世之道，不以言举人，不以人废言，重在知人知言，取"处世"义。

I5. 子曰："道不同，不相为谋。"［15.40］

【译文】孔子说："（彼此秉持的）道义不同，不会相互（为对方）参谋。"

【浅析】本章孔子论道，认为道不同，不相为谋，重在求同存异，合作共赢，取"处世"义。

I6. 子曰："德不孤，必有邻。"［4.25］

【译文】孔子说："有道德的人是不会（感到）孤独的，必定会有（同心同德的）人与他/她相伴。"

【浅析】本章孔子论德，认为德不孤，必有邻，重在物以类聚，人以群分，取"处世"义。

I7. 子曰："富而可求也①，虽执鞭之士②，吾亦为之。如不可求，从吾所好。"［7.12］

［注释］

①富：指升官发财。求：指合于道，可以去求。

②执鞭之士：古代天子、诸侯和官员出入时手执皮鞭开路的人。这里指地位低下的职位。

【译文】孔子说："（如果）财富可以求得的话，即使是市场拿皮鞭守门的小卒（这样低下的职位），我也愿意去干。如果不可以求得财富，（我宁愿）从我所好。"

【浅析】本章孔子论财富，如不可求，从吾所好，重在君子爱财，取之有道，取"处世"义。

I8. 子曰："饭疏食①，饮水②，曲肱而枕之③，乐亦在其中矣。不义而富且贵，于我如浮云。"［7.16］

［注释］

①疏食：古代以稻粱为细粮，以稷为粗粮。一说是粗粮。一说是糙米。

②水：古代常以"汤"和"水"并称，"汤"是热水，"水"是冷水。

③肱（gōng 公）：胳膊。

【译文】孔子说："吃着粗粮米饭，喝冷水，弯起胳膊当枕头，（人生的）乐趣就在这中间了。（对于）通过不义手段而得到的富贵，在我看来就如同天上的浮云一样（与我无关）。"

【浅析】本章孔子自述安贫乐道之志，表达疏水曲肱，乐在其中，视富贵如浮云的超然情怀，重在居仁由义，乐天知命，取“处世”义。

I9. **子曰：“笃信好学，守死善道。危邦不入，乱邦不居，天下有道则见①，无道则隐。邦有道，贫且贱焉，耻也，邦无道，富且贵焉，耻也。”** [8.13]

[注释]

①见：同“现”。

【译文】孔子说：“坚定信念并努力学习，誓死守卫并完善大道。危险的国家不（盲目）进入，动乱的国家不适合居住，天下有道就出来做官；天下无道就隐居不出。国家有道（百业兴旺）之时，（而你却）生活贫贱，是耻辱；国家无道（民不聊生）之时，（而你却）生活富贵，也是耻辱。”

【浅析】本章孔子论处世之道，危邦不入，乱邦不居，有道则见，无道则隐，重在笃信好学，守死善道，取“处世”义。

I10. **子曰：“邦有道，危言危行①；邦无道，危行言孙②。”** [14.3]

[注释]

①危：直，正直。

②孙：同“逊”。

【译文】孔子说：“国家有道之时，要正言正行；国家无道之时，仍要正直，但说话要谦逊。”

【浅析】本章孔子论处世之道，重在居安思危，谨言慎行，取“处世”义。

I11. **子曰：“不逆诈，不亿不信，抑亦先觉者，是贤乎①？”** [14.31]

[注释]

①逆：迎，预先怀疑。亿：同“臆”，猜测的意思。朱熹《论语集注》云：“逆，未至而迎之也。亿，未见而意之也。诈，谓人欺己。不信，谓人疑己。抑，反语辞。言虽不逆不亿，而于人之情伪，自然先觉，乃为贤也。”

【译文】孔子说：“不预先怀疑别人（存心要）欺诈你，也不无故猜测别人不诚实，然而也能事先察觉别人（的欺诈和不诚实），（能做到这样的，应该）是贤人了吧？”

【浅析】本章孔子论人际交往，不亿不信不逆诈，重在有诚有明，先知先觉，取“处世”义。

I12. **子曰：“贤者辟世①，其次辟地，其次辟色，其次辟言。”子曰：“作者七人矣②！”**［14.37］

［注释］

①辟：同“避”，逃避。

②七人：即伯夷、叔齐、虞仲、夷逸、朱张、柳下惠、少连。

【译文】 孔子说：“贤人躲避动荡的社会（隐居起来），次一等的逃避到另外一个地方去，再次一等的避开别人难看的脸色，再次一等的避开别人难听的话。”孔子又说：“（据我所知）这样做的已经有七个人了！”

【浅析】 本章孔子论遁世退隐之道，避世、避地、避色、避言，重在隐居求志，矢志不渝，取“处世”义。

I13. **子曰：“可与言，而不与之言，失人；不可与言，而与之言，失言。知者不失人，亦不失言。”**［15.8］

【译文】 孔子说：“可以对他/她讲的话，你却不对他/她谈，这是错失人才；不可以对他/她谈的话，你却对他/她讲了，这是失言。明智的人能做到既不失人（该说就说），也不失言（不该说就不说）。”

【浅析】 本章孔子论人际交往，重在不失人，不失言，取“处世”义。

I14. **子曰：“吾之于人也，谁毁谁誉？如有所誉者，其有所试矣。斯民也，三代之所以直道而行也。”**［15.25］

【译文】 孔子说：“（想一想）我对于别人（的评价），诋毁过谁呢？赞美过谁呢？如果有所赞美的话，那他/她一定是经过考验的。（正因为有了）这些（值得赞美）的人，所以（夏、商、周）三代才能够直道而行。”

【浅析】 本章孔子论毁誉，认为所毁所誉，须有根据，重在平等一心，直道而行，取“处世”义。

I15. **子曰：“天生德于予，桓魋其如予何①？”**［7.23］

［注释］

①桓魋（tuí 颓）：宋国的司马向魋，因为是宋桓公的后代，所以又叫桓魋。

【译文】 孔子说：“上天把（做人的）美德赋予了我（谁也夺不走），桓魋又能把我怎么样？”

【浅析】本章记孔子不畏桓魋之恶，重在仁者有勇，勇者不惧，取“处世”义。

I16. **子曰：“从我于陈、蔡者①，皆不及门也②。”**［11.2］

［注释］

①陈、蔡：均为古代国家名。

②不及门：不在跟前受教。门，这里指受教的场所。

【译文】孔子说：“（当年）随我在陈国、蔡国一同遭罪受苦的人，如今都不在我的门下了。”

【浅析】本章孔子感叹时过境迁，往事如烟，重在世道离乱，君子道消，取“处世”义。

I17. **孔子曰：“益者三友，损者三友。友直，友谅①，友多闻，益矣；友便辟②，友善柔③，友便佞④，损矣。”**［16.4］

［注释］

①谅：诚信。

②便辟：惯于走邪道。

③善柔：善于和颜悦色骗人。

④便佞：惯于花言巧语。

【译文】孔子说：“有益的朋友有三种，有害的朋友也有三种。结交正直的朋友，结交诚信的朋友，结交见闻广博的朋友，（结交这三种朋友）是有裨益的；结交惯行邪道的朋友，结交阿谀奉承的朋友，结交花言巧语的朋友，（结交这三种朋友）是有损害的。”

【浅析】本章孔子论交友之道，友直，友谅，友多闻，重在多交益友，以友辅仁，取“处世”义。

I18. **孔子曰：“益者三乐①，损者三乐。乐节礼乐，乐道人之善②，乐多贤友，益矣；乐骄乐，乐佚游③，乐宴乐④，损矣。”**［16.5］

［注释］

①乐：爱好。

②道：称道。

③佚（yì 义）：安逸。

④宴乐：即饮食宴乐。

【译文】孔子说："有益的爱好有三种，有害的爱好也有三种。乐于用礼乐调节自我，乐于称道别人的善良，乐于多交贤良的朋友，（这三种爱好）是有裨益的；乐于骄横，乐于游荡，乐于大吃大喝，（这三种爱好）是有损害的。"

【浅析】本章孔子论为乐之道，倡导益者三乐：乐节礼乐，乐道人善，乐多贤友，重在乐观豁达，善与人交，取"处世"义。

I19. 子畏于匡①。曰："文王既没②，文不在兹乎③？天之将丧斯文也，后死者不得与于斯文也④；天之未丧斯文也，匡人其如予何⑤。" [9.5]

[注释]

①畏：受到威胁。匡：地名，在今河南省长垣县西南。公元前496年，孔子从卫国到陈国时经过匡地。匡人曾受到鲁国阳虎的掠夺和残杀。孔子的相貌与阳虎相像，匡人误以为孔子就是阳虎，所以将他围困。

②文王：周文王，姓姬，名昌，西周开国之君周武王的父亲，是孔子认为的古代圣贤之一。

③兹：这里，指孔子自己。

④后死者：这里指孔子自己。与：同"举"，这里是掌握的意思。

⑤如予何：奈我何，把我怎么样。

【译文】孔子（一行人）被围困在匡地。（孔子）说："自从周文王死了以后，周代的礼乐文化不都体现在我的身上吗？（如果）上天如果想要消灭这种文化，那我就不可能掌握这种文化了；（如果）上天不想消灭这种文化（而想让我继承它），那么（围困我们的）匡人又能把我怎么样呢？"

【浅析】本章记孔子于匡地遇险，以天命自我激励，重在临危不惧，处变不惊，取"处世"义。

I20. 子疾病，子路使门人为臣①，病间②，曰："久矣哉，由之行诈也！无臣而为有臣，吾谁欺？欺天乎？且予与其死于臣之手也，无宁死于二三子之手乎③！且予纵不得大葬④，予死于道路乎？" [9.12]

[注释]

①为臣：臣，指家臣，总管。孔子当时不是大夫，没有家臣，但子路叫孔子的门人充当孔子的家臣，准备由此人负责安葬孔子之事。

②病间：病情减轻。

③无宁：宁可。"无"是发语词，没有实在意义。

④大葬：指大夫的葬礼。

【译文】孔子患了重病，子路派了（孔子的）门人去做孔子的家臣，（准备料理后事，）后来，孔子的病情好转了，（孔子）说："仲由干这种弄虚作假的事情，由来已久啊！我明明不该有家臣，却偏偏要装作有家臣，我欺骗谁呢？要我欺骗上天吗？况且我与其在家臣的侍候下死去，我宁可在你们这些学生的侍候下死去！而且纵然我不能以大夫的礼节得到安葬，难道就会被丢在路边没人将我埋葬吗？"

【浅析】本章记孔子不愿弟子对他行家臣侍奉之礼，并责备子路行诈（使门人为家臣），重在实事求是，无违礼制，取"处世"义。

I21. **子在川上曰："逝者如斯夫！不舍昼夜。"**[9. 17]

【译文】孔子在河边（不无感慨地）说："逝去的光阴就像这河水一样啊！不分昼夜地向前流去。"

【浅析】本章孔子感叹时光流逝，不舍昼夜，重在厚德载物，自强不息，取"处世"义。

I22. **子贡问友。子曰："忠告而善道之，不可则止，毋自辱焉。"**[12. 23]

【译文】子贡问交友之道。孔子说："（给予朋友）忠告而且要好好引导他/她，（如果他/她很固执）不听从你的劝告就停止，不要自取其辱。"

【浅析】本章孔子论交友，应避免自取其辱，重在忠告善道，不可则止，取"处世"义。

I23. **子张问明。子曰："浸润之谮[①]，肤受之愬[②]，不行焉，可谓明也已矣。浸润之谮，肤受之愬，不行焉，可谓远也已矣。"**[12. 6]

[注释]

①谮（zèn）：诬陷别人，说人坏话。

②愬（sù 诉）：诽谤。

【译文】子张问明察的道理。孔子说："（如果）像水那样慢慢渗透的谗言，有切肤之痛的诽谤，都在你这里行不通，可以说你是个明察的人了。（如果）像水那样慢慢渗透的谗言，有切肤之痛的诽谤，都在你这里行不通，可以说你是有远见卓识的人了。"

【浅析】本章孔子论明察之道，应避免"浸润之谮，肤受之愬"，重在明察秋毫，防微杜渐，取"处世"义。

I24. 子见南子①，子路不说②。夫子矢之曰③："予所否者④，天厌之！天厌之！"［6.28］

［注释］

①南子：卫国灵公的夫人，当时实际上左右着卫国政权，有淫乱的行为。

②说（yuè 阅）：同"悦"。

③矢：同"誓"，这里指发誓。

④否：不对、不是，这里指做了不正当的事。

【译文】 孔子去见南子，子路不高兴。（于是）孔子发誓说："如果我做了什么不正当的事，就让上天厌弃我吧！就让上天厌弃我吧！"

【浅析】 本章记孔子见南子一事，子路不悦，重在光明正大，问心无愧，取"处世"义。

I25. 叶公问孔子于子路①，子路不对。子曰："女奚不曰：其为人也，发愤忘食，乐以忘忧，不知老之将至云尔②。"［7.19］

［注释］

①叶（shè 摄）公：姓沈，名诸梁，楚国的大夫，封地在叶城（今河南叶县南），所以叫叶公。

②云：代词，如此的意思。尔：同"耳"，而已、罢了。

【译文】 叶公向子路询问孔子是个什么样的人，子路不回答。（事后）孔子（对子路）说："你为什么不样说：孔子这个人，发愤用功的时候会连饭都忘了吃，快乐的时候会忘掉所有忧愁，（甚至）不知道衰老已经降临到自己身上，如此而已。"

【浅析】 本章孔子自述为人，发愤忘食，乐以忘忧，不知老之将至，重在笃信好学，乐天知命，取"处世"义。

I26. 季文子三思而后行①。子闻之，曰："再②，斯可矣。"［5.20］

［注释］

①季文子：鲁国的大夫季孙行父，历仕鲁国文公、宣公、成公、襄公诸代。三：不是指具体的数字，这里指多次。

②再：两次。

【译文】 季文子（这个人）凡事都要经过多次考虑后才付诸行动。孔子听到了，说："（我认为凡事经过）两次（深思熟虑），这样就可以（行动）了。”

【浅析】本章孔子论行动之道，认为再思而行即可，重在先思后行，谋定后动，取“处世”义。

I27. **子华使于齐[①]，冉子为其母请粟[②]。子曰：“与之釜[③]。”请益。曰：“与之庾[④]。”冉子与之粟五秉[⑤]。子曰：“赤之适齐也，乘肥马，衣轻裘。吾闻之也，君子周急不继富[⑥]。”**[6.4]

[注释]

①子华：姓公西，名赤，字子华，孔子的学生，比孔子小42岁。

②冉子：即冉有，在《论语》中被孔子弟子称为“子”的人只有四五个，冉有是其中之一。粟：在古文表达中，粟与米连用时，粟是指带壳的谷粒，去壳以后叫作米；粟字单用时，就是指米。

③釜（fǔ 辅）：古代容量名，一釜约等于六斗四升。

④庾（yǔ 雨）：古代容量名，一庾约等于二斗四升。

⑤秉：古代量器名，容积为当时的十六斛（hú 胡）。五秉相当于十六石（dàn 旦）。

⑥周：周济、救济。

【译文】（有一次）子华出使到齐国，冉求替子华的母亲向孔子请求补助一些谷米。孔子说：“给她六斗四升。”冉求请求再增加一些。孔子说：“再给她二斗四升。”冉求却给了她八十斛。（事后）孔子说：“公西赤到齐国去，乘坐着肥马驾的车子，穿着又暖和又轻便的皮袍。我听说，君子只是周济急需救济的人，而不必周济已经富裕的人。”

【浅析】本章记冉子（代子华母亲）向孔子请谷米一事，重在君子周急不继富，取“处世”义。

I28. **原思为之宰[①]，与之粟九百[②]，辞。子曰：“毋！以与尔邻里乡党乎[③]！”**[6.5]

[注释]

①原思：姓原，名宪，字子思，鲁国人，孔子的学生，生于公元前515年。孔子在鲁国任司法官的时候，原思曾经做过他家的总管。宰：家宰，管家。

②九百：这里没有说明数量单位是什么。

③邻里乡党：相传古代以五家为邻，二十五家为里，五百家为党，一万二千五百家为乡。这里指原思的同乡，或家乡周围的百姓。

【译文】原思（给孔子家）当总管，（孔子）给他俸米九百，（原推）辞不肯要。孔子说："不要推辞啦！（如果有多余，你就把它）分给你的乡亲们吧。"

【浅析】本章记原思拒受多余食禄之事，重在尽职尽责，安守本分，取"处世"义。

I29. 厩焚[1]。子退朝，曰："伤人乎?"不问马。［10.17］

[注释]

①厩（jiù 旧）：马棚。

【译文】（有一天）马棚失火被焚毁了。孔子退朝回来，说："伤到人了吗?"不问马（的伤亡情况）。

【浅析】本章记孔子于厩焚之后，问人不问马，重在仁者爱人，人命关天，取"处世"义。

I30. 朋友死，无所归，曰："于我殡[1]。"［10.22］

[注释]

①殡：停放灵柩叫殡，埋葬也可以叫殡，这里指一切丧葬事务。

【译文】（孔子的）朋友死了，没有亲属负责敛埋，孔子说："（朋友的）丧事由我来办理吧。"

【浅析】本章记孔子交友之义，为死去的朋友料理后事，重在有情有义，情义无价，取"处世"义，

I31. 色斯举矣[1]，翔而后集[2]。曰："山梁雌雉[3]，时哉，时哉[4]！"子路共之[5]，三嗅而作[6]。［10.27］

[注释]

①色：脸色。举：鸟飞起来。

②翔而后集：飞翔一阵，然后落到树上。鸟群停落在树上叫"集"。

③山梁雌雉（zhì 志）：聚集在山梁上的母野鸡。

④时哉，时哉：得其时呀！得其时呀！这里是说野鸡时运好，能自由飞翔，自由落下。

⑤共：同"拱"。

⑥嗅：嗅应为"狊"字之误。狊（jú 局），鸟张开两翅。一作"戛"字，指鸟的长叫声。译文从前者。

【译文】（有一天，孔子行进在山谷中碰到一群野鸡只见）孔子神色动了一下，野鸡飞翔了一阵后停落在树上。（孔子不无感慨地）说："这些山梁上（自由自在的）母野鸡，正得其时呀！正得其时呀！"子路向它们拱拱手，野鸡便张开双翅飞走了。

【浅析】本章记孔子出行遇山梁雌雉，触景感怀，意思深远，重在人非鸟兽，不可同群，取"处世"义。

I32. **颜渊死。子曰："噫！天丧予！天丧予！"**［11.9］

【译文】颜渊死了。孔子说："噫！这是老天爷要夺我的命呀！这是老天爷要夺我的命呀！"

【浅析】本章记孔子痛惜颜渊之死，重在贤者早逝，大道无传，取"处世"义。

I33. **颜渊死，子哭之恸[①]。从者曰："子恸矣。"曰："有恸乎？非夫人之为恸而谁为[②]！"**［11.10］

［注释］

①恸（tòng 痛）：哀伤过度，过于悲痛。

②夫（fú 福）：指示代词，此处指颜渊。

【译文】颜渊死了，孔子哭得十分悲痛。跟随孔子的人说："您悲伤过度了！"（孔子）说："（我）悲伤过度了吗？（即便如此，）我不为这个人（的死）悲伤过度，又为谁呢？"

【浅析】本章记孔子痛惜颜渊之死，心情哀恸，重在亲友或余悲，他人亦已歌，取"处世"义。

I34. **伯牛有疾[①]，子问之，自牖执其手[②]，曰："亡之[③]，命矣夫[④]！斯人也而有斯疾也！斯人也而有斯疾也！"**［6.10］

［注释］

①伯牛：姓冉，名耕，字伯牛，鲁国人，孔子的学生。孔子认为他的德行较好。

②牖（yǒu 有）：窗户。

③亡之：可作丧失解，也可作死亡解。

④夫（fú 福）：语气词，相当于"吧"。

【译文】伯牛得了重病，孔子亲自前去慰问他，（孔子）从窗户外面握着他的手说："难以活命了，这是命中注定的吧！（为何）这样的（好）人也会得这样的病啊！（为何）这样的（好）人也会得这样的病啊！"

【浅析】本章记孔子慰问伯牛之疾，感叹"斯人也而有斯疾"，重在生死无常，好自为之，取"处世"义。

（二）孔子弟子语录

I35. 子畏于匡，颜渊后。子曰："吾以女为死矣。"曰："子在，回何敢死？"［11.23］

【译文】孔子被匡地人围困，颜渊最后（一个才逃出来）。孔子说："我还以为你已经死了呢。"颜渊说："（听说）夫子您还活着，我怎么敢（舍身去）死呢？"

【浅析】本章记孔子与颜渊劫后重逢，重在君子任重道远，不可轻身赴死，取"处世"义。

I36. 子禽问于子贡曰："夫子至于是邦也，必闻其政。求之与？抑与之与？"子贡曰："夫子温、良、恭、俭、让以得之。夫子之求之也，其诸异乎人之求之与？"［1.10］

【译文】子禽问子贡说："老师到了一个国家，（总是会）听闻到这个国家的政事。（这种资格）是他自己（主动）求得的呢，还是（人家国君主动）授予他的呢？"子贡说："老师（身上具有）温、良、恭、俭、让（的德行），所以才得到（这样的资格）。（这种资格也可以说是求得的），但他求的方法，或许与别人的求法不同吧？"

【浅析】本章子贡论"夫子之求"，不同于常人之"请求"，原因在于孔子具有温、良、恭、俭、让的人格魅力，重在至于是邦，必闻其政，取"处世"义。

I37. 子贡曰："有美玉于斯，韫椟而藏诸①，求善贾而沽诸②？"子曰："沽之哉③！沽之哉！我待贾者也！"［9.13］

［注释］

①韫（yùn 运）椟：古代用来收藏物件的柜子。

②善贾（gǔ 古）：识货的商人。

③沽（gū 姑）：卖出去。

【译文】子贡说："这里有一块美玉，是把它收藏在柜子里，还是找一个识货的商人把它卖掉呢?"孔子说："卖掉吧，卖掉吧！我也正在等着'识货'的人呢。"

【浅析】本章孔子自比美玉待沽，表明欲为世所用之心，重在循天顺人，顺其自然，取"处世"义。

138. 子谓颜渊曰："用之则行，舍之则藏[①]，惟我与尔有是夫[②]。"子路曰："子行三军[③]，则谁与[④]?"子曰："暴虎冯河[⑤]，死而不悔者，吾不与也。必也临事而惧[⑥]，好谋而成者也。"[7.11]

[注释]

①舍：舍弃，不用。藏：隐藏。

②夫：语气词，相当于"吧"。

③三军：是当时大国所有的军队，每军约一万二千五百人。

④与：在一起的意思。

⑤暴虎：赤手空拳与老虎进行搏斗。冯（píng 平）河：无船而徒步过河。

⑥临事而惧：遇到事情便格外小心谨慎。惧，有谨慎、警惕的意思。

【译文】孔子对颜渊说："（如果有人）起用我，我就去干；（如果）不起用我，我就（把自己的才能）隐藏起来，（我想）只有我和你才能做到这样吧!"子路问孔子说："老师您如果统帅三军，那么您（希望）和谁在一起共事呢?"孔子说："（对于）赤手空拳和老虎搏斗，徒步涉水过河，死了都不会后悔的人，我是不会和他在一起共事的。（我要找的，）一定要是遇事小心谨慎，善于谋划且能完成任务的人。"

【浅析】本章孔子论舍用行藏之道，重在临事而惧，好谋而成，取"处世"义。

139. 子疾病[①]，子路请祷[②]。子曰："有诸[③]?"子路对曰："有之。《诔》曰[④]：'祷尔于上下神祇[⑤]。'"子曰："丘之祷久矣。"[7.35]

[注释]

①疾：指有病。病：指病情严重。

②请祷：向鬼神请求和祷告，即祈祷。

③有诸：有这样的事吗。诸：之于。

④《诔》（lěi 磊）：祈祷文。

⑤神祇：古代称天神为神，地神为祇。

【译文】孔子病情严重，子路请求向鬼神祈福祷告。孔子说："有这回事吗？"子路说："有的。《诔》文上说：'为你向天神地祇祈祷。'"孔子说："（如果是这样的话，）我很早就祈祷过了。"

【浅析】本章记孔子疾病，不欲祷求于天地神灵，重在仁者知命，自求多福，取"处世"义。

I40. **子路宿于石门①。晨门曰②："奚自？"子路曰："自孔氏。"曰："是知其不可而为之者与？"**［14.38］

［注释］

①石门：鲁国都城的外门。

②晨门：早上看守城门的人。

【译文】子路夜里住宿在石门。早上，看门的人问："您从哪里来？"子路说："我从孔子那里来。"看门的人说："（您说的孔子）是那个明知行不通却还要去做的人吗？"

【浅析】本章记石门守门者论孔子，知其不可而为之，重在吾志所向，一往无前，取"处世"义。

I41. **公山弗扰以费畔①，召，子欲往。子路不说，曰："末之也已②，何必公山氏之之也③？"子曰："夫召我者而岂徒哉④？如有用我者，吾其为东周乎⑤！"**［17.5］

［注释］

①公山弗扰：人名，又称公山不狃，字子洩，季氏的家臣。畔：通"叛"。

②末：无。之：到、往。末之即无处去。已：止，算了。

③之之也：第一个"之"字是助词，后一个"之"字是动词，去、到。

④徒：徒然，空无所据。

⑤为东周：建立一个东方的周王朝，在东方复兴周礼。

【译文】公山弗扰凭借（坚固的）费邑反叛，来召请孔子，孔子准备前去。子路不高兴地说："（如果您）没有地方去就算了，为什么一定要去公山弗扰那里呢？"孔子说："他来召请我，难道只是（敷衍我的）一句空话吗？如果有人起用我，我就要（在东方复兴周礼）建立一个东方的西周！"

【浅析】本章记孔子欲为世所用之心，重在正道难行，中道难兴，取"处世"义。

I42. **佛肸召①，子欲往。子路曰："昔者由也闻诸夫子曰：'亲于其身为不善者，君子不入也。'佛肸以中牟畔②，子之往也，如之何？"子曰："然。**

有是言也。不曰坚乎，磨而不磷[3]**；不曰白乎，涅而不缁**[4]**。吾岂匏瓜也哉**[5]**？焉能系而不食**[6]**！”** [17.7]

［注释］

①佛（bì 碧）肸（xī 西）：晋国大夫范氏家臣，中牟城地方官。

②中牟（móu 谋）：地名，在晋国，约在今河北邢台与邯郸之间。畔：通“叛”。

③磷（lìn 吝）：损伤。

④涅：一种矿物质，可用作颜料染衣服。缁（zī 资）：黑色。

⑤匏（páo 刨）瓜：葫芦中的一种，味苦不能吃。

⑥系（jì 记）：结、扣。

【译文】佛肸召请孔子去，孔子打算前往。子路说：“从前我听先生说过：‘亲手干坏事的人那里，君子是不会去的。’现在佛肸凭借中牟反叛，你却要前去，这如何解释呢？”孔子说：“是的，我有过这样的话。（但）不是说坚硬的东西（无论怎么磨它也）磨不坏吗？不是说洁白的东西（无论怎么染污它也）染不黑吗？我难道是个苦味的葫芦吗？怎么能只是挂在那里（当摆设）而不给人吃呢？”

【浅析】本章记孔子欲为世所用之心，自言非匏瓜系而不食，重在至坚不磷，至白不缁，取“处世”义。

I43. **子游曰：“事君数**[1]**，斯辱矣；朋友数，斯疏矣**[2]**。”** [4.26]

［注释］

①数（shuò 朔）：屡次、多次，引申为烦琐的意思。

②斯：就。

【译文】子游说：“侍奉君主太过烦琐，（总有一天）会受到（君主的）侮辱；对待朋友太过烦琐，（总有一天）会被（你的朋友）疏远。”

【浅析】本章子游论事君交友之道，凡事皆有度，过之犹不及，重在适可而止，戒辱戒疏，取“处世”义。

I44. **子夏之门人问交于子张。子张曰：“子夏云何？”对曰：“子夏曰：‘可者与之，其不可者拒之。’”子张曰：“异乎吾所闻，君子尊贤而容众，嘉善而矜不能。我之大贤与，于人何所不容？我之不贤与，人将拒我，如之何其拒人也？”** [19.3]

【译文】子夏的学生向子张询问怎样结交朋友。子张说：“（先请你告诉我）子夏是怎么说的？”（子夏的这位学生）答道：“（我的老师）子夏说：‘可以相交的就和他/她交朋友，不可以相交的就拒绝他/她。’”子张说：“我所听到的和（你老师讲的）这些不一样，身为君子既能尊重贤人，又能包容众人；既能赞美善人，又能同情能力不足的人。（如果）我自身是十分贤良的人，那我对别人有什么不能包容的呢？（如果）我自身不够贤良，那人家就会拒绝我（不跟我交往），又怎能（轮到我）拒绝人家呢？”

【浅析】本章记子夏与子张论交友之道，重在求同存异，有容有拒，取“处世”义。

I45. **司马牛忧曰：“人皆有兄弟，我独亡！”子夏曰：“商闻之矣：死生有命，富贵在天。君子敬而无失，与人恭而有礼，四海之内，皆兄弟也。君子何患乎无兄弟也？”**［12.5］

【译文】（有一天）司马牛忧愁地说：“别人都有兄弟，唯独我没有。”子夏（劝他）说：“我听说过：‘死生有命，富贵在天。’（如果）君子（能做到）敬重做事没有（重大）过失，对人恭敬而且彬彬有礼，（那么，）四海之内的人就都是自己的兄弟了。君子何必担心没有兄弟呢？”

【浅析】本章记子夏解司马牛之忧，劝言四海之内皆兄弟，恭敬有礼则无失，重在死生有命，富贵在天，取“处世”义。

I46. **曾子曰：“君子以文会友；以友辅仁。”**［12.24］

【译文】曾子说：“君子以文章学问来结交朋友，（同时）依靠朋友辅助自己培养仁德。”

【浅析】本章曾子论交友之道，主张以文会友，重在以友辅仁，取“处世”义。

（三）时人、政客及隐士语录

I47. **子欲居九夷[①]。或曰：“陋[②]，如之何！”子曰：“君子居之，何陋之有？”**［9.14］

［注释］

①九夷：中国古代对东方少数民族的通称。

②陋：鄙野，文化闭塞，不开化。

【译文】（有一天）孔子想要搬到九夷那个地方去住。有人（劝告孔子）说："（九夷）那地方非常鄙陋，怎么能（适合您）居住！"孔子说："有君子去那里居住，还有什么鄙陋可言呢？"

【浅析】本章孔子欲迁居九夷鄙陋之地，认为君子居之，何陋之有，重在陋室德馨，取"处世"义。

148. **或曰："以德报怨，何如？"子曰："何以报德？以直报怨，以德报德。"**[14.34]

【译文】有人说："用（我的）恩德来回报（别人对我的）怨恨，怎么样？"孔子说："（这样的话，）用什么来报答（我的）恩德呢？（依我看）应该是用（我的）公平正直来回报（别人对我的）怨恨，用（我的）恩德来回报（别人对我的）恩德。"

【浅析】本章孔子论报怨之道，认为以德报怨的做法不可取，重在以直报怨，以德报德，取"处世"义。

149. **叶公语孔子曰："吾党有直躬者①，其父攘羊②，而子证之③。"孔子曰："吾党之直者异于是。父为子隐，子为父隐，直在其中矣。"**[13.18]

[注释]

①党：古代以五百户为一党，这里指同乡。直躬者：正直的人。

②攘（rǎng 壤）羊：偷羊。

③证：告发。

【译文】（有一天）叶公对孔子说："我的家乡有个正直的人，他/她父亲偷了人家的羊，（出于正义）他/她告发了自己的父亲。"孔子说："我家乡的正直的人和你讲的正直的人不一样：（如果碰到你说的这种事）父亲会为儿子隐瞒，儿子会为父亲隐瞒，正直就在其中了。"

【浅析】本章孔子论父子相隐之理，重在父慈子孝，直在其中，取"处世"义。

150. **阳货欲见孔子①，孔子不见，归孔子豚②。孔子时其亡也③，而往拜之。遇诸涂④。谓孔子曰："来，予与尔言。"曰："怀其宝而迷其邦⑤，可谓仁乎？"曰："不可。"曰："好从事而亟失时⑥，可谓知乎？"曰："不可。"曰："日月逝矣，岁不我与⑦。"孔子曰："诺。吾将仕矣！"**[17.1]

[注释]

①阳货：又叫阳虎，季氏的家臣。

②归（kuì 馈）：赠送。豚（tún 屯）：猪。

③时其亡：等他外出的时候。

④遇诸涂：在路上遇到了他。涂：同“途”，道路。

⑤迷其邦：听任国家迷乱。

⑥亟（jí级）：屡次。

⑦与：在一起，等待的意思。

【译文】阳货想要见孔子，孔子却不想见他，（他）便赠送孔子一只熟小猪（希望孔子回礼的时候去拜见他）。孔子等到阳货不在家时，前往阳货家回礼拜谢。（凑巧，两个人）在半路上遇见了。阳货便对孔子说：“来，我有话要跟你说。”（孔子走过去。）阳货（对孔子）说：“（一位贤者）把自己的本领藏起来而听任国家迷乱（无动于衷），这可以叫作仁吗？”（孔子回答）说：“不可以。”（阳货接着）说：“（一个人）喜欢参与政事而又屡次错过机会，这可以说是智吗？”（孔子回答）说：“不可以。”（阳货说：）“时光飞逝，岁月不等人啊！”孔子说：“好吧，我将要去做官了。”

【浅析】本章记阳货归豚，并讥讽孔子不仁不智一事，认为孔子“怀其宝而迷其邦”（不仁），“好从事而亟失时”（不智），重在道之不同，不相为谋，取“处世”义。

I51. **齐景公待孔子，曰：“若季氏，则吾不能，以季、孟之间待之。”曰：“吾老矣。不能用也。”孔子行。**［18.3］

【译文】齐景公（考虑用什么样的礼节）接待孔子，说：“（如果）像（鲁国君主）对待季氏那样（对待孔子），我做不到，（我想）我应该用介于季氏、孟氏之间的礼节对待他。”（齐景公）又说：“我老了，不能再发挥什么（治理国家的）作用了。”孔子离开了（齐国）。

【浅析】本章记齐景公终不能用孔子，重在见机而作，不用则行，取“处世”义。

I52. **公伯寮愬子路于季孙①，子服景伯以告，曰：“夫子固有惑志，于公伯寮，吾力犹能肆诸市朝②。”子曰：“道之将行也与，命也；道之将废也与，命也。公伯寮其如命何！”**［14.36］

［注释］

①公伯寮（liáo聊）：姓公伯，名寮，字子周，孔子的学生，曾任季氏的家臣。愬（sù诉）：同“诉”，告发，诽谤。

②肆诸市朝：古时处死罪人后陈尸示众。

【译文】（有一天）公伯寮（偷偷）向季孙告发子路。子服景伯把这件事告诉了孔子，并且说：“（我感到）季孙氏已经被公伯寮（这个人）迷惑住了，我的力量能够把公伯寮杀了，把他陈尸于市。”孔子说：“（如果）大道能够得到推行，取决于天命；（如果）道不得推行而将要废弃，也取决于天命。公伯寮（本事再大又）能把天命怎么样呢？”

【浅析】本章记孔子论子路受人毁谤一事，认为道之行废，取决于天命，而非某（恶）人所能左右，重在人之死生有命，道之行废在天，取“处世”义。

I53. **子击磬于卫[①]。有荷蒉而过孔氏之门者[②]，曰：“有心哉！击磬乎！”既而曰：“鄙哉，硁硁乎[③]！莫己知也，斯已而已矣。深则厉[④]，浅则揭[⑤]。”子曰：“果哉！末之难矣[⑥]。”**［14.39］

［注释］

①磬（qìng 庆）：一种打击乐器的名称。

②荷蒉（kuì 馈）：肩背着草筐。荷：肩扛。蒉：草筐。

③硁硁（kēng 坑）：击磬的声音。

④深则厉：水深就穿着衣服涉水过河。

⑤浅则揭：水浅就提起衣襟涉水过河。“深则厉，浅则揭”是《诗经·卫风·匏有苦叶》的诗句。

⑥末：无。难：责问。

【译文】（当时）孔子在卫国，（有一天孔子正在）敲击磬。（恰好）有一位背着草筐的人从门前走过，说：“这是个有心人啊！还懂得击磬！”过了一会儿又说：“声音硁硁的，真（令人感到）可鄙呀！没有人了解自己，自己能够好自为之就算了。（好像涉水一样，如果）水很深就（索性）穿着衣服趟过去，（如果）水很浅就撩起衣服趟过去。”孔子说：“说得真干脆啊！（我）没有什么可以责问他的了。”

【浅析】本章记孔子击磬于卫，闻荷蒉者言，重在世道如水，深厉浅揭，取“处世”义。

I54. **长沮、桀溺耦而耕[①]，孔子过之，使子路问津焉[②]。长沮曰：“夫执舆者为谁[③]？”子路曰：“为孔丘。”曰：“是鲁孔丘与？”曰：“是也。”曰：“是知津矣。”问于桀溺，桀溺曰：“子为谁？”曰：“为仲由。”曰：“是鲁孔丘之徒与？”对曰：“然。”曰：“滔滔者天下皆是也，而谁以易之[④]？且而与其从辟人之士也，岂若从辟世之士哉[⑤]？”耰而不辍[⑥]。子路行以告。夫子怃然曰[⑦]：“鸟兽不可与同群，吾非斯人之徒与而谁与？天下有道，丘不与易也。”**［18.6］

[注释]

①长沮（jǔ）、桀（jié）溺：两位隐士，真实姓名和身世不详。耦而耕：两个人合力耕作。

②问津：询问渡口。津，渡口。

③执舆：即执辔（pèi）。

④之：与。

⑤辟：同“避”。

⑥耰（yōu 优）：用土覆盖种子。辍（chuò 绰）：停止。

⑦怃（wǔ 午）然：怅然，失意。

【译文】（有一天）长沮、桀溺（两位隐士）在一起耕种，孔子（一行人恰好）路过，（孔子）让子路去询问过河的渡口在哪里。长沮问子路：“那个拿着缰绳的人是谁啊?”子路说：“是孔丘。”长沮说；“是鲁国的孔丘吗?”子路说：“是的。”长沮说：“那他早已知道渡口的位置了。”子路（不明白是什么意思）又去问桀溺。桀溺说：“你是谁?”子路说：“我是仲由。”桀溺说：“你是鲁国孔丘的门徒吗?”子路说：“是的。”桀溺说：“像洪水一般的坏东西到处都是，你们和谁去改变这种状况呢？而且你与其跟着躲避（坏）人的人，为什么不跟着我们这些躲避（整个）社会的人呢?”（桀溺）说完，仍然不停地做田里的农活。子路（没有问到渡口的位置，于是）离开他们，回来后把情况告诉了孔子。孔子很失望地说：“人是不能与飞禽走兽合群共处的，如果不同世上的人群打交道，我还与谁打交道呢？如果天下太平，我孔丘也就不会与你们一道来从事改革了。”

【浅析】本章记“子路问津”一事，孔子坦言不愿选择退隐山林，与鸟兽同群，与草木为伴，而情愿与世人风雨同舟、甘苦与共的人生信念，可见其为天地立心，为生民立命，对世人无怨无尤、不离不弃的慈悲胸怀，重在以出世的精神，做入世的事业，取“处世”义。

（四）其他

I55. **子之燕居**[①]**，申申如也**[②]**，夭夭如也**[③]。[7.4]

[注释]

①燕居：安居、家居、闲居。

②申申：衣冠整洁。

③夭夭：行动迟缓、斯文和舒。

【译文】孔子在家闲居（的时候），衣冠很整洁，行动和缓舒泰。

【浅析】本章记孔子燕居，申申夭夭，怡然自得，重在心无挂碍，气象中和，取“处世”义。

I56. 子之所慎：齐[①]、战、疾。［7.13］

［注释］

①齐：同“斋”，斋戒。古人在祭祀前要沐浴更衣，不吃荤，不饮酒，不与妻妾同寝，整洁身心，表示虔诚之心，这叫作斋戒。

【译文】孔子慎重对待的事有三样：斋戒，战争，疾病。

【浅析】本章记孔子慎重之事：齐、战、疾，重在正心修身，国泰民安，取“处世”义。

I57. 子不语怪、力、乱、神[①]。［7.21］

［注释］

①朱熹《论语集注》云：“怪异、勇力、悖乱之事，非理之正，固圣人所不语。鬼神，造化之迹，虽非不正，然非穷理之至，有未易明者，故亦不轻以语人也。”谢氏（谢良佐）曰：“圣人语常而不语怪，语德而不语力，语治而不语乱，语人而不语神。”

【译文】孔子从不谈论怪异、勇力、叛乱、鬼神（之人或事）。

【浅析】本章记孔子不语之事：怪、力、乱、神，重在弘仁正道，扬善抑恶，取“处世”义。

I58. 子钓而不纲[①]，弋不射宿[②]。［7.27］

［注释］

①纲：网上的大绳叫纲，用它来横断水流，再用生丝系钓，着于纲上来取鱼，这也叫纲。“不纲”的“纲”是动词。

②弋（yì 义）：用带生丝的矢来射。宿：歇宿了的鸟。

【译文】（平时）孔子只用（系有一个鱼钩）的钓竿钓鱼，而不用（有许多鱼钩的）大绳钓鱼。只射飞在空中的鸟，而不射在巢中歇息的鸟。

【浅析】本章记孔子日常渔猎之事，重在心存仁爱，不可滥杀，取“处世”义。

159. 孺悲欲见孔子[①]，孔子辞以疾。将命者出户，取瑟而歌，使之闻之。[17.20]

[注释]

①孺悲：鲁国人，鲁哀公曾派他向孔子学礼。

【译文】孺悲想要拜见孔子，孔子以有病为由推辞不见。传话的人刚出门，（孔子）便取来瑟一边弹一边唱，（似乎有意）让孺悲听到（自己在家，但不想见他）。

【浅析】本章记孔子拒见孺悲，“取瑟而歌”一事，意义深远，耐人寻味，重在教亦多术，取“处世”义。

160. 大师挚适齐[①]，亚饭干适楚[②]，三饭缭适蔡，四饭缺适秦。鼓方叔入于河[③]，播鼗武入于汉[④]，少师阳[⑤]、击磬襄入于海[⑥]。[18.9]

[注释]

①大师挚：大同“太”。太师是鲁国乐官之长，挚是人名。

②亚饭：同三饭、四饭，都是乐官名。干：同缭（liáo 聊）、缺，都是人名。

③鼓方叔：击鼓的乐师，名方叔。

④鼗（táo 陶）：小鼓。

⑤少师：乐官名，副乐师。

⑥击磬襄：击磬的乐师，名襄。

【译文】太师挚到齐国去了，亚饭干到楚国去了，三饭缭到蔡国去了，四饭缺到秦国去了，打鼓的方叔到了黄河边，敲小鼓的武到了汉水边，少师阳和击磬的襄到了海滨。

【浅析】本章记乐师命运，重在人生如梦，世事如棋，取“处世”义。

十 砭 时

题解

本篇共辑录《论语》原文五十五章（编码为J），包括孔子语录46章（J1－J46），孔子弟子语录5章（J47－J51），时人、政客及隐士语录4章（J52－J55）。

主要内容涉及：感叹世人无向道之心（如“谁能出不由户？何莫由斯道也”）、感叹世人缺少中庸之德（如“中庸之为德也，其至矣乎！民鲜久矣”）、感叹民风日下（如“古者民有三疾，今也或是之亡也。古之狂也肆，今之狂也荡；古之矜也廉，今之矜也忿戾；古之愚也直，今之愚也诈而已矣”）、感叹世人不仁不信（如“人而不仁，如礼何？人而不仁，如乐何”“人而无信，不知其可也”）、感叹礼坏乐崩（如“礼云礼云，玉帛云乎哉？乐云乐云，钟鼓云乎哉”“觚不觚，觚哉！觚哉”）、感叹世人好色不好德（如“已矣乎！吾未见好德如好色者也”）、感叹世人学道无恒心（如“人而无恒，不可以作巫医”“不恒其德，或承之羞”）、感叹居上位者失德（如“居上不宽，为礼不敬，临丧不哀，吾何以观之哉”）、批评唯利是图的社会风气（如“放于利而行，多怨”）、批评败坏道德的行为（如“乡原，德之贼也”“道听而涂说，德之弃也”）、批评见义不为的行为（如“见义不为，无勇也”）、批评不求上进的行为（如“群居终日，言不及义，好行小慧；难矣哉”“饱食终日，无所用心，难矣哉”）、批评巧言令色的行为（如“巧言令色，鲜矣仁”“巧言乱德”）、批评违背礼制的行为（如“八佾舞于庭，是可忍也，孰不可忍也”“呜呼！曾谓泰山不如林放乎？”）、批评当今的学者（如“古之学者为己，今之学者为人”）、批评不良的士人（如“士志于道，而耻恶衣恶食者，未足与议也”“士而怀居，不足以为士矣！”）、批评当今的从政者（如“斗筲之人，何足算也”“已而！已而！今之从政者殆而”）等。详见下文。

（一）孔子语录

J1. 子曰："谁能出不由户[①]？何莫由斯道也[②]？"［6.17］

［注释］

①由：经由。户：门。

②由：遵循。道：大道。

【译文】孔子说："（试问）谁能不经由门户而出屋呢？（人们）为什么不遵循大道（的指引）来行事呢？"

【浅析】本章孔子感叹世人无向道之心，认为人在道中，道不远人，重在人能弘道，非道弘人，取"硁时"义。

J2. 子曰："中庸之为德也[①]，其至矣乎[②]！民鲜久矣[③]。"［6.29］

［注释］

①中庸：中，折中，调和，无过也无不及。庸，平常。中庸是孔子所尊崇的最高道德标准。

②至：极，至极，至高无上。

③民：大家，人们。

【译文】孔子说："中庸作为一种道德，它（的地位）至高无上啊！人们缺乏它很久了。"

【浅析】本章孔子感叹世人缺少中庸之德，重在通古今变，持平常心，取"硁时"义。

J3. 子曰："由！知德者鲜矣！"［15.4］

【译文】孔子（对子路）说："由！（世上）懂得中庸之德的人很少有啊！"

【浅析】本章孔子感叹世人不了解中庸之德，重在知德好德，乐德成德，取"硁时"义。

J4. 子曰："民之于仁也，甚于水火[①]。水火，吾见蹈而死者矣，未见蹈仁而死者也。"［15.35］

［注释］

①甚于水火：《孟子·尽心上》说，"民非水火不生活。"水火，代表日

常生活所需。

【译文】孔子说："百姓需要仁德，甚于需要水火。（为了）水火（日用所需），我曾看见为此而死的（人），却没有见过为了实践仁德而死的（人）。"

【浅析】本章孔子感叹世人不能践行仁道，重在民之于仁，甚于水火，取"砭时"义。

J5. 子曰："人而不仁，如礼何？人而不仁，如乐何？"[3.3]

【译文】孔子说："作为人却没有仁德，怎能遵守礼节？作为人却没有仁德，怎能懂得音乐呢？"

【浅析】本章孔子批人而不仁，礼乐诸事无从谈起，重在以仁为本，居仁由义，取"砭时"义。

J6. 子曰："人而无信，不知其可也。大车无輗[①]，小车无軏[②]，其何以行之哉？"[2.22]

[注释]

①輗（ní 泥）：古代大车车辕前面横木上的木销子。

②軏（yuè 阅）：古代小车车辕前面横木上的木销子。没有輗和軏，车子就不能行走。

【译文】孔子说："作为人而没有信用，不知他/她怎么可以这样。（人而无信）就好像大车没有輗、小车没有軏一样，它靠什么行走呢？"

【浅析】本章孔子认为人而无信，寸步难行，重在诚信做人，取"砭时"义。

J7. 子曰："南人有言曰：'人而无恒，不可以作巫医[①]。'善夫！""不恒其德，或承之羞。"[②]子曰："不占而已矣[③]。"[13.22]

[注释]

①巫医：用卜筮为人治病的人。

②不恒其德，或承之羞：此二句引自《易经·恒卦·爻辞》。

③占：占卜。

【译文】孔子说："南方人有句话说：'作为人如果没有恒心，（这个人）就不可以作巫医。'这句话说得真好啊！""（作为人如果）不能恒久坚守自己的德行，免不了日后要承受耻辱。"孔子说："（这句话的意思是说，没有恒心的人）用不着去占卦了。”

【浅析】本章孔子认为人而无恒，难成其事，重在持之以恒，取“砭时”义。

J8. 子曰：“圣人，吾不得而见之矣；得见君子者，斯可矣①。”子曰：“善人，吾不得见之矣；得见有恒者②，斯可矣。亡而为有，虚而为盈，约而为泰③，难乎有恒矣。”［7.26］

［注释］

①斯：就。

②恒：恒心。

③约：穷困。泰：富裕，安泰。

【译文】孔子说：“圣人，我不能见到了；得以看见君子，这就可以了。”孔子说：“善人，我不能见到了；得以看见有恒者，这就可以了。（一个人）没有（才能）却假装拥有，（内心）空虚却假装充实，（生活）穷困却假装富裕，（这种人）难有恒心向善了。”

【浅析】本章孔子感叹世无圣人、善人，批评无而为有、虚而为盈、约而为泰等虚伪不实的行为，重在不恒其德，或承之羞，取“砭时”义。

J9. 子曰：“已矣乎①！吾未见能见其过而内自讼者也②。”［5.27］

［注释］

①已矣乎：罢了，算了吧。

②自讼：自我责备，自我批评。

【译文】孔子说：“算了吧！我尚未见到能够发现自己的过错而在内心责备自己的人。

【浅析】本章孔子感叹少有能反思己过、自我批评的人，重在内讼去恶，日新希天，取“砭时”义。

J10. 子曰：“已矣乎！吾未见好德如好色者也。”［15.13］

【译文】孔子说：“算了吧！我尚未见到像喜好美色一样喜好美德的人。”

【浅析】本章孔子感叹世人好色不好德，重在美色之害，乱性败德，取“砭时”义。

J11. 子曰：“吾未见好德如好色者也①。”［9.18］

［注释］

①本章重出，参见上文，即《卫灵公》篇第十五之第十三章（15.13/J10）。

J12. **子曰：“吾犹及史之阙文也[1]，有马者借人乘之[2]。今亡矣夫！”**［15.26］

［注释］

①阙文：史书中遇到有疑问的地方便空缺而不记，这叫作阙文。

②有马者借人乘之：有马的人如果自己不会调教驾驭，就可以借给有能力的人调教驾驭。

【译文】孔子说：“（昔日）我还能够看到史书中有存疑阙文之处，有马而不能驾驭的人把马先借给别人使用。如今见不到这种情况了！”

【浅析】本章孔子感叹世风日下，今不如昔，重在实事求是，严谨治学，取“砭时”义。

J13. **子曰：“骥不称其力[1]，称其德也。”**［14.33］

［注释］

①骥：千里马。古代称善跑的马为骥。

【译文】孔子说：“千里马著称于世不是凭借它的力量，而是凭借它的美德。”

【浅析】本章孔子感叹世人尚力不尚德，并以骥（千里马）喻人，重在德才兼备，智勇双全，取“砭时”义。

J14. **子曰：“放于利而行[1]，多怨。”**［4.12］

［注释］

①放（fǎng 访）：依据。

【译文】孔子说：“（如果一切）依据功利而行动，会导致（社会上）很多的怨恨（产生）。”

【浅析】本章孔子批评利益至上、唯利是图的行为，易生怨恨，重在见利思义，知命弘仁，取“砭时”义。

J15. **子曰：“乡原[1]，德之贼也！”**［17.13］

［注释］

①乡原（yuàn 怨）：指貌似恭敬，实则同流合污之人。这里引申为好好先生。

【译文】孔子说：“（没有大是大非观念的）好好先生，堪称是败坏道德的贼人啊！”

【浅析】本章孔子批评乡原之人，为德之贼，重在混淆是非，悖道乱德，取“砭时”义。

J16. 子曰：“道听而涂说，德之弃也！”[17.14]

【译文】孔子说：“（一个人）在道路上听了传言而又在道路上传播出去，（这样的做法）背弃了道德啊！”

【浅析】本章孔子批评道听途说、人云亦云的行为，重在偏听偏信，累事败德，取“砭时”义。

J17. 子曰：“士志于道，而耻恶衣恶食者，未足与议也。”[4.9]

【译文】孔子说：“（如果）作为士有志于学道，却以自己的衣食恶劣为耻辱，那就不值得与他/她商议大事了。”

【浅析】本章孔子批评鄙视贫困生活、耻于恶衣恶食之士，重在食疏饮水，乐道安贫，衣食无忧，取“砭时”义。

J18. 子曰：“士而怀居[①]，不足以为士矣！”[14.2]

[注释]

①怀：怀思，留恋。居：安居。这里指留恋家居的安逸生活。

【译文】孔子说：“作为士却留恋安逸的家居生活，（这个人）就不足以为士了。”

【浅析】本章孔子认为士而怀居，不足为士，重在士志于道，任重道远，取“砭时”义。

J19. 子曰：“凤鸟不至，河不出图[①]，吾已矣夫！”[9.9]

[注释]

①凤鸟不至，河不出图：古代传说中，凤鸟即凤凰，是一种神鸟，是祥瑞的象征，出现就表示天下太平。又说，圣人受命，黄河就出现图画。孔子这样说，不过借此比喻当时天下无清明之望罢了。

【译文】孔子说：“凤凰不再飞来，黄河不再出现图画，我这一生恐怕是完了吧！”

【浅析】本章孔子感叹世无祥瑞之象，自己的理想和抱负难以实现，重在凤至图出，文明之祥，取“砭时”义。

J20. 子曰：“甚矣吾衰也！久矣吾不复梦见周公①！”［7.5］

［注释］

①周公：姓姬，名旦，周文王的儿子，武王的弟弟，成王的叔父，鲁国的始祖，又是孔子心目中最敬服的古代圣人之一。

【译文】孔子说：“我衰老得很厉害了，（我）已经好久没有再次梦见周公了。”

【浅析】本章孔子感叹年老体衰，难有作为，重在盛年不再，壮志难酬，取“砭时”义。

J21. 子曰：“如有周公之才之美，使骄且吝，其余不足观也已。”［8.11］

【译文】孔子说：“（一个人）即使有周公那样美好的才能，如果骄傲自大而且吝啬小气，那么其他方面也就用不值得再观察了。”

【浅析】本章孔子批评骄傲、吝啬之人，纵有周公之美才，亦不可取，重在德才兼备，戒骄戒吝，取“砭时”义。

J22. 子曰：“不有祝鮀之佞①，而有宋朝之美②，难乎免于今之世矣。”［6.16］

［注释］

①祝鮀：字子鱼，卫国大夫，有口才，以能言善辩受到卫灵公重用。

②而：这里是“与”的意思。宋朝：宋国的公子朝，《左传》中记载他因美丽而惹起祸乱的事。

【译文】孔子说：“（如果一个人）没有祝鮀一样的口才，也没有宋朝一样的美貌，那么他/她就难以在今天的社会立足了。”

【浅析】本章孔子感叹世道不正，奸佞、貌美之人得势得活，重在物竞天择，适者生存，取“砭时”义。

J23. 子曰：“礼云礼云，玉帛云乎哉？乐云乐云，钟鼓云乎哉？”［17.11］

【译文】孔子说：“礼呀礼呀，（难道只是说）玉帛礼器吗？乐呀乐呀，（难道只是说）钟鼓乐器吗？”

【浅析】本章孔子批礼乐流于形式，止于玉帛钟鼓，重在诚心诚意，礼敬乐和，取“砭时”义。

J24. 子曰："觚不觚[①]，觚哉！觚哉！"［6.25］

［注释］

①觚（gū 姑）：古代盛酒器具，上圆下方，有棱，容量约有二升。后来觚的形状被改变，所以孔子认为觚不像觚。

【译文】 孔子说："（可惜啊）觚不再像个觚了，这还算是觚吗？这还算是觚吗？"

【浅析】 本章孔子感叹礼坏乐崩，觚已不觚，取"硁时"义。

J25. 子曰："非其鬼而祭之[①]，谄也[②]。见义不为[③]，无勇也。"［2.24］

［注释］

①鬼：一说指鬼神。一说指死去的祖先。这里取鬼神义。

②谄（chǎn 产）：谄媚、阿谀。

③义：公正合宜的道理或举动。一般而言，人应该做的事就是义，人不应该做的事就是不义。

【译文】 孔子说："不是你应该祭祀的鬼神，你却去祭祀它，这就等同于谄媚。见义不为（袖手旁观），这就是没有勇气。"

【浅析】 本章孔子批谄媚鬼神、见义不为的行为，重在祭所当祭，见义勇为，取"硁时"义。

J26. 子曰："鄙夫可与事君也与哉？其未得之也，患得之；既得之，患失之。苟患失之，无所不至矣！"［17.15］

【译文】 子说："可以和一个鄙夫一起侍奉君主吗？在他/她还没有得到官位时，总是担心得不到。（即便）已经得到了，又总是担心失去它。如果他/她担心失去官职，那他/她（为了保住自己的官职）就什么事都干得出来了。"

【浅析】 本章孔子批评患得患失之人，难于共事，重在急功近利，无所不为，取"硁时"义。

J27. 子曰："事君尽礼，人以为谄也。"［3.18］

【译文】 孔子说："侍奉君主尽到礼节的要求，别人却以为这是谄媚呢。"

【浅析】 本章孔子感叹世人不能以礼事君、反以为谄的行为，重在尽忠职守，克己复礼，取"硁时"义。

J28. 子曰："居上不宽、为礼不敬、临丧不哀，吾何以观之哉？"［3.26］

【译文】孔子说："身居上位的人不宽容，行礼的时候不恭敬，参加丧礼时也不悲哀，这种（人和事）我怎么能看得下去呢？"

【浅析】本章孔子批评居上不宽，为礼不敬，临丧不哀的行为，重在能宽能敬，临丧思哀，取"砭时"义。

J29. 子曰："奢则不孙[1]，俭则固[2]。与其不孙也，宁固。"［7.36］

［注释］

①孙：同"逊"。

②固：固陋，寒碜（chen）。

【译文】孔子说："奢侈（的后果是）会令人不谦逊（而越礼），（过于）节俭（的后果是）会显得寒酸。与其（因为）不谦逊（而越礼），宁可（因为节俭而）寒酸。

【浅析】本章孔子批奢、俭二者皆有不足，重在以俭养德，宁俭勿奢，取"砭时"义。

J30. 子曰："好勇疾贫，乱也。人而不仁，疾之已甚，乱也。"［8.10］

【译文】孔子说："（一个人）喜好勇敢而又怨恨自己太贫穷，（这样的人容易）作乱。一个人没有仁德，碰到紧急情况时，也容易出乱子。"

【浅析】本章孔子批评好勇疾贫、人而不仁的行为，重在乐道自居，明理自持，取"砭时"义。

J31. 子曰："狂而不直，侗而不愿[1]，悾悾而不信[2]，吾不知之矣。"［8.16］

［注释］

①侗（tóng 同）：无知。愿：质朴。这里译为老实。

②悾悾（kōng 空）：诚恳的样子。

【译文】孔子说："（一个人）狂妄而不正直，幼稚而不老实，表面上诚恳而不守信，我不知道（该如何教诲）这种人了。"

【浅析】本章孔子批评狂而不直、侗而不愿、悾悾不信之人，重在悖道失德，无可取材，取"砭时"义。

J32. 子曰："群居终日，言不及义，好行小慧；难矣哉！"［15.17］

【译文】孔子说："整天与别人群居，不说一句符合道义的话，专好卖弄小聪明；（这种人）难有长进。"

【浅析】本章孔子批评群居终日、言不及义、好行小慧的行为，重在共学适道，进德修业，取“砭时”义。

J33. **子曰：“饱食终日，无所用心，难矣哉！不有博弈者乎，为之犹贤乎已。”**［17.22］

【译文】孔子说：“饱食终日，无所用心，（这种人）难有长进！（社会上）不是还有下棋的游戏吗，干这个也比闲着（无所事事）好。”

【浅析】本章孔子批评饱食终日，无所用心之人，难有成就，重在终日乾乾，有所用心，取“砭时”义。

J34. **子曰：“巧言、令色、足恭①，左丘明耻之②，丘亦耻之。匿怨而友其人，左丘明耻之，丘亦耻之。”**［5.25］

［注释］

①足恭：过分恭敬。

②左丘明：姓左丘，名明，鲁国人，相传是《左传》一书的作者。

【译文】孔子说：“花言巧语，装出好看的脸色（摆出逢迎的姿态），低三下四地过分恭敬，左丘明认为这种行为可耻，我也认为可耻。把怨恨装在心里，表面上却装出友好的样子，左丘明认为这种行为可耻，我也认为可耻。”

【浅析】本章孔子批评巧言、令色、足恭及匿怨而友其人的行为，重在虚情假意，鲜有仁德，取“砭时”义。

J35. **子曰：“巧言令色①，鲜矣仁。”**［1.3］

［注释］

①巧言令色：朱熹《论语集注》云：“好其言，善其色，致饰于外，务以说人。”

【译文】孔子说：“花言巧语，装出和颜悦色的样子，这种人鲜有仁德。”

【浅析】本章孔子批巧言令色的行为，鲜有仁德，重在巧言乱德，取“砭时”义。

J36. **子曰：“巧言令色，鲜矣仁①。”**［17.17］

［注释］

①本章重出，参见上文，即《学而》篇第一之第三章（1.3/J35）。

J37. 子曰：“巧言乱德。小不忍则乱大谋。”［15. 27］

【译文】孔子说：“花言巧语能够败坏一个人的德行。小事情不忍耐就会败坏大事情。”

【浅析】本章孔子批评巧言乱德的行为，重在小不忍，乱大谋，取“砭时”义。

J38. 子曰：“法语之言[1]，能无从乎？改之为贵。巽与之言[2]，能无说乎[3]？绎之为贵[4]。说而不绎，从而不改，吾末如之何也已矣[5]！”［9. 24］

［注释］

①法语之言：指以礼法规则正言规劝。法：指礼仪规则。

②巽与之言：指恭顺赞许的话。巽：恭顺，谦逊。与：称许，赞许。

③说（yuè 阅）：同“悦”，喜悦，高兴。

④绎（yì 义）：原义为“抽丝”，这里指推究，追求，分析，鉴别。

⑤末：没有。

【译文】孔子说：“（如果是）符合礼法的正言规劝，谁听了会不顺从呢？可贵的是能改过。（如果是）恭顺赞许的话，谁听了会不高兴呢？可贵的是能够认清是非真假。（如果）只是盲目高兴而不去分析，只是表示听从而不改正（自己的错误），我（对这样的人）实在是没有办法了。”

【浅析】本章孔子批评悦而不绎、从而不改的行为，重在慎思明辨，改过迁善，取“砭时”义。

J39. 子曰：“爱之，能勿劳乎？忠焉，能勿诲乎？”［14. 7］

【译文】孔子说：“（即便你）爱惜他/她，（难道）能不叫他/她劳作吗？（即便你）忠于他/她，（难道）能不给予他/她教诲吗？”

【浅析】本章孔子告诫世人爱而知劳，忠而知诲，重在戒溺爱，戒愚忠，取“砭时”义。

J40. 子曰：“恶紫之夺朱也，恶郑声之乱雅乐也，恶利口之覆邦家者。”［17. 18］

【译文】孔子说：“（我）厌恶用紫色取代红色，厌恶用郑国的声乐扰乱雅乐，厌恶用伶牙利口就使国家颠覆。”

【浅析】本章孔子批评声色之乱，利口之害，重在拨乱反正，趋利避害，取“砭时”义。

J41. 子曰："古之学者为己，今之学者为人。" [14.24]

【译文】孔子说："古代学者（治学）是为了完善自己，当今学者（治学）是为了向人炫耀。"

【浅析】本章孔子批评学者无德，今不如昔，重在进德修业，自强不息，取"砭时"义。

J42. 子曰："古者民有三疾，今也或是之亡也。古之狂也肆[①]，今之狂也荡[②]；古之矜也廉[③]，今之矜也忿戾[④]；古之愚也直，今之愚也诈而已矣。" [17.16]

[注释]

①狂：狂妄自大，愿望太高。肆：放肆，不拘礼节。

②荡：放荡，不守礼。

③廉：不可触犯。"廉隅"的"廉"，本义是器物的棱角，人的行为正直威严也叫"廉"。

④戾（lì 力）：火气太大，蛮横不讲理。

【译文】孔子说："古代人有三种（可贵的）毛病，今天的人们恐怕没有这三种毛病了。古代的狂人只不过是不拘礼节，当今的狂人却是放荡不羁；古代骄傲的人只不过是不愿被人冒犯，当今骄傲的人却是对人凶狠蛮横；古代的愚人还有正直的品质，现在的愚人却全是在欺诈（别人）啊！"

【浅析】本章孔子感叹民德之失，古民德厚，今民德薄，重在弘道中庸，民德归厚，取"砭时"义。

J43. 孔子曰："见善如不及，见不善如探汤。吾见其人矣，吾闻其语矣。隐居以求其志，行义以达其道。吾闻其语矣，未见其人也。" [16.11]

【译文】孔子说："看见善良的行为，就担心（自己）达不到，看见不善良的行为，就好像把手伸到滚烫的开水中（赶快避开）。我见到过这样的人，也听到过这样的话。（通过）隐居避世来保全自己的志向，推行仁义并通达于大道。我听到过这样的话，却没有见到过这样的人。"

【浅析】本章孔子感叹少有真正隐居求志、行义达道之人，重在知易行难，取"砭时"义。

J44. 孔子谓季氏[①]："八佾舞于庭[②]，是可忍也[③]，孰不可忍也？" [3.1]

[注释]

①季氏：鲁国正卿季孙氏，即季平子。

②八佾（yì 艺）：佾：行列。古时一佾八人，八佾就是六十四人，据《周礼》规定，只有周天子才可以使用八佾，诸侯为六佾，卿大夫为四佾，士用二佾。季氏是正卿，只能用四佾。

③可忍：可以狠心。一说可以容忍。

【译文】孔子谈到季氏，（说：）"（季氏用）六十四人在庭院中奏乐舞蹈，这种（越礼的）事都可以狠心做出来，还有什么事不可以狠心做出来呢？"

【浅析】本章孔子批季氏"八佾舞于庭"的做法，重在违背礼制，忍无可忍，取"砭时"义。

J45. 三家者以《雍》彻[①]。子曰："'相维辟公，天子穆穆[②]'，奚取于三家之堂[③]？"［3.2］

［注释］

①三家：鲁国当政的三家——孟孙氏、叔孙氏、季孙氏。他们都是鲁桓公的后代，又称"三桓"。《雍》：《诗经·周颂》中的一篇。古代天子祭宗庙完毕撤去祭品时唱这首诗。

②相维辟公，天子穆穆：《雍》诗中的两句。相：助。维：语助词，无意义。辟公：指诸侯。穆穆：庄严肃穆。

③堂：接客祭祖的地方。

【译文】（孟孙氏、叔孙氏、季孙氏）三家在祭祖完毕撤去祭品时，也命乐工唱《雍》这篇诗。孔子说："（《雍》诗上的这两句）'助祭的是诸侯，天子神情肃穆（主持祭祀）。'（这样高贵的祭祀礼仪）怎么能用在你们三家的庙堂之上呢？"

【浅析】本章孔子批评鲁国当政的三大家族唱《雍》诗撤祭品的做法，重在违背礼制，令人愤慨，取"砭时"义。

J46. 原壤夷俟[①]。子曰："幼而不孙弟[②]，长而无述焉，老而不死，是为贼。"以杖叩其胫[③]。［14.43］

［注释］

①原壤：鲁国人，孔子的旧友。他母亲死了，他还大声歌唱，孔子认为这是大逆不道。夷：双腿分开而坐。俟（sì 四）：等待。

②孙弟：同"逊悌"。

③胫（jìng 静）：小腿。

【译文】（有一天，孔子的朋友）原壤叉开双腿坐着等待孔子。孔子（见他这个样子，便骂他）说："（你这个人啊，）年幼的时候不懂礼节，长大了又一事无成，老而不死，就像一个（专行偷盗的）窃贼。”（孔子一边说，一边）用手杖敲打他的小腿。

【浅析】本章孔子批评友人原壤不遵守礼节的行为，重在不知礼，无以立，取“砭时”义。

（二）孔子弟子语录

J47. 季氏旅于泰山[①]。子谓冉有曰[②]：“女弗能救与[③]？”对曰：“不能。”子曰：“呜呼！曾谓泰山不如林放乎[④]？”［3.6］

［注释］

①旅：祭名。祭祀山川为旅。当时，只有天子和诸侯才有祭祀名山大川的资格。

②冉有：姓冉，名求，字子有，生于公元前522年，孔子的弟子，比孔子小29岁。冉有当时是季氏的家臣，所以孔子责备他。

③女：同“汝”，你。救：挽求、劝阻的意思。这里指谏止。

④曾（zēng 增）：竟。林放：以知礼、守礼而闻名的人士。

【译文】（有一次）季氏去祭祀泰山。孔子（听说后）对冉有说：“你难道就不能劝阻他吗？”冉有说：“不能。”孔子说：“呜呼！难道说泰山神还不如林放知礼吗？”

【浅析】本章孔子批评季氏祭祀泰山的做法非礼，重在祭祀非礼，无可救药，取“砭时”义。

J48. 子贡问曰：“何如斯可谓之士矣[①]？”子曰：“行己有耻，使于四方，不辱君命，可谓士矣。”曰：“敢问其次。”曰：“宗族称孝焉，乡党称弟焉。”曰：“敢问其次。”曰：“言必信，行必果[②]，硁硁然[③]，小人哉！抑亦可以为次矣。”曰：“今之从政者何如？”子曰：“噫！斗筲之人[④]，何足算也！”［13.20］

［注释］

①士：士在周代贵族中位于最低层。后来，士成为古代社会知识分子的通称。

②果：果断、坚决。

③硁（kēng 坑）硁：象声词，敲击石头的声音。这里引申为像石块那样坚硬。

④斗筲（shāo 稍）之人：筲，竹器，容量为一斗二升。比喻器量狭小的人。

【译文】子贡问道："怎样做才可以叫作士？"孔子说："自己在做事时有知耻之心，出使四方外国，不辱（君主交付的）使命，可以叫作士。"子贡说："请问次一等的呢？"孔子说："宗族中的人称赞他/她孝顺父母，乡党们称赞他/她尊敬兄长。"子贡又问："请问再次一等的呢？"孔子说："（有一种人）出言必定守信，行动必定果断坚决，（个性）刚烈（像坚硬的石头），这是小人啊！或许（这种小人）也可以称得上是再次一等的士了。"子贡说："（您认为）当今的执政者怎么样？"孔子说："噫！这些器量狭小的人，哪里能算得上（士）呢？"

【浅析】本章孔子批评当今从政者为斗筲之人，兼论为士的三个层次，重在行己有耻，不辱使命，取"砭时"义。

J49. 季路问事鬼神。子曰："未能事人，焉能事鬼？"曰："敢问死[①]。"曰："未知生，焉知死？"［11. 12］

[注释]

①敢：表示敬意的副词，无实际意义。

【译文】季路问如何去侍奉鬼神。孔子说："（如果你）未能好好侍奉活人，怎么能侍奉好鬼（神）呢？"（季路）说："请问如何看待死？"（孔子）说："人生的道理还没弄明白，怎么能懂得死呢？"

【浅析】本章孔子奉劝世人不可妄言人鬼、生死，认为知生之道，则知死之道，尽事人之道，则尽事鬼之道，重在活于当下，视死如归，取"砭时"义。

J50. 子路从而后，遇丈人，以杖荷蓧[①]。子路问曰："子见夫子乎？"丈人曰："四体不勤，五谷不分，孰为夫子[②]！"植其杖而芸[③]。子路拱而立。止子路宿，杀鸡为黍而食之[④]，见其二子焉[⑤]。明日，子路行以告。子曰："隐者也。"使子路反见之[⑥]。至则行矣。子路曰："不仕无义。长幼之节，不可废也；君臣之义，如之何其废之？欲洁其身，而乱大伦。君子之仕也，行其义也。道之不行，已知之矣！"［18. 7］

[注释]

①蓧（diào 钓）：古代耘田所用的竹器。

②四体不勤，五谷不分，孰为夫子：皇侃《论语义疏》云："四体，足手也。勤，勤劳也。五谷，黍稷之属也。分，播种也。孰，谁也。子路既借问丈人。丈人故答子路也。言当今乱世，汝不勤劳四体以播五谷，而周流远走，问谁为汝之夫子，而问我索之乎！"按此说，是丈人责备子路手脚不勤，五谷

不分。一说丈人是指自己，不，语气词，意为：我忙于播种五谷，没有闲暇，怎知你的夫子是谁？译文从后者。

③芸：锄草。

④黍（shǔ 属）：黏小米。食（sì 四）：拿东西给人吃。

⑤见（xiàn 县）：使……见。

⑥反：同“返”，返回。

【译文】（有一天）子路随从孔子出行，落在了后面，途中遇到一个老丈，用拐杖挑着除草的工具。子路问（这位老丈）说：“您看到我的老师了吗？”老丈说：“我手脚不停地劳作，五谷还来不及播种，怎知你的老师是谁？”说完，（老丈）便扶着拐杖去除草。子路（没有离开，一直）拱着手恭敬地站在一旁。（当晚老丈）留子路到他家住宿，杀了鸡，做了小米饭给他吃，又叫两个儿子出来跟子路见面。第二天，子路（终于）赶上了孔子，就把这件事告诉了孔子。孔子说：“这是位隐士啊。”便叫子路返回去再看看他。（子路重新）回到了那里，（可惜老丈）已经走了。子路（不无感慨地）说：“（隐居起来）不做官是不符合道义的。长幼之间的关系是不可以废弃的；（尤其是）君臣之间的关系又怎么能废弃呢？（一个人）想要洁身自好（隐居遁世），却破坏了根本的（社会）伦理关系。身为君子出来做官，（只不过是为了）践行君臣之义。至于大道难以推行，（我）早就知道了。”

【浅析】本章记子路与隐者“荷莜丈人”之言，感叹正道难行，认为君臣之义，长幼之节，不可废，洁身避世，而乱大伦，不可取，重在以出世之心，行入世之义，取“砭时”义。

J51. 子张曰：“执德不弘，信道不笃，焉能为有？焉能为亡？”[19.2]

【译文】子张说：“（如果一个人）执守仁德（却）不坚强，信仰道义（却）不笃定，（这种人）有他/她不多，没他/她不少。”

【浅析】本章子张认为执德不弘、信道不笃之人无足轻重，重在笃信好学，弘道明德，取“砭时”义。

（三）时人、政客、隐士语录

J52. 微生亩谓孔子曰[①]：“丘何为是栖栖者与[②]？无乃为佞乎？”孔子曰：“非敢为佞也，疾固也。”[14.32]

[注释]

①微生亩："微生"是姓，"亩"是名。

②是：这里作副词用，作"如此"解。

【译文】微生亩对孔子说："孔丘，你为什么这样（不辞辛苦地）四处奔波游说呢？难道你不是一个在（用花言巧语）欺世盗名的人吗?"孔子说："（我）不敢做那（用花言巧语）欺世盗名的人，（我只是）痛恨那些（不知变革）顽固不化的人。"

【浅析】本章孔子批评顽固不化之人，重在和光接物，与时俱进，取"砭时"义。

J53. **王孙贾问曰[①]："'与其媚于奥，宁媚于灶[②]'，何谓也?"子曰："不然。获罪于天，无所祷也。"**[3.13]

[注释]

①王孙贾：卫灵公的大臣，时任大夫。

②媚：谄媚、巴结、奉承。奥：这里指屋内位居西南角的神。灶：这里指灶旁管烹饪做饭的神。

【译文】王孙贾问（孔子）说："（常言道）'与其奉承奥神，不如奉承灶神'，这句话是什么意思?"孔子说："（依我看）不是这样的。（如果人们）得罪了上天，那就向谁祷告都没用了。"

【浅析】本章孔子批评谄媚鬼神的行为，重在获罪于天，无所祷告，取"砭时"义。

J54. **仪封人请见[①]，曰："君子之至于斯也，吾未尝不得见也。"从者见之[②]。出曰："二三子何患于丧乎[③]？天下之无道也久矣，天将以夫子为木铎[④]。"**[3.24]

[注释]

①仪封人：仪为地名，在今河南兰考县境内。封人：系镇守边疆的官。

②从者见之：孔子随行的人引他与孔子相见。

③丧：失去，这里指失去官职。

④木铎：木舌的铜铃。古代天子发布政令时摇它以召集听众。

【译文】（当时孔子一行人来到了仪这个地方，）仪的长官请求见孔子，并说："凡是君子到我这里来，我从没有见不到的。"（于是）孔子的随从学生把他引见给孔子。（会面结束，）他出来后（对孔子的学生们）说："你们几位何必忧患没有官位（为国家效力）呢？天下无道已经很久了，（我敢断言）上天将以（你们的老师）孔夫子作为号令天下的铜铃。”

【浅析】本章记仪封人感叹天下无道，上天将以孔子作为号令天下的木铎，拯救世人，重在圣人出世，拨云见日，取“砭时”义。

J55. **楚狂接舆歌而过孔子曰[1]：“凤兮！凤兮！何德之衰？往者不可谏，来者犹可追[2]。已而！已而！今之从政者殆而！”孔子下，欲与之言。趋而辟之，不得与之言。**[18.5]

[注释]

①接舆：一说是楚国的狂人接孔子之车。一说是楚国叫接舆的狂人。译文从后者。

②犹可追：赶得上、来得及。

【译文】（有一天）楚国的狂人接舆（一边）唱着歌（一边）从孔子的车旁经过，（只听他）唱道：“凤凰啊！凤凰啊！是什么让你的德运如此衰弱呢？过去的一切都已经不可挽回，未来的一切还来得及修正。算了吧！算了吧！今天执政者（的地位）已岌岌可危了！”（这时）孔子下了车，想要跟他谈一谈，（这位狂人）却快步避开了，（孔子最终）没能跟他交谈。

【浅析】本章记楚狂接舆以凤歌讽喻孔子避世，又批今之从政者殆矣，重在往者不可谏，来者犹可追，取“砭时”义。

附 录

《论语》原文

学而第一

1.1 子曰："学而时习之，不亦说乎？有朋自远方来，不亦乐乎？人不知而不愠，不亦君子乎？"［为学］A16

1.2 有子曰："其为人也孝弟，而好犯上者，鲜矣；不好犯上，而好作乱者，未之有也。君子务本，本立而道生。孝弟也者，其为仁之本与！"［明仁］C34

1.3 子曰："巧言令色，鲜矣仁。"［砭时］J35

1.4 曾子曰："吾日三省吾身：为人谋而不忠乎？与朋友交而不信乎？传不习乎？"［修身］B75

1.5 子曰："道千乘之国，敬事而信，节用而爱人，使民以时。"［治国］G1

1.6 子曰："弟子入则孝，出则悌，谨而信，泛爱众，而亲仁。行有余力，则以学文。"［修身］B9

1.7 子夏曰："贤贤易色；事父母，能竭其力；事君，能致其身；与朋友交，言而有信。虽曰未学，吾必谓之学矣。"［为学］A60

1.8 子曰："君子不重则不威；学则不固。主忠信，无友不如己者。过，则勿惮改。"［修身］B27

1.9 曾子曰："慎终追远，民德归厚矣！"［治国］G23

1.10 子禽问于子贡曰："夫子至于是邦也，必闻其政。求之与？抑与之与？"子贡曰："夫子温、良、恭、俭、让以得之。夫子之求之也，其诸异乎人之求之与？"［处世］I36

1.11 子曰："父在，观其志；父没，观其行；三年无改于父之道，可谓孝矣。"［行孝］E3

1.12 有子曰："礼之用，和为贵。先王之道，斯为美；小大由之。有所不

行，知和而和，不以礼节之，亦不可行也。”［知礼］D18

1.13 有子曰：“信近于义，言可复也。恭近于礼，远耻辱也。因不失其亲，亦可宗也。”［修身］B74

1.14 子曰：“君子食无求饱，居无求安，敏于事而慎于言，就有道而正焉，可谓好学也已。”［为学］A20

1.15 子贡曰：“贫而无谄，富而无骄，何如？”子曰：“可也；未若贫而乐，富而好礼者也。”子贡曰：“诗云：‘如切如磋，如琢如磨’，其斯之谓与？”子曰：“赐也，始可与言《诗》已矣！告诸往而知来者。”［为学］A53

1.16 子曰：“不患人之不己知，患不知人也。”［修身］B41

为政第二

2.1 子曰：“为政以德，譬如北辰，居其所而众星共之。”［为政］F1

2.2 子曰：“《诗》三百，一言以蔽之，曰：‘思无邪。’”［为学］A37

2.3 子曰：“道之以政，齐之以刑，民免而无耻；道之以德，齐之以礼，有耻且格。”［治国］G2

2.4 子曰：“吾十有五而志于学，三十而立，四十而不惑，五十而知天命，六十而耳顺，七十而从心所欲，不逾矩。”［修身］B1

2.5 孟懿子问孝。子曰：“无违。”樊迟御，子告之曰：“孟孙问孝于我，我对曰，‘无违’。”樊迟曰：“何谓也？”子曰：“生，事之以礼；死，葬之以礼，祭之以礼。”［行孝］E7

2.6 孟武伯问孝。子曰：“父母唯其疾之忧。”［行孝］E8

2.7 子游问孝。子曰：“今之孝者，是谓能养。至于犬马，皆能有养；不敬，何以别乎？”［行孝］E9

2.8 子夏问孝。子曰：“色难。有事，弟子服其劳；有酒食，先生馔。曾是以为孝乎？”［行孝］E10

2.9 子曰：“吾与回言，终日不违，如愚。退而省其私，亦足以发，回也不愚。”［为学］A42

2.10 子曰：“视其所以，观其所由，察其所安。人焉廋哉？人焉廋哉？”［论人］H8

2.11 子曰：“温故而知新，可以为师矣。”［为学］A12

2.12 子曰：“君子不器。”［修身］B11

2.13　子贡问君子。子曰："先行其言，而后从之。"［修身］B51
2.14　子曰："君子周而不比，小人比而不周。"［修身］B17
2.15　子曰："学而不思则罔，思而不学则殆。"［为学］A17
2.16　子曰："攻乎异端，斯害也已。"［为学］A27
2.17　子曰："由！诲女知之乎！知之为知之，不知为不知，是知也。"［为学］A5
2.18　子张学干禄。子曰："多闻阙疑，慎言其余，则寡尤；多见阙殆，慎行其余，则寡悔。言寡尤，行寡悔，禄在其中矣。"［为政］F26
2.19　哀公问曰："何为则民服？"孔子对曰："举直错诸枉，则民服；举枉错诸直，则民不服。"［治国］G33
2.20　季康子问："使民敬、忠以劝，如之何？"子曰："临之以庄，则敬；孝慈，则忠，举善而教不能，则劝。"［为政］F32
2.21　或谓孔子曰："子奚不为政？"子曰："《书》云：'孝乎！惟孝，友于兄弟，施于有政。'是亦为政，奚其为为政？"［为政］F37
2.22　子曰："人而无信，不知其可也。大车无輗，小车无軏，其何以行之哉？"［砭时］J6
2.23　子张问："十世可知也？"子曰："殷因于夏礼，所损益，可知也；周因于殷礼，所损益，可知也。其或继周者，虽百世，可知也。"［知礼］D15
2.24　子曰："非其鬼而祭之，谄也。见义不为，无勇也。"［砭时］J25

八佾第三

3.1　孔子谓季氏："八佾舞于庭，是可忍也，孰不可忍也？"［砭时］J44
3.2　三家者以《雍》彻。子曰："'相维辟公，天子穆穆'，奚取于三家之堂？"［砭时］J45
3.3　子曰："人而不仁，如礼何？人而不仁，如乐何？"［砭时］J5
3.4　林放问礼之本。子曰："大哉问！礼，与其奢也，宁俭；丧，与其易也，宁戚。"［知礼］D8
3.5　子曰："夷狄之有君，不如诸夏之亡也。"［治国］G14
3.6　季氏旅于泰山。子谓冉有曰："女弗能救与？"对曰："不能。"子曰："呜呼！曾谓泰山不如林放乎？"［砭时］J47
3.7　子曰："君子无所争。必也射乎！揖让而升，下而饮。其争也君子。"

［处世］I2

3.8 子夏问曰："'巧笑倩兮，美目盼兮，素以为绚兮。'何谓也？"子曰："绘事后素。"曰："礼后乎？"子曰："起予者商也！始可与言《诗》已矣。"［知礼］D14

3.9 子曰："夏礼，吾能言之，杞不足征也；殷礼，吾能言之，宋不足征也。文献不足故也。足，则吾能征之矣。"［知礼］D4

3.10 子曰："禘，自既灌而往者，吾不欲观之矣。"［知礼］D5

3.11 或问禘之说。子曰："不知也；知其说者之于天下也，其如示诸斯乎！"指其掌。［知礼］D6

3.12 祭如在，祭神如神在。子曰："吾不与祭，如不祭。"［知礼］D7

3.13 王孙贾问曰："'与其媚于奥，宁媚于灶'，何谓也？"子曰："不然；获罪于天，无所祷也。"［砭时］J53

3.14 子曰："周监于二代，郁郁乎文哉！吾从周。"［知礼］D3

3.15 子入太庙，每事问。或曰："孰谓鄹人之子知礼乎？入太庙，每事问。"子闻之曰："是礼也。"［知礼］D43

3.16 子曰："射不主皮，为力不同科，古之道也。"［为学］A31

3.17 子贡欲去告朔之饩羊。子曰："赐也！尔爱其羊，我爱其礼。"［知礼］D9

3.18 子曰："事君尽礼，人以为谄也。"［砭时］J27

3.19 定公问："君使臣，臣事君，如之何？"孔子对曰："君使臣以礼，臣事君以忠。"［治国］G31

3.20 子曰："《关雎》乐而不淫，哀而不伤。"［为学］A39

3.21 哀公问社于宰我。宰我对曰："夏后氏以松，殷人以柏，周人以栗，曰使民战栗。"子闻之，曰："成事不说，遂事不谏，既往不咎。"［治国］G24

3.22 子曰："管仲之器小哉！"或曰："管仲俭乎？"曰："管氏有三归，官事不摄，焉得俭？""然则管仲知礼乎？"曰："邦君树塞门，管氏亦树塞门；邦君为两君之好，有反坫，管氏亦有反坫。管氏而知礼，孰不知礼？"［知礼］D44

3.23 子语鲁大师乐，曰："乐其可知也：始作，翕如也；从之，纯如也，皦如也，绎如也，以成。"［为学］A49

3.24 仪封人请见，曰："君子之至于斯也，吾未尝不得见也。"从者见之。出曰："二三子何患于丧乎？天下之无道也久矣，天将以夫子为木铎。"［砭时］J54

3.25 子谓《韶》：“尽美矣，又尽善也。”谓《武》：“尽美矣，未尽善也。”［为学］A46

3.26 子曰：“居上不宽，为礼不敬，临丧不哀，吾何以观之哉？”［砭时］J28

里仁第四

4.1 子曰：“里仁为美，择不处仁，焉得知？”［明仁］C6

4.2 子曰：“不仁者不可以久处约，不可以长处乐。仁者安仁，知者利仁。”［明仁］C7

4.3 子曰：“唯仁者能好人，能恶人。”［明仁］C8

4.4 子曰：“苟志于仁矣，无恶也。”［明仁］C9

4.5 子曰：“富与贵，是人之所欲也；不以其道得之，不处也。贫与贱，是人之所恶也；不以其道得之，不去也。君子去仁，恶乎成名？君子无终食之间违仁，造次必于是，颠沛必于是。”［明仁］C10

4.6 子曰：“我未见好仁者、恶不仁者。好仁者，无以尚之；恶不仁者，其为仁矣，不使不仁者加乎其身。有能一日用其力于仁矣乎？我未见力不足者。盖有之矣，我未之见也。”［明仁］C11

4.7 子曰：“人之过也，各于其党。观过，斯知仁矣。”［明仁］C12

4.8 子曰：“朝闻道，夕死可矣。”［为学］A7

4.9 子曰：“士志于道，而耻恶衣恶食者，未足与议也。”［砭时］J17

4.10 子曰：“君子之于天下也，无适也，无莫也，义之与比。”［处世］I1

4.11 子曰：“君子怀德，小人怀土；君子怀刑，小人怀惠。”［修身］B20

4.12 子曰：“放于利而行，多怨。”［砭时］J14

4.13 子曰：“能以礼让为国乎？何有！不能以礼让为国，如礼何！”［治国］G3

4.14 子曰：“不患无位，患所以立。不患莫己知，求为可知也。”［修身］B43

4.15 子曰：“参乎！吾道一以贯之。”曾子曰：“唯。”子出，门人问曰：“何谓也？”曾子曰：“夫子之道，忠恕而已矣。”［为学］A9

4.16 子曰：“君子喻于义，小人喻于利。”［修身］B13

4.17 子曰：“见贤思齐焉，见不贤而内自省也。”［修身］B36

4.18 子曰：“事父母几谏。见志不从，又敬不违，劳而不怨。”［行孝］E5

4.19 子曰："父母在，不远游，游必有方。"［行孝］E2
4.20 子曰："三年无改于父之道，可谓孝矣。"［行孝］E4
4.21 子曰："父母之年，不可不知也；一则以喜，一则以惧。"［行孝］E1
4.22 子曰："古者言之不出，耻躬之不逮也。"［修身］B37
4.23 子曰："以约失之者，鲜矣。"［修身］B30
4.24 子曰："君子欲讷于言而敏于行。"［修身］B23
4.25 子曰："德不孤，必有邻。"［处世］I6
4.26 子游曰："事君数，斯辱矣；朋友数，斯疏矣。"［处世］I43

公冶长第五

5.1 子谓公冶长，"可妻也。虽在缧绁之中，非其罪也。"以其子妻之。［论人］H37

5.2 子谓南容，"邦有道，不废；邦无道，免于刑戮。"以其兄之子妻之。［论人］H38

5.3 子谓子贱，"君子哉若人！鲁无君子者，斯焉取斯？"［论人］H39

5.4 子贡问曰："赐也何如？"子曰："女，器也。"曰："何器也？"曰："瑚琏也。"［论人］H51

5.5 或曰："雍也仁而不佞。"子曰："焉用佞？御人以口给，屡憎于人。不知其仁，焉用佞？"［明仁］C37

5.6 子使漆雕开仕。对曰："吾斯之未能信。"子说。［为政］F17

5.7 子曰："道不行，乘桴浮于海。从我者，其由与？"子路闻之喜。子曰："由也，好勇过我，无所取材。"［论人］H20

5.8 孟武伯问："子路仁乎？"子曰："不知也。"又问。子曰："由也，千乘之国，可使治其赋也。不知其仁也。""求也何如？"子曰："求也，千室之邑，百乘之家，可使为之宰也。不知其仁也。""赤也何如？"子曰："赤也，束带立于朝，可使与宾客言也。不知其仁也。"［明仁］C38

5.9 子谓子贡曰："女与回也孰愈？"对曰："赐也何敢望回？回也闻一以知十，赐也闻一知二。"子曰："弗如也；吾与女弗如也。"［论人］H40

5.10 宰予昼寝。子曰："朽木不可雕也，粪土之墙不可杇也，于予与何诛？"子曰："始吾于人也，听其言而信其行；今吾于人也，听其言而观其行。于予与改是。"［论人］H43

5.11 子曰："吾未见刚者。"或对曰："申枨。"子曰："枨也欲，焉得刚？"

［论人］H23

5. 12　子贡曰："我不欲人之加诸我也，吾亦欲无加诸人。"子曰："赐也，非尔所及也。"［修身］B59

5. 13　子贡曰："夫子之文章，可得而闻也；夫子之言性与天道，不可得而闻也。"［为学］A54

5. 14　子路有闻，未之能行，唯恐有闻。［为学］A74

5. 15　子贡问曰："孔文子何以谓之'文'也？"子曰："敏而好学，不耻下问，是谓之'文'也。"［为学］A55

5. 16　子谓子产，"有君子之道四焉：其行己也恭，其事上也敬，其养民也惠，其使民也义。"［为政］F10

5. 17　子曰："晏平仲善与人交，久而敬之。"［论人］H24

5. 18　子曰："臧文仲居蔡，山节藻棁，何如其知也？"［论人］H25

5. 19　子张问曰："令尹子文三仕为令尹，无喜色；三已之，无愠色。旧令尹之政，必以告新令尹。何如？"子曰："忠矣。"曰："仁矣乎？"曰："未知，焉得仁？""崔子弑齐君，陈文子有马十乘，弃而违之。至于他邦，则曰，'犹吾大夫崔子也。'违之。之一邦，则又曰：'犹吾大夫崔子也。'违之。何如？"子曰："清矣。"曰："仁矣乎？"曰："未知，焉得仁？"［明仁］C30

5. 20　季文子三思而后行。子闻之，曰："再，斯可矣。"［处世］I26

5. 21　子曰："宁武子，邦有道，则知；邦无道，则愚。其知可及也，其愚不可及也。"［论人］H28

5. 22　子在陈，曰："归与！归与！吾党之小子狂简，斐然成章，不知所以裁之。"［为学］A48

5. 23　子曰："伯夷、叔齐不念旧恶，怨是用希。"［论人］H30

5. 24　子曰："孰谓微生高直？或乞醯焉，乞诸邻而与之。"［论人］H31

5. 25　子曰："巧言、令色、足恭，左丘明耻之，丘亦耻之。匿怨而友其人，左丘明耻之，丘亦耻之。"［砭时］J34

5. 26　颜渊、季路侍。子曰："盍各言尔志？"子路曰："愿车马衣裘，与朋友共，敝之而无憾。"颜渊曰："愿无伐善，无施劳。"子路曰："愿闻子之志。"子曰："老者安之，朋友信之，少者怀之。"［为学］A51

5. 27　子曰："已矣乎！吾未见能见其过而内自讼者也。"［砭时］J9

5. 28　子曰："十室之邑，必有忠信如丘者焉，不如丘之好学也。"［为学］A21

雍也第六

6.1 子曰："雍也可使南面。"［论人］H32

6.2 仲弓问子桑伯子，子曰："可也，简。"仲弓曰："居敬而行简，以临其民，不亦可乎？居简而行简，无乃大简乎？"子曰："雍之言然。"［论人］H50

6.3 哀公问："弟子孰为好学？"孔子对曰："有颜回者好学，不迁怒，不贰过。不幸短命死矣，今也则亡，未闻好学者也。"［为学］A69

6.4 子华使于齐，冉子为其母请粟。子曰："与之釜。"请益。曰："与之庾。"冉子与之粟五秉。子曰："赤之适齐也，乘肥马，衣轻裘。吾闻之也，君子周急不继富。"［处世］I27

6.5 原思为之宰，与之粟九百，辞。子曰："毋！以与尔邻里乡党乎！"［处世］I28

6.6 子谓仲弓曰："犁牛之子骍且角，虽欲勿用，山川其舍诸？"［论人］H41

6.7 子曰："回也，其心三月不违仁，其余则日月至焉而已矣。"［明仁］C13

6.8 季康子问："仲由可使从政也与？"子曰："由也果，于从政乎何有？"曰："赐也可使从政也与？"曰："赐也达，于从政乎何有？"曰："求也可使从政也与？"曰："求也艺，于从政乎何有？"［为政］F33

6.9 季氏使闵子骞为费宰。闵子骞曰："善为我辞焉！如有复我者，则必在汶上矣。"［为政］F18

6.10 伯牛有疾，子问之，自牖执其手，曰："亡之，命矣夫！斯人也而有斯疾也！斯人也而有斯疾也！"［处世］I34

6.11 子曰："贤哉！回也。一箪食，一瓢饮，在陋巷。人不堪其忧，回也不改其乐。贤哉，回也！"［论人］H17

6.12 冉求曰："非不说子之道，力不足也。"子曰："力不足者，中道而废。今女画。"［为学］A56

6.13 子谓子夏曰："女为君子儒！无为小人儒！"［修身］B50

6.14 子游为武城宰。子曰："女得人焉尔乎？"曰："有澹台灭明者，行不由径，非公事，未尝至于偃之室也。"［为政］F23

6.15 子曰："孟之反不伐，奔而殿，将入门，策其马，曰：'非敢后也，马

不进也。'"［论人］H34

6.16 子曰："不有祝鮀之佞，而有宋朝之美，难乎免于今之世矣。"［砭时］J22

6.17 子曰："谁能出不由户？何莫由斯道也？"［砭时］J1

6.18 子曰："质胜文则野，文胜质则史。文质彬彬，然后君子。"［修身］B34

6.19 子曰："人之生也直，罔之生也幸而免。"［修身］B35

6.20 子曰："知之者不如好之者，好之者不如乐之者。"［为学］A3

6.21 子曰："中人以上，可以语上也；中人以下，不可以语上也。"［论人］H6

6.22 樊迟问知。子曰："务民之义，敬鬼神而远之，可谓知矣。"问仁。曰："仁者先难而后获，可谓仁矣。"［明仁］C17

6.23 子曰："知者乐水，仁者乐山。知者动，仁者静。知者乐，仁者寿。"［明仁］C1

6.24 子曰："齐一变，至于鲁；鲁一变，至于道。"［治国］G16

6.25 子曰："觚不觚，觚哉！觚哉！"［砭时］J24

6.26 宰我问曰："仁者，虽告之曰，'井有仁焉'。其从之也？"子曰："何为其然也？君子可逝也，不可陷也；可欺也，不可罔也。"［明仁］C22

6.27 子曰："君子博学于文，约之以礼，亦可以弗畔矣夫！"［修身］B31

6.28 子见南子，子路不说。夫子矢之曰："予所否者，天厌之！天厌之！"［处世］I24

6.29 子曰："中庸之为德也，其至矣乎！民鲜久矣。"［砭时］J2

6.30 子贡曰："如有博施于民而能济众，何如？可谓仁乎？"子曰："何事于仁！必也圣乎！尧舜其犹病诸！夫仁者，己欲立而立人，己欲达而达人。能近取譬，可谓仁之方也已。"［明仁］C23

述而第七

7.1 子曰："述而不作，信而好古，窃比于我老彭。"［为学］A23

7.2 子曰："默而识之，学而不厌，诲人不倦，何有于我哉？"［为学］A25

7.3 子曰："德之不修，学之不讲，闻义不能徙，不善不能改，是吾忧也。"［修身］B8

7.4 子之燕居，申申如也，夭夭如也。[处世] I55

7.5 子曰："甚矣吾衰也！久矣吾不复梦见周公！"[砭时] J20

7.6 子曰："志于道，据于德，依于仁，游于艺。"[修身] B2

7.7 子曰："自行束脩以上，吾未尝无诲焉。"[为学] A11

7.8 子曰："不愤不启，不悱不发。举一隅不以三隅反，则不复也。"[为学] A30

7.9 子食于有丧者之侧，未尝饱也。[知礼] D46

7.10 子于是日哭，则不歌。[知礼] D47

7.11 子谓颜渊曰："用之则行，舍之则藏，惟我与尔有是夫。"子路曰："子行三军，则谁与？"子曰："暴虎冯河，死而不悔者，吾不与也。必也临事而惧，好谋而成者也。"[处世] I38

7.12 子曰："富而可求也，虽执鞭之士，吾亦为之。如不可求，从吾所好。"[处世] I7

7.13 子之所慎：齐、战、疾。[处世] I56

7.14 子在齐闻《韶》，三月不知肉味，曰："不图为乐之至于斯也。"[为学] A47

7.15 冉有曰："夫子为卫君乎？"子贡曰："诺；吾将问之。"入，曰："伯夷、叔齐何人也？"曰："古之贤人也。"曰："怨乎？"曰："求仁而得仁，又何怨？"出，曰："夫子不为也。"[明仁] C25

7.16 子曰："饭疏食，饮水，曲肱而枕之，乐亦在其中矣。不义而富且贵，于我如浮云。"[处世] I8

7.17 子曰："加我数年，五十以学《易》，可以无大过矣。"[为学] A22

7.18 子所雅言，《诗》、《书》、执礼，皆雅言也。[为学] A73

7.19 叶公问孔子于子路，子路不对。子曰："女奚不曰：其为人也，发愤忘食，乐以忘忧，不知老之将至云尔。"[处世] I25

7.20 子曰："我非生而知之者，好古，敏以求之者也。"[为学] A2

7.21 子不语怪、力、乱、神。[处世] I57

7.22 子曰："三人行，必有我师焉！择其善者而从之，其不善者而改之。"[为学] A13

7.23 子曰："天生德于予，桓魋其如予何？"[处世] I15

7.24 子曰："二三子以我为隐乎？吾无隐乎尔。吾无行而不与二三子者，是丘也。"[为学] A14

7.25 子以四教：文、行、忠、信。[为学] A71

7.26 子曰："圣人，吾不得而见之矣；得见君子者，斯可矣。"子曰："善

人，吾不得见之矣；得见有恒者，斯可矣。亡而为有，虚而为盈，约而为泰，难乎有恒矣。”［砭时］J8

7.27　子钓而不纲，弋不射宿。［处世］I58

7.28　子曰：“盖有不知而作之者，我无是也。多闻，择其善者而从之；多见而识之；知之次也。”［为学］A24

7.29　互乡难与言，童子见，门人惑。子曰：“与其进也，不与其退也，唯何甚？人洁己以进，与其洁也，不保其往也。”［论人］H44

7.30　子曰：“仁远乎哉？我欲仁，斯仁至矣。”［明仁］C2

7.31　陈司败问：“昭公知礼乎？”孔子曰：“知礼。”孔子退，揖巫马期而进之，曰：“吾闻君子不党，君子亦党乎？君取于吴，为同姓，谓之吴孟子。君而知礼，孰不知礼？”巫马期以告。子曰：“丘也幸，苟有过，人必知之。”［知礼］D45

7.32　子与人歌而善，必使反之，而后和之。［为学］A72

7.33　子曰：“文，莫吾犹人也。躬行君子，则吾未之有得。”［修身］B33

7.34　子曰：“若圣与仁，则吾岂敢！抑为之不厌，诲人不倦，则可谓云尔已矣。”公西华曰：“正唯弟子不能学也。”［为学］A26

7.35　子疾病，子路请祷。子曰：“有诸？”子路对曰：“有之。《诔》曰：‘祷尔于上下神祇。’”子曰：“丘之祷久矣。”［处世］I39

7.36　子曰：“奢则不孙，俭则固。与其不孙也，宁固。”［砭时］J29

7.37　子曰：“君子坦荡荡，小人长戚戚。”［修身］B15

7.38　子温而厉，威而不猛，恭而安。［修身］B80

泰伯第八

8.1　子曰：“泰伯，其可谓至德也已矣。三以天下让，民无得而称焉。”［论人］H33

8.2　子曰：“恭而无礼则劳，慎而无礼则葸，勇而无礼则乱，直而无礼则绞。君子笃于亲，民兴于仁。故旧不遗，则民不偷。”［知礼］D1

8.3　曾子有疾，召门弟子曰：“启予足！启予手！《诗》云：‘战战兢兢，如临深渊，如履薄冰。’而今而后，吾知免夫！小子！”［行孝］E12

8.4　曾子有疾，孟敬子问之。曾子言曰：“鸟之将死，其鸣也哀；人之将死，其言也善。君子所贵乎道者三：动容貌，斯远暴慢矣；正颜色，斯近信矣；出辞气，斯远鄙倍矣。笾豆之事，则有司存。”［修身］B76

8.5 曾子曰："以能问于不能，以多问于寡，有若无，实若处，犯而不校，昔者吾友尝从事于斯矣。"［修身］B77

8.6 曾子曰："可以托六尺之孤，可以寄百里之命，临大节而不可夺也，君子人与？君子人也。"［论人］H59

8.7 曾子曰："士不可以不弘毅，任重而道远。仁以为己任，不亦重乎？死而后已，不亦远乎？"［明仁］C36

8.8 子曰："兴于《诗》，立于礼，成于乐。"［为学］A36

8.9 子曰："民可使由之，不可使知之。"［治国］G5

8.10 子曰："好勇疾贫，乱也。人而不仁，疾之已甚，乱也。"［砭时］J30

8.11 子曰："如有周公之才之美，使骄且吝，其余不足观也已。"［砭时］J21

8.12 子曰："三年学，不至于谷，不易得也。"［为学］A32

8.13 子曰："笃信好学，守死善道。危邦不入，乱邦不居，天下有道则见，无道则隐。邦有道，贫且贱焉，耻也，邦无道，富且贵焉，耻也。"［处世］I9

8.14 子曰："不在其位，不谋其政。"［为政］F8

8.15 子曰："师挚之始，《关雎》之乱，洋洋乎盈耳哉！"［为学］A40

8.16 子曰："狂而不直，侗而不愿，悾悾而不信，吾不知之矣。"［砭时］J31

8.17 子曰："学如不及，犹恐失之。"［为学］A15

8.18 子曰："巍巍乎！舜禹之有天下也，而不与焉。"［治国］G11

8.19 子曰："大哉尧之为君也！巍巍乎！唯天为大，唯尧则之。荡荡乎！民无能名焉。巍巍乎！其有成功也。焕乎！其有文章。"［治国］G12

8.20 舜有臣五人而天下治。武王曰："予有乱臣十人。"孔子曰："才难，不其然乎？唐、虞之际，于斯为盛，有妇人焉，九人而已。三分天下有其二，以服事殷。周之德，其可谓至德也已矣。"［治国］G29

8.21 子曰："禹，吾无间然矣。菲饮食，而致孝乎鬼神；恶衣服，而致美乎黻冕；卑宫室，而尽力乎沟洫。禹，吾无间然矣。"［治国］G13

子罕第九

9.1 子罕言利，与命，与仁。［明仁］C39

9.2 达巷党人曰："大哉孔子！博学而无所成名。"子闻之，谓门弟子曰：

“吾何执？执御乎？执射乎？吾执御矣。”［为学］A66

9.3 子曰：“麻冕，礼也；今也纯，俭，吾从众。拜下，礼也。今拜乎上，泰也，虽违众，吾从下。”［知礼］D2

9.4 子绝四，毋意，毋必，毋固，毋我。［修身］B81

9.5 子畏于匡。曰：“文王既没，文不在兹乎？天之将丧斯文也，后死者不得与于斯文也；天之未丧斯文也，匡人其如予何。”［处世］I19

9.6 大宰问于子贡曰：“夫子圣者与？何其多能也？”子贡曰：“固天纵之将圣，又多能也。”子闻之，曰：“大宰知我乎！吾少也贱，故多能鄙事。君子多乎哉？不多也！”［为学］A67

9.7 牢曰：“子云：‘吾不试，故艺。’”［为学］A64

9.8 子曰：“吾有知乎哉？无知也。有鄙夫问于我，空空如也；我叩其两端而竭焉。”［为学］A4

9.9 子曰：“凤鸟不至，河不出图，吾已矣夫！”［砭时］J19

9.10 子见齐衰者、冕衣裳者与瞽者，见之，虽少，必作；过之，必趋。［知礼］D48

9.11 颜渊喟然叹曰：“仰之弥高，钻之弥坚，瞻之在前，忽焉在后。夫子循循然善诱人，博我以文，约我以礼，欲罢不能。既竭吾才，如有所立卓尔。虽欲从之，末由也已。”［为学］A52

9.12 子疾病，子路使门人为臣，病间，曰：“久矣哉，由之行诈也！无臣而为有臣，吾谁欺？欺天乎？且予与其死于臣之手也，无宁死于二三子之手乎！且予纵不得大葬，予死于道路乎？”［处世］I20

9.13 子贡曰：“有美玉于斯，韫椟而藏诸，求善贾而沽诸？”子曰：“沽之哉！沽之哉！我待贾者也！”［处世］I37

9.14 子欲居九夷。或曰：“陋，如之何！”子曰：“君子居之，何陋之有？”［处世］I47

9.15 子曰：“吾自卫反鲁，然后乐正，《雅》《颂》各得其所。”［为学］A19

9.16 子曰：“出则事公卿，入则事父兄，丧事不敢不勉，不为酒困；何有于我哉？”［修身］B10

9.17 子在川上曰：“逝者如斯夫！不舍昼夜。”［处世］I21

9.18 子曰：“吾未见好德如好色者也。”［砭时］J11

9.19 子曰：“譬如为山，未成一篑，止，吾止也。譬如平地，虽复一篑，进，吾往也。”［为学］A33

9.20 子曰：“语之而不惰者，其回也与！”［为学］A43

9.21 子谓颜渊，曰："惜乎！吾见其进也，未见其止也！"［为学］A44

9.22 子曰："苗而不秀者有矣夫！秀而不实者有矣夫！"［为学］A34

9.23 子曰："后生可畏，焉知来者之不如今也？四十、五十而无闻焉，斯亦不足畏也已！"［论人］H10

9.24 子曰："法语之言，能无从乎？改之为贵。巽与之言，能无说乎？绎之为贵。说而不绎，从而不改，吾末如之何也已矣！"［砭时］J38

9.25 子曰："主忠信。毋友不如己者。过则勿惮改。"［修身］B28

9.26 子曰："三军可夺帅也，匹夫不可夺志也。"［修身］B3

9.27 子曰："衣敝缊袍，与衣狐貉者立，而不耻者，其由也与！'不忮不求，何用不臧？'"子路终身诵之。子曰："是道也，何足以臧？"［修身］B44

9.28 子曰："岁寒，然后知松柏之后凋也。"［修身］B4

9.29 子曰："知者不惑；仁者不忧；勇者不惧。"［修身］B5

9.30 子曰："可与共学，未可与适道；可与适道，未可与立；可与立，未可与权。"［为学］A35

9.31 "唐棣之华，偏其反而。岂不尔思？室是远而。"子曰："未之思也，夫何远之有？"［为学］A50

乡党第十

10.1 孔子于乡党，恂恂如也，似不能言者。其在宗庙、朝廷，便便言，唯谨尔。［知礼］D19

10.2 朝，与下大夫言，侃侃如也；与上大夫言，訚訚如也。君在，踧踖如也，与与如也。［知礼］D20

10.3 君召使摈，色勃如也，足躩如也，揖所与立，左右手。衣前后，襜如也。趋进，翼如也。宾退，必复命曰："宾不顾矣。"［知礼］D21

10.4 入公门，鞠躬如也，如不容。立不中门，行不履阈。过位，色勃如也，足躩如也，其言似不足者。摄齐升堂，鞠躬如也，屏气似不息者。出，降一等，逞颜色，怡怡如也；没阶，趋进，翼如也；复其位，踧踖如也。［知礼］D22

10.5 执圭，鞠躬如也；如不胜。上如揖，下如授，勃如战色，足蹜蹜，如有循。享礼，有容色；私觌，愉愉如也。［知礼］D23

10.6 君子不以绀緅饰，红紫不以为亵服。当暑，袗絺绤，必表而出之。缁衣，羔裘；素衣，麑裘；黄衣，狐裘。亵裘长，短右袂。必有寝衣，长一身有半。狐貉之厚以居。去丧，无所不佩。非帷裳，必杀之。羔裘玄冠不以吊。吉月，必朝服而朝。［知礼］D24

10.7 齐，必有明衣，布。齐必变食，居必迁坐。［知礼］D25

10.8 食不厌精，脍不厌细。食饐而餲，鱼馁而肉败，不食。色恶，不食。臭恶，不食。失饪，不食。不时，不食。割不正，不食。不得其酱，不食。肉虽多，不使胜食气。唯酒无量，不及乱。沽酒市脯，不食。不撤姜食，不多食。［知礼］D26

10.9 祭于公，不宿肉。祭肉，不出三日。出三日，不食之矣。［知礼］D27

10.10 食不语，寝不言。［知礼］D28

10.11 虽疏食，菜羹，瓜祭，必齐如也。［知礼］D29

10.12 席不正，不坐。［知礼］D30

10.13 乡人饮酒，杖者出，斯出矣。［知礼］D31

10.14 乡人傩，朝服而立于阼阶。［知礼］D32

10.15 问人于他邦，再拜而送之。［知礼］D33

10.16 康子馈药，拜而受之，曰："丘未达，不敢尝。"［知礼］D34

10.17 厩焚。子退朝，曰："伤人乎？"不问马。［处世］I29

10.18 君赐食，必正席先尝之；君赐腥，必熟而荐之；君赐生，必畜之。侍食于君，君祭，先饭。［知礼］D35

10.19 疾，君视之，东首，加朝服，拖绅。［知礼］D36

10.20 君命召，不俟驾行矣。［知礼］D37

10.21 入太庙，每事问。［知礼］D38

10.22 朋友死，无所归，曰："于我殡。"［处世］I30

10.23 朋友之馈，虽车马，非祭肉，不拜。［知礼］D39

10.24 寝不尸，居不客。［知礼］D40

10.25 见齐衰者，虽狎，必变。见冕者与瞽者，虽亵，必以貌。凶服者式之。式负版者。有盛馔，必变色而作。迅雷风烈，必变。［知礼］D41

10.26 升车，必正立，执绥。车中不内顾，不疾言，不亲指。［知礼］D42

10.27 色斯举矣，翔而后集。曰："山梁雌雉，时哉，时哉！"子路共之，三嗅而作。［处世］I31

先进第十一

11.1 子曰："先进于礼乐，野人也；后进于礼乐，君子也。如用之，则吾从先进。"［论人］H12

11.2 子曰："从我于陈、蔡者，皆不及门也。"［处世］I16

11.3 德行：颜渊，闵子骞，冉伯牛，仲弓；言语：宰我，子贡；政事：冉有，季路；文学：子游，子夏。［为学］A75

11.4 子曰："回也非助我者也，于吾言无所不说。"［论人］H18

11.5 子曰："孝哉闵子骞，人不间于其父母昆弟之言。"［行孝］E6

11.6 南容三复白圭，孔子以其兄之子妻之。［论人］H63

11.7 季康子问："弟子孰为好学？"孔子对曰："有颜回者好学，不幸短命死矣，今也则亡。"［为学］A70

11.8 颜渊死，颜路请子之车以为之椁。子曰："才不才，亦各言其子也。鲤也死，有棺而无椁；吾不徒行以为之椁，以吾从大夫之后，不可徒行也。"［知礼］D10

11.9 颜渊死。子曰："噫！天丧予！天丧予！"［处世］I32

11.10 颜渊死，子哭之恸。从者曰："子恸矣。"曰："有恸乎？非夫人之为恸而谁为！"［处世］I33

11.11 颜渊死，门人欲厚葬之，子曰："不可。"门人厚葬之。子曰："回也，视予犹父也，予不得视犹子也。非我也，夫二三子也。"［知礼］D11

11.12 季路问事鬼神。子曰："未能事人，焉能事鬼？"曰："敢问死。"曰："未知生，焉知死？"［砭时］J49

11.13 闵子侍侧，訚訚如也；子路，行行如也；冉有、子贡，侃侃如也。子乐。"若由也，不得其死然。"［论人］H64

11.14 鲁人为长府。闵子骞曰："仍旧贯，如之何？何必改作？"子曰："夫人不言，言必有中。"［论人］H49

11.15 子曰："由之瑟，奚为于丘之门？"门人不敬子路。子曰："由也升堂矣，未入于室也！"［论人］H21

11.16 子贡问："师与商也孰贤？"子曰："师也过，商也不及。"曰："然则师愈与？"子曰："过犹不及。"［论人］H52

11.17 季氏富于周公，而求也为之聚敛而附益之。子曰："非吾徒也，小子鸣鼓而攻之，可也！"［论人］H45

11.18 柴也愚，参也鲁，师也辟，由也喭。[论人] H65

11.19 子曰："回也其庶乎！屡空。赐不受命，而货殖焉，亿则屡中。"[论人] H19

11.20 子张问善人之道。子曰："不践迹，亦不入于室。"[修身] B53

11.21 子曰："论笃是与，君子者乎？色庄者乎？"[论人] H13

11.22 子路问："闻斯行诸？"子曰："有父兄在，如之何其闻斯行之？"冉有问："闻斯行诸？"子曰："闻斯行之！"公西华曰："由也问：'闻斯行诸？'子曰：'有父兄在。'求也问：'闻斯行诸？'子曰：'闻斯行之！'赤也惑，敢问。"子曰："求也退，故进之；由也兼人，故退之。"[为学] A57

11.23 子畏于匡，颜渊后。子曰："吾以女为死矣。"曰："子在，回何敢死？"[处世] I35

11.24 季子然问："仲由、冉求可谓大臣与？"子曰："吾以子为异之问，曾由与求之问。所谓大臣者，以道事君，不可则止。今由与求也，可谓具臣矣。"曰："然则从之者与？"子曰："弑父与君，亦不从也。"[为政] F35

11.25 子路使子羔为费宰。子曰："贼夫人之子！"子路曰："有民人焉，有社稷焉。何必读书，然后为学？"子曰："是故恶夫佞者。"[为学] A58

11.26 子路、曾皙、冉有、公西华侍坐。子曰："以吾一日长乎尔，毋吾以也！居则曰：'不吾知也！'如或知尔，则何以哉？"子路率尔而对曰："千乘之国，摄乎大国之间，加之以师旅，因之以饥馑，由也为之，比及三年，可使有勇，且知方也。"夫子哂之。"求，尔何如？"对曰："方六七十，如五六十，求也为之，比及三年，可使足民。如其礼乐，以俟君子。""赤，尔何如？"对曰："非曰能之，愿学焉！宗庙之事，如会同，端章甫，愿为小相焉。""点，尔何如？"鼓瑟希，铿尔，舍瑟而作。对曰："异乎三子者之撰。"子曰："何伤乎？亦各言其志也。"曰："莫春者，春服既成，冠者五六人，童子六七人，浴乎沂，风乎舞雩，咏而归。"夫子喟然叹曰："吾与点也！"三子者出，曾皙后。曾皙曰："夫三子者之言何如？"子曰："亦各言其志也已矣！"曰："夫子何哂由也？"曰："为国以礼，其言不让，是故哂之。""唯求则非邦也与？""安见方六七十如五六十而非邦也者？""唯赤非邦也与？""宗庙会同，非诸侯而何？赤也为之小，孰能为之大？"[治国] G27

颜渊第十二

12.1 颜渊问仁。子曰："克己复礼为仁。一日克己复礼，天下归仁焉。为仁由己，而由人乎哉？"颜渊曰："请问其目。"子曰："非礼勿视，非礼勿听，非礼勿言，非礼勿动。"颜渊曰："回虽不敏，请事斯语矣！"[明仁] C20

12.2 仲弓问仁。子曰："出门如见大宾；使民如承大祭。己所不欲，勿施于人。在邦无怨，在家无怨。"仲弓曰："雍虽不敏，请事斯语矣！"[明仁] C21

12.3 司马牛问仁。子曰："仁者，其言也讱。"曰："其言也讱，斯谓之仁已乎？"子曰："为之难，言之得无讱乎？"[明仁] C32

12.4 司马牛问君子。子曰："君子不忧不惧。"曰："不忧不惧，斯谓之君子已乎？"子曰："内省不疚，夫何忧何惧？"[修身] B72

12.5 司马牛忧曰："人皆有兄弟，我独亡！"子夏曰："商闻之矣：死生有命，富贵在天。君子敬而无失，与人恭而有礼，四海之内，皆兄弟也。君子何患乎无兄弟也？"[处世] I45

12.6 子张问明。子曰："浸润之谮，肤受之愬，不行焉，可谓明也已矣。浸润之谮，肤受之愬，不行焉，可谓远也已矣。"[处世] I23

12.7 子贡问政。子曰："足食，足兵，民信之矣。"子贡曰："必不得已而去，于斯三者何先？"曰："去兵。"子贡曰："必不得已而去，于斯二者何先？"曰："去食。自古皆有死，民无信不立。"[为政] F20

12.8 棘子成曰："君子质而已矣，何以文为？"子贡曰："惜乎，夫子之说君子也！驷不及舌。文犹质也，质犹文也。虎豹之鞟犹犬羊之鞟。"[修身] B78

12.9 哀公问于有若曰："年饥，用不足，如之何？"有若对曰："盍彻乎？"曰："二，吾犹不足，如之何其彻也？"对曰："百姓足，君孰不足？百姓不足，君孰与足？"[治国] G34

12.10 子张问崇德、辨惑。子曰："主忠信，徙义，崇德也。爱之欲其生，恶之欲其死；既欲其生，又欲其死，是惑也。'诚不以富，亦只以异。'"[修身] B54

12.11 齐景公问政于孔子。孔子对曰："君君、臣臣、父父、子子。"公曰："善哉！信如君不君，臣不臣、父不父、子不子，虽有粟，吾得而食

诸?”［治国］G30

12.12 子曰：“片言可以折狱者，其由也与!”子路无宿诺。［论人］H22

12.13 子曰：“听讼，吾犹人也。必也使无讼乎!”［为政］F2

12.14 子张问政。子曰：“居之无倦，行之以忠。”［为政］F27

12.15 子曰：“博学于文，约之以礼，亦可以弗畔矣夫。”［修身］B32

12.16 子曰：“君子成人之美，不成人之恶。小人反是。”［修身］B21

12.17 季康子问政于孔子。孔子对曰：“政者，正也。子帅以正，孰敢不正?”［为政］F14

12.18 季康子患盗，问于孔子。孔子对曰：“苟子之不欲，虽赏之不窃。”［为政］F15

12.19 季康子问政于孔子曰：“如杀无道，以就有道，何如?”孔子对曰：“子为政，焉用杀？子欲善而民善矣！君子之德，风；小人之德，草；草上之风，必偃。”［为政］F34

12.20 子张问：“士何如斯可谓之达矣?”子曰：“何哉，尔所谓达者?”子张对曰：“在邦必闻，在家必闻。”子曰：“是闻也，非达也。夫达也者，质直而好义，察言而观色，虑以下人。在邦必达，在家必达。夫闻也者，色取仁而行违，居之不疑。在邦必闻，在家必闻。”［论人］H58

12.21 樊迟从游于舞雩之下，曰：“敢问崇德、修慝、辨惑。”子曰：“善哉问！先事后得，非崇德与？攻其恶，无攻人之恶，非修慝与？一朝之忿，忘其身以及其亲，非惑与?”［修身］B73

12.22 樊迟问仁。子曰：“爱人。”问知。子曰：“知人。”樊迟未达。子曰：“举直错诸枉，能使枉者直。”樊迟退，见子夏，曰：“乡也吾见于夫子而问知，子曰：‘举直错诸枉，能使枉者直。’何谓也?”子夏曰：“富哉言乎！舜有天下，选于众，举皋陶，不仁者远矣。汤有天下，选于众，举伊尹，不仁者远矣。”［明仁］C29

12.23 子贡问友。子曰：“忠告而善道之，不可则止，毋自辱焉。”［处世］I22

12.24 曾子曰：“君子以文会友；以友辅仁。”［处世］I46

子路第十三

13.1 子路问政。子曰：“先之，劳之。”请益，曰：“无倦。”［为政］F11

13.2 仲弓为季氏宰，问政。子曰："先有司，赦小过，举贤才。"曰："焉知贤才而举之？"子曰："举尔所知。尔所不知，人其舍诸？"［为政］F19

13.3 子路曰："卫君待子而为政，子将奚先？"子曰："必也正名乎！"子路曰："有是哉？子之迂也！奚其正？"子曰："野哉，由也！君子于其所不知，盖阙如也。名不正，则言不顺；言不顺，则事不成；事不成，则礼乐不兴；礼乐不兴，则刑罚不中；刑罚不中，则民无所错手足。故君子名之必可言也，言之必可行也。君子于其言，无所苟而已矣！"［为政］F22

13.4 樊迟请学稼。子曰："吾不如老农。"请学为圃。曰："吾不如老圃。"樊迟出。子曰："小人哉，樊须也！上好礼，则民莫敢不敬；上好义，则民莫敢不服；上好信，则民莫敢不用情。夫如是，则四方之民，襁负其子而至矣，焉用稼？"［治国］G21

13.5 子曰："诵《诗》三百，授之以政，不达；使于四方，不能专对；虽多，亦奚以为？"［为学］A38

13.6 子曰："其身正，不令而行；其身不正，虽令不从。"［为政］F5

13.7 子曰："鲁卫之政，兄弟也。"［治国］G17

13.8 子谓卫公子荆："善居室。始有，曰：'苟合矣。'少有，曰：'苟完矣。'富有，曰：'苟美矣。'"［论人］H42

13.9 子适卫，冉有仆。子曰："庶矣哉！"冉有曰："既庶矣，又何加焉？"曰："富之。"曰："既富矣，又何加焉？"曰："教之。"［治国］G25

13.10 子曰："苟有用我者，期月而已可也，三年有成。"［为政］F7

13.11 子曰："'善人为邦百年，亦可以胜残去杀矣。'诚哉是言也！"［治国］G7

13.12 子曰："如有王者，必世而后仁。"［治国］G15

13.13 子曰："苟正其身矣，于从政乎何有？不能正其身，如正人何！"［为政］F6

13.14 冉子退朝。子曰："何晏也？"对曰："有政。"子曰："其事也。如有政，虽不吾以，吾其与闻之！"［为政］F21

13.15 定公问："一言而可以兴邦，有诸？"孔子对曰："言不可以若是，其几也。人之言曰：'为君难，为臣不易。'如知为君之难也，不几乎一言而兴邦乎？"曰："一言而丧邦，有诸？"孔子对曰："言不可以若是，其几也。人之言曰：'予无乐乎为君，唯其言而莫予违也。'如其善而莫之违也，不亦善乎？如不善而莫之违也，不几乎一言而丧邦

乎?”[治国] G32

13.16 叶公问政。子曰:“近者说,远者来。”[为政] F16

13.17 子夏为莒父宰,问政。子曰:“无欲速,无见小利。欲速,则不达,见小利,则大事不成。”[为政] F13

13.18 叶公语孔子曰:“吾党有直躬者,其父攘羊,而子证之。”孔子曰:“吾党之直者异于是。父为子隐,子为父隐,直在其中矣。”[处世] I49

13.19 樊迟问仁。子曰:“居处恭,执事敬,与人忠;虽之夷狄,不可弃也。”[明仁] C18

13.20 子贡问曰:“何如斯可谓之士矣?”子曰:“行己有耻,使于四方,不辱君命,可谓士矣。”曰:“敢问其次。”曰:“宗族称孝焉,乡党称弟焉。”曰:“敢问其次。”曰:“言必信,行必果,硁硁然,小人哉!抑亦可以为次矣。”曰:“今之从政者何如?”子曰:“噫!斗筲之人,何足算也!”[砭时] J48

13.21 子曰:“不得中行而与之,必也狂狷乎!狂者进取,狷者有所不为也。”[论人] H7

13.22 子曰:“南人有言曰:‘人而无恒,不可以作巫医。’善夫!”“不恒其德,或承之羞。”子曰:“不占而已矣。”[砭时] J7

13.23 子曰:“君子和而不同;小人同而不和。”[修身] B18

13.24 子贡问曰:“乡人皆好之,何如?”子曰:“未可也。”“乡人皆恶之,何如?”子曰:“未可也。不如乡人之善者好之,其不善者恶之。”[论人] H53

13.25 子曰:“君子易事而难说也。说之不以道,不说也;及其使人也,器之。小人难事而易说也。说之虽不以道,说也;及其使人也,求备焉。”[论人] H15

13.26 子曰:“君子泰而不骄,小人骄而不泰。”[修身] B19

13.27 子曰:“刚、毅、木、讷,近仁。”[明仁] C3

13.28 子路问曰:“何如斯可谓之士矣?”子曰:“切切偲偲、怡怡如也,可谓士矣。朋友切切偲偲,兄弟怡怡。”[论人] H57

13.29 子曰:“善人教民七年,亦可以即戎矣。”[治国] G8

13.30 子曰:“以不教民战,是谓弃之。”[治国] G9

宪问第十四

14.1 宪问耻。子曰："邦有道，谷；邦无道，谷，耻也。""克、伐、怨、欲不行焉，可以为仁矣？"子曰："可以为难矣，仁则吾不知也。"［明仁］C33

14.2 子曰："士而怀居，不足以为士矣！"［砭时］J18

14.3 子曰："邦有道，危言危行；邦无道，危行言孙。"［处世］I10

14.4 子曰："有德者必有言，有言者不必有德。仁者必有勇，勇者不必有仁。"［明仁］C14

14.5 南宫适问于孔子曰："羿善射，奡荡舟，俱不得其死然。禹、稷躬稼，而有天下。"夫子不答。南宫适出。子曰："君子哉若人！尚德哉若人！"［治国］G26

14.6 子曰："君子而不仁者有矣夫，未有小人而仁者也。"［明仁］C15

14.7 子曰："爱之，能勿劳乎？忠焉，能勿诲乎？"［砭时］J39

14.8 子曰："为命，裨谌草创之，世叔讨论之，行人子羽修饰之，东里子产润色之。"［为政］F3

14.9 或问子产。子曰："惠人也。"问子西。曰："彼哉！彼哉！"问管仲。曰："人也。夺伯氏骈邑三百，饭疏食，没齿无怨言。"［论人］H46

14.10 子曰："贫而无怨难；富而无骄易。"［修身］B39

14.11 子曰："孟公绰为赵、魏老则优，不可以为滕、薛大夫。"［论人］H35

14.12 子路问成人。子曰："若臧武仲之知，公绰之不欲，卞庄子之勇，冉求之艺，文之以礼乐，亦可以为成人矣。"曰："今之成人者何必然？见利思义，见危授命，久要不忘平生之言；亦可以为成人矣。"［修身］B65

14.13 子问公叔文子于公明贾曰："信乎？夫子不言、不笑、不取乎？"公明贾对曰："以告者过也。夫子时然后言，人不厌其言；乐然后笑，人不厌其笑；义然后取，人不厌其取。"子曰："其然，岂其然乎？"［论人］H61

14.14 子曰："臧武仲以防求为后于鲁，虽曰不要君，吾不信也。"［论人］H27

14.15 子曰："晋文公谲而不正，齐桓公正而不谲。"［论人］H36

14.16 子路曰：“桓公杀公子纠，召忽死之，管仲不死。”曰：“未仁乎！”子曰：“桓公九合诸侯，不以兵车，管仲之力也。如其仁，如其仁！”［明仁］C26

14.17 子贡曰：“管仲非仁者与？桓公杀公子纠，不能死，又相之。”子曰：“管仲相桓公，霸诸侯，一匡天下，民到于今受其赐。微管仲，吾其被发左衽矣！岂若匹夫匹妇之为谅也，自经于沟渎而莫之知也！”［明仁］C24

14.18 公叔文子之臣大夫僎与文子同升诸公。子闻之曰：“可以为‘文’矣！”［论人］H47

14.19 子言卫灵公之无道也，康子曰：“夫如是，奚而不丧？”孔子曰：“仲叔圉治宾客，祝鮀治宗庙，王孙贾治军旅；夫如是，奚其丧？”［治国］G35

14.20 子曰：“其言之不怍，则为之也难！”［修身］B38

14.21 陈成子弑简公。孔子沐浴而朝，告于哀公曰：“陈恒弑其君，请讨之。”公曰：“告夫三子！”孔子曰：“以吾从大夫之后，不敢不告也！君曰：‘告夫三子’者！”之三子告，不可。孔子曰：“以吾从大夫之后，不敢不告也！”［为政］F36

14.22 子路问事君。子曰：“勿欺也，而犯之。”［为政］F12

14.23 子曰：“君子上达，小人下达。”［修身］B12

14.24 子曰：“古之学者为己，今之学者为人。”［砭时］J41

14.25 蘧伯玉使人于孔子。孔子与之坐而问焉，曰：“夫子何为？”对曰：“夫子欲寡其过而未能也。”使者出。子曰：“使乎！使乎！”［修身］B79

14.26 子曰：“不在其位，不谋其政。”曾子曰：“君子思不出其位。”［为政］F9

14.27 子曰：“君子耻其言而过其行。”［修身］B24

14.28 子曰：“君子道者三，我无能焉：仁者不忧，知者不惑，勇者不惧。”子贡曰：“夫子自道也！”［修身］B6

14.29 子贡方人。子曰：“赐也贤乎哉？夫我则不暇。”［修身］B52

14.30 子曰：“不患人之不己知，患其不能也。”［修身］B42

14.31 子曰：“不逆诈，不亿不信，抑亦先觉者，是贤乎？”［处世］I11

14.32 微生亩谓孔子曰：“丘何为是栖栖者与？无乃为佞乎？”孔子曰：“非敢为佞也，疾固也。”［砭时］J52

14.33 子曰：“骥不称其力，称其德也。”［砭时］J13

14.34 或曰："以德报怨，何如？"子曰："何以报德？以直报怨，以德报德。"［处世］I48

14.35 子曰："莫我知也夫！"子贡曰："何为其莫知子也？"子曰："不怨天，不尤人；下学而上达。知我者其天乎！"［修身］B56

14.36 公伯寮愬子路于季孙，子服景伯以告，曰："夫子固有惑志，于公伯寮，吾力犹能肆诸市朝。"子曰："道之将行也与，命也；道之将废也与，命也。公伯寮其如命何！"［处世］I52

14.37 子曰："贤者辟世，其次辟地，其次辟色，其次辟言。"子曰："作者七人矣！"［处世］I12

14.38 子路宿于石门。晨门曰："奚自？"子路曰："自孔氏。"曰："是知其不可而为之者与？"［处世］I40

14.39 子击磬于卫。有荷蒉而过孔氏之门者，曰："有心哉！击磬乎！"既而曰："鄙哉，硁硁乎！莫己知也，斯已而已矣。深则厉，浅则揭。"子曰："果哉！末之难矣。"［处世］I53

14.40 子张曰："《书》云：'高宗谅阴，三年不言。'何谓也？"子曰："何必高宗？古之人皆然。君薨，百官总己以听于冢宰三年。"［知礼］D16

14.41 子曰："上好礼，则民易使也。"［治国］G4

14.42 子路问君子。子曰："修己以敬。"曰："如斯而已乎？"曰："修己以安人。"曰："如斯而已乎？"曰："修己以安百姓。修己以安百姓，尧、舜其犹病诸！"［修身］B66

14.43 原壤夷俟。子曰："幼而不孙弟，长而无述焉，老而不死，是为贼。"以杖叩其胫。［砭时］J46

14.44 阙党童子将命。或问之曰："益者与？"子曰："吾见其居于位也，见其与先生并行也。非求益者也，欲速成者也。"［论人］H62

卫灵公第十五

15.1 卫灵公问陈于孔子。孔子对曰："俎豆之事，则尝闻之矣；军旅之事，未之学也。"明日遂行。［治国］G22

15.2 在陈绝粮，从者病，莫能兴。子路愠见曰："君子亦有穷乎？"子曰："君子固穷，小人穷斯滥矣。"［修身］B63

15.3 子曰："赐也，女以予为多学而识之者与？"对曰："然，非与？"曰：

"非也。予一以贯之。"［为学］A8

15.4 子曰："由！知德者鲜矣！"［砭时］J3

15.5 子曰："无为而治者，其舜也与！夫何为哉？恭己正南面而已矣。"［治国］G10

15.6 子张问行。子曰："言忠信，行笃敬，虽蛮貊之邦，行矣；言不忠信，行不笃敬，虽州里，行乎哉？立，则见其参于前也；在舆，则见其倚于衡也。夫然后行！"子张书诸绅。［修身］B55

15.7 子曰："直哉史鱼！邦有道，如矢；邦无道，如矢。君子哉蘧伯玉！邦有道，则仕；邦无道，则可卷而怀之。"［论人］H29

15.8 子曰："可与言，而不与之言，失人；不可与言，而与之言，失言。知者不失人，亦不失言。"［处世］I13

15.9 子曰："志士仁人，无求生以害仁，有杀身以成仁。"［明仁］C4

15.10 子贡问为仁。子曰："工欲善其事，必先利其器。居是邦也，事其大夫之贤者，友其士之仁者。"［明仁］C16

15.11 颜渊问为邦。子曰："行夏之时，乘殷之辂，服周之冕，乐则《韶》舞。放郑声，远佞人。郑声淫，佞人殆。"［治国］G20

15.12 子曰："人无远虑，必有近忧。"［论人］H3

15.13 子曰："已矣乎！吾未见好德如好色者也。"［砭时］J10

15.14 子曰："臧文仲其窃位者与？知柳下惠之贤而不与立也。"［论人］H26

15.15 子曰："躬自厚而薄责于人，则远怨矣！"［修身］B40

15.16 子曰："不曰：'如之何，如之何'者，吾末如之何也已矣？"［为学］A29

15.17 子曰："群居终日，言不及义，好行小慧；难矣哉！"［砭时］J32

15.18 子曰："君子义以为质，礼以行之，孙以出之，信以成之。君子哉！"［修身］B22

15.19 子曰："君子病无能焉，不病人之不己知也。"［修身］B25

15.20 子曰："君子疾没世而名不称焉。"［修身］B26

15.21 子曰："君子求诸己，小人求诸人。"［修身］B14

15.22 子曰："君子矜而不争，群而不党。"［处世］I3

15.23 子曰："君子不以言举人；不以人废言。"［处世］I4

15.24 子贡问曰："有一言而可以终身行之者乎？"子曰："其恕乎！己所不欲，勿施于人。"［修身］B58

15.25 子曰："吾之于人也，谁毁谁誉？如有所誉者，其有所试矣。斯民也，

三代之所以直道而行也。”［处世］I14

15.26 子曰：“吾犹及史之阙文也，有马者借人乘之。今亡矣夫！”［砭时］J12

15.27 子曰：“巧言乱德。小不忍则乱大谋。”［砭时］J37

15.28 子曰：“众恶之，必察焉；众好之，必察焉。”［论人］H9

15.29 子曰：“人能弘道，非道弘人。”［论人］H2

15.30 子曰：“过而不改，是谓过矣。”［修身］B29

15.31 子曰：“吾尝终日不食，终夜不寝，以思，无益，不如学也。”［为学］A18

15.32 子曰：“君子谋道不谋食。耕也，馁在其中矣；学也，禄在其中矣。君子忧道不忧贫。”［修身］B7

15.33 子曰：“知及之，仁不能守之；虽得之，必失之。知及之，仁能守之，不庄以莅之，则民不敬。知及之，仁能守之，庄以莅之，动之不以礼，未善也。”［治国］G6

15.34 子曰：“君子不可小知而可大受也，小人不可大受而可小知也。”［论人］H16

15.35 子曰：“民之于仁也，甚于水火。水火，吾见蹈而死者矣，未见蹈仁而死者也。”［砭时］J4

15.36 子曰：“当仁，不让于师。”［明仁］C5

15.37 子曰：“君子贞而不谅。”［修身］B16

15.38 子曰：“事君，敬其事而后其食。”［为政］F4

15.39 子曰：“有教无类。”［为学］A10

15.40 子曰：“道不同，不相为谋。”［处世］I5

15.41 子曰：“辞达而已矣！”［为学］A28

15.42 师冕见，及阶，子曰：“阶也。”及席，子曰：“席也。”皆坐，子告之曰：“某在斯！某在斯！”师冕出。子张问曰：“与师言之道与？”子曰：“然，固相师之道也。”［知礼］D17

季氏第十六

16.1 季氏将伐颛臾。冉有、季路见于孔子，曰：“季氏将有事于颛臾。”孔子曰：“求！无乃尔是过与？夫颛臾，昔者先王以为东蒙主，且在邦域之中矣，是社稷之臣也。何以伐为？”冉有曰：“夫子欲之，吾二臣者皆不欲也。”孔子曰：“求！周任有言曰：‘陈力就列，不能者止。’危而不持，颠而不扶，则将焉用彼相矣？且尔言过矣。虎兕出于柙，龟玉毁于椟中，是谁之过与？”冉有曰：“今夫颛臾，固而近于费。今不取，后世必为子孙忧。”孔子曰：“求！君子疾夫舍曰欲之而必为之辞。丘也闻有国有家者，不患贫而患不均，不患寡而患不安。盖均无贫，和无寡，安无倾。夫如是，故远人不服，则修文德以来之。既来之，则安之。今由与求也，相夫子，远人不服，而不能来也；邦分崩离析，而不能守也；而谋动干戈于邦内。吾恐季孙之忧，不在颛臾，而在萧墙之内也。”［治国］G36

16.2 孔子曰：“天下有道，则礼乐征伐自天子出；天下无道，则礼乐征伐自诸侯出。自诸侯出，盖十世希不失矣；自大夫出，五世希不失矣；陪臣执国命，三世希不失矣。天下有道，则政不在大夫。天下有道，则庶人不议。”［治国］G18

16.3 孔子曰：“禄之去公室五世矣，政逮于大夫四世矣，故夫三桓之子孙微矣。”［治国］G19

16.4 孔子曰：“益者三友，损者三友。友直，友谅，友多闻，益矣；友便辟，友善柔，友便佞，损矣。”［处世］I17

16.5 孔子曰：“益者三乐，损者三乐。乐节礼乐，乐道人之善，乐多贤友，益矣；乐骄乐，乐佚游，乐宴乐，损矣。”［处世］I18

16.6 孔子曰：“侍于君子有三愆：言未及之而言谓之躁，言及之而不言谓之隐，未见颜色而言谓之瞽。”［修身］B45

16.7 孔子曰：“君子有三戒：少之时，血气未定，戒之在色；及其壮也，血气方刚，戒之在斗；及其老也，血气既衰，戒之在得。”［修身］B46

16.8 孔子曰：“君子有三畏：畏天命，畏大人，畏圣人之言。小人不知天命而不畏也，狎大人，侮圣人之言。”［修身］B47

16.9 孔子曰：“生而知之者，上也；学而知之者，次也；困而学之，又其次也。困而不学，民斯为下矣！”［为学］A1

16.10 孔子曰：“君子有九思：视思明，听思聪，色思温，貌思恭，言思忠，事思敬，疑思问，忿思难，见得思义。”［修身］B48

16.11 孔子曰：“见善如不及，见不善如探汤。吾见其人矣，吾闻其语矣。隐居以求其志，行义以达其道。吾闻其语矣，未见其人也。”［砭时］J43

16.12 齐景公有马千驷，死之日，民无德而称焉。伯夷、叔齐饿于首阳之下，民到于今称之。其斯之谓与？［治国］G37

16.13 陈亢问于伯鱼曰："子亦有异闻乎？"对曰："未也。尝独立，鲤趋而过庭。曰：'学《诗》乎？'对曰：'未也。''不学《诗》，无以言。'鲤退而学诗。他日，又独立，鲤趋而过庭。曰：'学礼乎？'对曰：'未也。''不学礼，无以立！'鲤退而学礼。闻斯二者。"陈亢退而喜曰："问一得三：闻《诗》，闻礼，又闻君子之远其子也。"［为学］A65

16.14 邦君之妻，君称之曰夫人，夫人自称小童；邦人称之曰君夫人；称诸异邦曰寡小君；异邦人称之，亦曰君夫人。［知礼］D49

阳货第十七

17.1 阳货欲见孔子，孔子不见，归孔子豚。孔子时其亡也，而往拜之。遇诸涂。谓孔子曰："来！予与尔言。"曰："怀其宝而迷其邦，可谓仁乎？"曰："不可。"曰："好从事而亟失时，可谓知乎？"曰："不可。""日月逝矣，岁不我与。"孔子曰："诺。吾将仕矣！"［处世］I50

17.2 子曰："性相近也，习相远也。"［论人］H1

17.3 子曰："唯上知与下愚不移。"［论人］H4

17.4 子之武城，闻弦歌之声。夫子莞尔而笑曰："割鸡焉用牛刀？"子游对曰："昔者偃也闻诸夫子曰：'君子学道则爱人，小人学道则易使也。'"子曰："二三子！偃之言是也。前言戏之耳！"［为政］F24

17.5 公山弗扰以费畔，召，子欲往。子路不说，曰："末之也已，何必公山氏之之也？"子曰："夫召我者而岂徒哉？如有用我者，吾其为东周乎！"［处世］I41

17.6 子张问仁于孔子。孔子曰："能行五者于天下，为仁矣。""请问之？"曰："恭，宽，信，敏，惠。恭则不侮，宽则得众，信则人任焉，敏则有功，惠则足以使人。"［明仁］C31

17.7 佛肸召，子欲往。子路曰："昔者由也闻诸夫子曰：'亲于其身为不善者，君子不入也。'佛肸以中牟畔，子之往也，如之何？"子曰："然。有是言也。不曰坚乎，磨而不磷；不曰白乎，涅而不缁。吾岂匏瓜也哉？焉能系而不食！"［处世］I42

17.8 子曰："由也，女闻六言六蔽矣乎？"对曰："未也。""居！吾语女。好仁不好学，其蔽也愚；好知不好学，其蔽也荡；好信不好学，其蔽也贼；好直不好学，其蔽也绞；好勇不好学，其蔽也乱；好刚不好学，

其蔽也狂。”［为学］A6

17.9 子曰：“小子！何莫学夫《诗》？《诗》，可以兴，可以观，可以群，可以怨。迩之事父，远之事君。多识于鸟兽草木之名。”［为学］A41

17.10 子谓伯鱼曰：“女为《周南》、《召南》矣乎？人而不为《周南》、《召南》，其犹正墙面而立也与！”［为学］A45

17.11 子曰：“礼云礼云，玉帛云乎哉？乐云乐云，钟鼓云乎哉！”［砭时］J23

17.12 子曰：“色厉而内荏，譬诸小人，其犹穿窬之盗也与！”［论人］H14

17.13 子曰：“乡原，德之贼也！”［砭时］J15

17.14 子曰：“道听而涂说，德之弃也！”［砭时］J16

17.15 子曰：“鄙夫可与事君也与哉？其未得之也，患得之；既得之，患失之。苟患失之，无所不至矣！”［砭时］J26

17.16 子曰：“古者民有三疾，今也或是之亡也。古之狂也肆，今之狂也荡；古之矜也廉，今之矜也忿戾；古之愚也直，今之愚也诈而已矣。”［砭时］J42

17.17 子曰：“巧言令色，鲜矣仁。”［砭时］J36

17.18 子曰：“恶紫之夺朱也，恶郑声之乱雅乐也，恶利口之覆邦家者。”［砭时］J40

17.19 子曰：“予欲无言。”子贡曰：“子如不言，则小子何述焉？”子曰：“天何言哉？四时行焉，百物生焉；天何言哉？”［修身］B57

17.20 孺悲欲见孔子，孔子辞以疾。将命者出户，取瑟而歌，使之闻之。［处世］I59

17.21 宰我问：“三年之丧，期已久矣。君子三年不为礼，礼必坏；三年不为乐，乐必崩。旧谷既没，新谷既升，钻燧改火，期可已矣。”子曰：“食夫稻，衣夫锦，于女安乎？”曰：“安！”“女安，则为之！夫君子之居丧，食旨不甘，闻乐不乐，居处不安，故不为也。今女安，则为之！”宰我出。子曰：“予之不仁也！子生三年，然后免于父母之怀。夫三年之丧，天下之通丧也；予也有三年之爱于其父母乎？”［知礼］D12

17.22 子曰：“饱食终日，无所用心，难矣哉！不有博弈者乎，为之犹贤乎已。”［砭时］J33

17.23 子路曰：“君子尚勇乎？”子曰：“君子义以为上。君子有勇而无义为乱，小人有勇而无义为盗。”［修身］B64

17.24 子贡曰：“君子亦有恶乎？”子曰：“有恶。恶称人之恶者，恶居下流而讪上者，恶勇而无礼者，恶果敢而窒者。”曰：“赐也亦有恶乎？”“恶徼以为知者，恶不孙以为勇者，恶讦以为直者。”［修身］B62

17.25 子曰：“唯女子与小人为难养也，近之则不孙，远之则怨。”［论人］H5

17.26 子曰：“年四十而见恶焉，其终也已。”［论人］H11

微子第十八

18.1 微子去之，箕子为之奴，比干谏而死。孔子曰：“殷有三仁焉。”［明仁］C19

18.2 柳下惠为士师，三黜。人曰：“子未可以去乎？”曰：“直道而事人，焉往而不三黜？枉道而事人，何必去父母之邦？”［为政］F31

18.3 齐景公待孔子，曰：“若季氏，则吾不能，以季、孟之间待之。”曰：“吾老矣。不能用也。”孔子行。［处世］I51

18.4 齐人归女乐，季桓子受之，三日不朝。孔子行。［治国］G38

18.5 楚狂接舆歌而过孔子曰：“凤兮！凤兮！何德之衰？往者不可谏，来者犹可追。已而！已而！今之从政者殆而！”孔子下，欲与之言。趋而辟之，不得与之言。［砭时］J55

18.6 长沮、桀溺耦而耕，孔子过之，使子路问津焉。长沮曰：“夫执舆者为谁？”子路曰：“为孔丘。”曰：“是鲁孔丘与？”曰：“是也。”曰：“是知津矣。”问于桀溺，桀溺曰：“子为谁？”曰：“为仲由。”曰：“是鲁孔丘之徒与？”对曰：“然。”曰：“滔滔者天下皆是也，而谁以易之？且而与其从辟人之士也，岂若从辟世之士哉？”耰而不辍。子路行以告。夫子怃然曰：“鸟兽不可与同群，吾非斯人之徒与而谁与？天下有道，丘不与易也。”［处世］I54

18.7 子路从而后，遇丈人，以杖荷莜。子路问曰：“子见夫子乎？”丈人曰：“四体不勤，五谷不分，孰为夫子！”植其杖而芸。子路拱而立。止子路宿，杀鸡为黍而食之，见其二子焉。明日，子路行以告。子曰：“隐者也。”使子路反见之。至则行矣。子路曰：“不仕无义。长幼之节，不可废也；君臣之义，如之何其废之？欲洁其身，而乱大伦。君子之仕也，行其义也。道之不行，已知之矣！”［砭时］J50

18.8 逸民：伯夷、叔齐、虞仲、夷逸、朱张、柳下惠、少连。子曰：“不降其志，不辱其身，伯夷、叔齐与？”谓“柳下惠、少连，降志辱身矣。

言中伦，行中虑，其斯而已矣”。谓“虞仲、夷逸，隐居放言。身中清，废中权。我则异于是，无可无不可”。［论人］H48

18.9 大师挚适齐，亚饭干适楚，三饭缭适蔡，四饭缺适秦。鼓方叔入于河，播鼗武入于汉，少师阳、击磬襄入于海。［处世］I60

18.10 周公谓鲁公曰：“君子不施其亲，不使大臣怨乎不以。故旧无大故，则不弃也。无求备于一人。”［为政］F30

18.11 周有八士：伯达、伯适、仲突、仲忽、叔夜、叔夏、季随、季騧。［论人］H66

子张第十九

19.1 子张曰：“士见危致命，见得思义，祭思敬，丧思哀，其可已矣。”［修身］B71

19.2 子张曰：“执德不弘，信道不笃，焉能为有？焉能为亡？”［砭时］J51

19.3 子夏之门人问交于子张。子张曰：“子夏云何？”对曰：“子夏曰：‘可者与之，其不可者拒之。’”子张曰：“异乎吾所闻，君子尊贤而容众，嘉善而矜不能。我之大贤与，于人何所不容？我之不贤与，人将拒我，如之何其拒人也？”［处世］I44

19.4 子夏曰：“虽小道，必有可观者焉；致远恐泥，是以君子不为也。”［修身］B67

19.5 子夏曰：“日知其所亡，月无忘其所能，可谓好学也已矣！”［为学］A61

19.6 子夏曰：“博学而笃志，切问而近思；仁在其中矣。”［明仁］C28

19.7 子夏曰：“百工居肆以成其事，君子学以致其道。”［为学］A62

19.8 子夏曰：“小人之过也必文。”［修身］B68

19.9 子夏曰：“君子有三变：望之俨然；即之也温；听其言也厉。”［修身］B69

19.10 子夏曰：“君子信而后劳其民。未信，则以为厉己也。信而后谏，未信，则以为谤己也。”［为政］F25

19.11 子夏曰：“大德不逾闲，小德出入可也。”［修身］B70

19.12 子游曰：“子夏之门人小子，当洒扫、应对、进退，则可矣，抑末也。本之则无，如之何？”子夏闻之，曰：“噫！言游过矣！君子之道，孰先传焉？孰后倦焉？譬诸草木，区以别矣。君子之道，焉可诬也？有

始有卒者，其惟圣人乎！”［为学］A59

19.13 子夏曰：“仕而优则学；学而优则仕。”［为学］A63

19.14 子游曰：“丧致乎哀而止。”［知礼］D13

19.15 子游曰：“吾友张也，为难能也。然而未仁。”［明仁］C27

19.16 曾子曰：“堂堂乎张也，难与并为仁矣。”［明仁］C35

19.17 曾子曰：“吾闻诸夫子：人未有自致者也，必也亲丧乎！”［论人］H60

19.18 曾子曰：“吾闻诸夫子：孟庄子之孝也，其他可能也。其不改父之臣与父之政，是难能也。”［行孝］E11

19.19 孟氏使阳肤为士师。问于曾子。曾子曰：“上失其道，民散久矣。如得其情，则哀矜而勿喜。”［为政］F29

19.20 子贡曰：“纣之不善，不如是之甚也。是以君子恶居下流，天下之恶皆归焉。”［修身］B60

19.21 子贡曰：“君子之过也，如日月之食焉。过也，人皆见之；更也，人皆仰之。”［修身］B61

19.22 卫公孙朝问于子贡曰：“仲尼焉学？”子贡曰：“文武之道，未坠于地，在人。贤者识其大者，不贤者识其小者，莫不有文武之道焉。夫子焉不学？而亦何常师之有？”［为学］A68

19.23 叔孙武叔语大夫于朝，曰：“子贡贤于仲尼。”子服景伯以告子贡。子贡曰：“譬之宫墙，赐之墙也及肩，窥见室家之好。夫子之墙数仞，不得其门而入，不见宗庙之美、百官之富。得其门者或寡矣。夫子之云，不亦宜乎？”［论人］H54

19.24 叔孙武叔毁仲尼。子贡曰：“无以为也！仲尼不可毁也。他人之贤者，丘陵也，犹可逾也；仲尼，日月也，无得而逾焉。人虽欲自绝，其何伤于日月乎？多见其不知量也！”［论人］H55

19.25 陈子禽谓子贡曰：“子为恭也，仲尼岂贤于子乎？”子贡曰：“君子一言以为知，一言以为不知，言不可不慎也。夫子之不可及也，犹天之不可阶而升也。夫子之得邦家者，所谓立之斯立，道之斯行，绥之斯来，动之斯和。其生也荣，其死也哀。如之何其可及也！”［论人］H56

尧曰第二十

20.1 尧曰：“咨！尔舜！天之历数在尔躬，允执其中。四海困穷，天禄永终。”舜亦以命禹。曰：“予小子履敢用玄牡，敢昭告于皇皇后帝：有罪不敢赦。帝臣不蔽，简在帝心。朕躬有罪，无以万方；万方有罪，罪在朕躬。”周有大赉，善人是富。“虽有周亲，不如仁人。百姓有过，在予一人。”谨权量，审法度，修废官，四方之政行焉。兴灭国，继绝世，举逸民，天下之民归心焉。所重：民、食、丧、祭。宽则得众，信则民任焉，敏则有功，公则说。［治国］G28

20.2 子张问于孔子曰：“何如斯可以从政矣？”子曰：“尊五美，屏四恶，斯可以从政矣。”子张曰：“何谓五美？”子曰：“君子惠而不费，劳而不怨，欲而不贪，泰而不骄，威而不猛。”子张曰：“何谓惠而不费？”子曰：“因民之所利而利之，斯不亦惠而不费乎？择可劳而劳之，又谁怨？欲仁而得仁，又焉贪？君子无众寡，无小大，无敢慢，斯不亦泰而不骄乎？君子正其衣冠，尊其瞻视，俨然人望而畏之，斯不亦威而不猛乎？”子张曰：“何谓四恶？”子曰：“不教而杀谓之虐；不戒视成谓之暴；慢令致期谓之贼；犹之与人也，出纳之吝谓之有司。”［为政］F28

20.3 孔子曰：“不知命，无以为君子也。不知礼，无以立也。不知言，无以知人也。”［修身］B49

参考文献

[1] 朱　熹：《四书章句集注》，上海：上海古籍出版社 2006 年版。

[2] 张燕婴：《论语（译注）》，北京：中华书局 2006 年版。

[3] 杨树达：《论语疏证》，上海：上海古籍出版社 2007 年版。

[4] 杨伯峻：《论语译注》，北京：中华书局 1980 年版。

[5] 王长华：《孔子答客问》，北京：中华书局 2010 年版。

[6]（全本）孙雍长注：《论语（全本）》，北京：高等教育出版社 2008 年版。

[7] 钱　逊：《〈论语〉讲义》，北京：人民出版社 2012 年版。

[8] 钱　穆：《论语新解》，北京：生活·读书·新知三联书店 2012 年版。

[9] 刘宝楠：《论语正义》，北京：中华书局 1990 年版。

[10] 李泽厚：《论语今读》，天津：天津社会科学院出版社 2007 年版。

[11] 金良年：《论语译注》，上海：上海古籍出版社 2004 年版。

[12] 陈桐生：《论语十论》，广州：暨南大学出版社 2012 年版。